企业高技能人才职业培训系列教材

城轨行车值班员
CHENGGUIXINGCHEZHIBANYUAN（四级）

编审委员会

主　　任　　仇朝东
委　　员　　顾卫东　葛恒双　葛　玮　孙兴旺　刘汉成
执行委员　　孙兴旺　瞿伟洁　李　晔　夏　莹　叶华平　李　益　杜晓红

主　　编　　丁　晨
编　　者　　（按姓氏笔画排序）
　　　　　　丁　晨　李峥岐　张　玮　陆定中　胡　威
主　　审　　田益锋

中国劳动社会保障出版社

图书在版编目（CIP）数据

城轨行车值班员：四级／人力资源和社会保障部教材办公室等组织编写．—北京：中国劳动社会保障出版社，2015

企业高技能人才职业培训系列教材
ISBN 978－7－5167－1681－6

Ⅰ．①城… Ⅱ．①人… Ⅲ．①城市铁路－行车组织－职业培训－教材 Ⅳ．①U239.5

中国版本图书馆 CIP 数据核字（2015）第 040842 号

中国劳动社会保障出版社出版发行

（北京市惠新东街 1 号 邮政编码：100029）

*

北京北苑印刷有限责任公司印刷装订 新华书店经销
787 毫米×1092 毫米 16 开本 12.5 黑白印张 2.25 彩色印张 262 千字
2015 年 3 月第 1 版 2019 年 2 月第 3 次印刷
定价：38.00 元

读者服务部电话：(010)64929211/64921644/84626437
营销部电话：(010)64961894
出版社网址：http：//www．class．com．cn

版权专有 侵权必究

如有印装差错，请与本社联系调换：(010)50948191
我社将与版权执法机关配合，大力打击盗印、销售和使用盗版图书活动，敬请广大读者协助举报，经查实将给予举报者奖励。
举报电话：(010)64954652

内容简介

本教材由人力资源和社会保障部教材办公室、中国就业培训技术指导中心上海分中心、上海市职业技能鉴定中心、上海申通地铁集团有限公司轨道交通培训中心依据城轨行车值班员（四级）职业技能鉴定细目组织编写。教材从强化培养操作技能，掌握实用技术的角度出发，较好地体现了当前最新的实用知识与操作技术，对于提高从业人员基本素质，掌握城轨行车值班员（四级）的核心知识与技能有直接的帮助和指导作用。

本教材既注重理论知识的掌握，又突出操作技能的培养，实现了培训教育与职业技能鉴定考核的有效对接，形成一套完整的城轨行车值班员培训体系。本教材内容共分为4章，主要包括：行车设备、列车运行组织、行车组织、运营安全管理等。

本教材可作为城轨行车值班员（四级）职业技能培训与鉴定考核教材，也可供本职业从业人员培训使用，全国中、高等职业技术院校相关专业师生也可以参考使用。

企业技能人才是我国人才队伍的重要组成部分,是推动经济社会发展的重要力量。加强企业技能人才队伍建设,是增强企业核心竞争力、推动产业转型升级和提升企业创新能力的内在要求,是加快经济发展方式转变、促进产业结构调整的有效手段,是劳动者实现素质就业、稳定就业、体面就业的重要途径,也是深入实施人才强国战略和科教兴国战略、建设人力资源强国的重要内容。

国务院办公厅在《关于加强企业技能人才队伍建设的意见》中指出,当前和今后一个时期,企业技能人才队伍建设的主要任务是:充分发挥企业主体作用,健全企业职工培训制度,完善企业技能人才培养、评价和激励的政策措施,建设技能精湛、素质优良、结构合理的企业技能人才队伍,在企业中初步形成初级、中级、高级技能劳动者队伍梯次发展和比例结构基本合理的格局,使技能人才规模、结构、素质更好地满足产业结构优化升级和企业发展需求。

高技能人才是企业技术工人队伍的核心骨干和优秀代表,在加快产业优化升级、推动技术创新和科技成果转化等方面具有不可替代的重要作用。为促进高技能人才培训、评价、使用、激励等各项工作的开展,上海市人力资源和社会保障局在推进企业高技能人才培训资源优化配置、完善高技能人才考核评价体系等方面做了积极的探索和尝试,积累了丰富而宝贵的经验。企业高技能人才培养的主要目标是三级(高级)、二级(技师)、一级(高级技师)等,考虑到企业高技能人才培养的实际情况,除一部分在岗培养并已达到高技能人才水平外,还有较大一批人员需要从基础技能水平培养起。为此,上海市将企业特有职业的五级(初级)、四级(中级)作为高技能人才培养的基础阶段一并列入企业高技能人才培养评价工作的总体框架内,以此进一步加大企业高技能人才培养工作力度,提高企业高技能人才培养效果,更好地实现高技能人才

培养的总体目标。

为配合上海市企业高技能人才培养评价工作的开展，人力资源和社会保障部教材办公室、中国就业培训技术指导中心上海分中心、上海市职业技能鉴定中心联合组织有关行业和企业的专家、技术人员，共同编写了企业高技能人才职业培训系列教材。本教材是系列教材中的一种，由上海申通地铁集团有限公司轨道交通培训中心负责具体编写工作。

企业高技能人才职业培训系列教材聘请上海市相关行业和企业的专家参与教材编审工作，以"能力本位"为指导思想，以先进性、实用性、适用性为编写原则，内容涵盖该职业的职业功能、工作内容的技能要求和专业知识要求，并结合企业生产和技能人才培养的实际需求，充分反映了当前从事职业活动所需要的核心知识与技能。教材可为全国其他省、市、自治区开展企业高技能人才培养工作，以及相关职业培训和鉴定考核提供借鉴或参考。

新教材的编写是一项探索性工作，由于时间紧迫，不足之处在所难免，欢迎各使用单位及个人对教材提出宝贵意见和建议，以便教材修订时补充更正。

企业高技能人才职业培训系列教材
编审委员会

第1章 行车设备

PAGE 1

知识要求 ·· 3
  1.1 线路基础知识 ·· 3
    1.1.1 线路 ·· 3
    1.1.2 钢轨 ·· 7
    1.1.3 线路标志和信号标志 ·· 8
    1.1.4 道岔 ·· 8
  1.2 车站 ·· 11
    1.2.1 车站的分类 ··· 11
    1.2.2 车站的结构 ··· 12
    1.2.3 车站消防报警系统 ·· 13
  1.3 信号设备 ·· 13
    1.3.1 信号系统概述 ··· 13
    1.3.2 区间闭塞 ·· 14
    1.3.3 车站联锁 ·· 15
    1.3.4 列车运行自动控制系统 ··· 16
  1.4 行车相关设备 ·· 22
    1.4.1 车辆 ·· 22
    1.4.2 通信设备 ·· 24
    1.4.3 供电系统 ·· 25
    1.4.4 车站服务设备 ··· 26
理论知识复习题 ·· 29
理论知识复习题答案 ··· 30

第2章 列车运行组织

PAGE 31

知识要求 ·· 33
  2.1 列车运行计划 ·· 33

  2.1.1 全日行车计划 … 33
  2.1.2 列车运行方案 … 35
 2.2 正常情况下的列车运行组织 … 38
  2.2.1 行车指挥自动化时的列车运行组织 … 38
  2.2.2 调度监督下的行车组织 … 39
 2.3 非正常情况下的列车运行组织及行车作业办法 … 39
  2.3.1 非正常情况下的列车运行组织 … 39
  2.3.2 非正常情况下的行车作业办法 … 43
 2.4 列车运行图 … 52
  2.4.1 列车运行图的基本概念 … 52
  2.4.2 列车运行图的分类 … 55
  2.4.3 列车运行图的组成要素 … 57
  2.4.4 列车运行图的指标计算 … 59
技能要求 … 59
 列车运行图的识别与计算 … 59
理论知识复习题 … 65
理论知识复习题答案 … 65
操作技能复习题 … 66

第3章 行车组织

PAGE 69

知识要求 … 71
 3.1 车站行车组织 … 71
  3.1.1 车站人机界面操作 … 71
  3.1.2 电话闭塞法行车作业 … 82
  3.1.3 车站施工作业管理 … 88
  3.1.4 行车报表制度 … 92
  3.1.5 调度命令 … 96
  3.1.6 车调联控作业 … 99
 3.2 停车场行车组织 … 108
  3.2.1 停车场概述 … 108
  3.2.2 停车场行车作业 … 109
  3.2.3 停车场施工作业管理 … 117
技能要求 … 118

ATC 设备操作——中心故障的处置 ………………………………… 118
ATC 设备操作——紧急关闭按钮的使用及复原方法 …………… 122
ATC 设备操作——在 ATC 设备上进行开放引导信号的操作 ………… 124
ATC 设备操作——引导总锁闭开放引导信号 …………………… 128
ATC 设备操作——排列反向进路 ………………………………… 130
ATC 设备操作——终端模式转换 ………………………………… 133
道岔操作——擦拭道岔 …………………………………………… 136
道岔操作——手摇道岔 …………………………………………… 140
车站施工管理——延时施工 ……………………………………… 141
车站施工管理——异地注销施工 ………………………………… 142
车站施工管理——多点作业施工 ………………………………… 142
车站施工管理——运营阶段故障抢修施工 ……………………… 143
车站施工管理——停电施工 ……………………………………… 144
车站施工管理——动车施工 ……………………………………… 145
理论知识复习题 …………………………………………………… 145
理论知识复习题答案 ……………………………………………… 146
操作技能复习题 …………………………………………………… 147

第 4 章 运营安全管理　　　　　　　　　　　　　　PAGE 151

知识要求 ……………………………………………………………… 153
 4.1 安全管理 …………………………………………………… 153
  4.1.1 安全管理体系 ……………………………………… 153
  4.1.2 安全系统工程 ……………………………………… 155
 4.2 运营事故调查处理规则 …………………………………… 157
  4.2.1 事故分级 …………………………………………… 157
  4.2.2 事故报告 …………………………………………… 160
  4.2.3 事故调查 …………………………………………… 161
  4.2.4 责任认定 …………………………………………… 162
  4.2.5 事故损失认定和分析 ……………………………… 163
 4.3 应急预案 …………………………………………………… 164
  4.3.1 应急预案的编制原则 ……………………………… 164
  4.3.2 车站突发大客流处置预案 ………………………… 165
  4.3.3 正线车站大面积停电处置预案 …………………… 167

  4.3.4 道床伤亡事件处置预案 ·················· 170
  4.3.5 列车倾覆、脱轨、冲突事故处置预案 ·········· 172
  4.3.6 列车故障救援处置预案 ·················· 174
  4.3.7 列车挤岔应急处置预案 ·················· 177
 4.4 常见行车安全事故案例分析 ················ 178
  4.4.1 人车冲突事故 ······················ 178
  4.4.2 信号设备故障 ······················ 180
  4.4.3 列车故障救援 ······················ 183
  4.4.4 列车挤岔事故 ······················ 186
技能要求 ······························· 189
 行车应急情况处置——道岔挤岔 ················ 189
 行车应急情况处置——信号失电 ················ 189
 行车应急情况处置——道床伤亡 ················ 190
 行车应急情况处置——终端站道岔故障 ············· 190
 行车应急情况处置——车站失电 ················ 191
 行车应急情况处置——列车故障救援 ·············· 192
 理论知识复习题 ························ 192
 理论知识复习题答案 ······················ 193
 操作技能复习题 ························ 194

理论知识考试模拟试卷及答案 ···················· 195
操作技能考核模拟试卷 ······················· 204

第 1 章

行车设备

完成本章的学习后，您能够：

- ☑ 了解车站的分类以及功能
- ☑ 了解车站消防报警系统
- ☑ 了解车站自动监控系统
- ☑ 了解通信系统的作用
- ☑ 了解供电系统的构成
- ☑ 了解自动售检票系统
- ☑ 熟悉轨道线路的类型和基本组成
- ☑ 熟悉地铁限界的类型
- ☑ 熟悉钢轨的作用和类型
- ☑ 熟悉线路标志的作用和种类
- ☑ 掌握信号系统的定义和分类
- ☑ 掌握各类型的区间闭塞法
- ☑ 掌握列车自动控制系统
- ☑ 掌握车站的分类以及编组

知识要求

1.1 线路基础知识

1.1.1 线路

1. 轨道线路的类型和基本组成

城市往往是中心区域建筑物林立，街道繁华，交通繁忙且比较拥挤；由中心城区向外，建筑、道路逐渐减少，空间逐渐开阔；到城市最外圈，一般都比较空旷。城市的这些特点决定了城市轨道交通线路的铺设主要有三大类型：地下线路（见图1—1）、地面线路（见图1—2）和高架线路（见图1—3）。

图1—1 地下线路

图1—2 地面线路

2. 轨道线路设备

（1）轨道线路的基本结构

1）轨枕及扣件。轨枕是轨下基础部件之一。它的功用是支撑钢轨，保持轨距和方向，并将钢轨对它的各向压力传递到道床上。扣件（见图1—4）是钢轨与轨枕或其他轨下基础之间的重要连接零件，它的作用是固定钢轨，阻止钢轨纵向和横向位移，防止钢轨倾斜，并能提供适当的弹性，将钢轨承受的力传递给轨枕或道床承轨台。

图1—3 高架线路

图1—4 常见扣件

2）道床。道床是铺设在路基之上、轨枕之下的结构层，它主要有承受并传递荷载、稳定轨道结构的作用。道床从结构和形式上可分为碎石道床和整体道床两种。

碎石道床（见图1—5）由碎石、熔炉矿渣、掺有碎石的筛选卵石、天然级配卵石以及粗砂和中砂等组成。城市轨道交通一般采用碎石。

整体式道床（见图1—6）也称无渣道床，其特点是整体性好，坚固、稳定、耐久。

图1—5 碎石道床　　　　　　图1—6 整体道床

(2) 曲线。曲线（见图1—7）是轨道的薄弱环节之一。曲线按半径的数目可分为单曲线、复曲线，一般条件下，两相邻曲线间夹直线最小长度应不小于50 m。城市轨道交通因受到城市空间限制，两曲线间的夹直线可放宽至不小于30 m。

(3) 无缝线路。无缝线路按钢轨受力情况可分为温度应力式和放散温度应力式。

(4) 挡车器类型及作用。挡车器的形式很多，城市轨道交通用挡车器要求性能优良、外形美观、安全可靠，目前主要有液压缓冲挡车器（见图1—8）、滑移式缓冲挡车器（见图1—9）、固定车挡（见图1—10）、停车场库内车挡（见图1—11）和停车场库外车挡（见图1—12）等。

图1—7　线路曲线

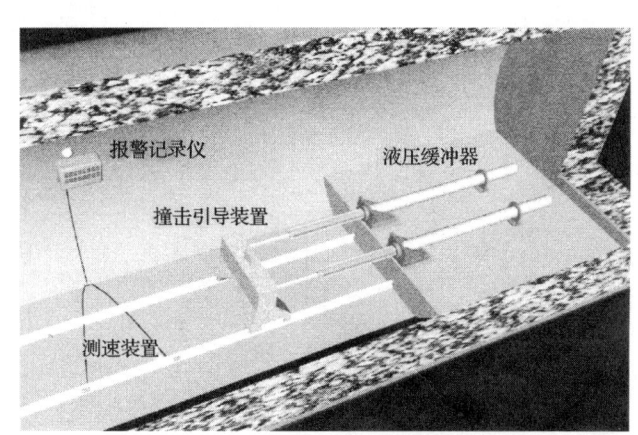
图1—8　液压缓冲挡车器

图1—9　滑移式缓冲挡车器

图1—10　固定车挡

图1—11　停车场库内车挡

图1—12　停车场库外车挡

3. 地铁限界

限界（见图1—13、图1—14）是指列车沿固定的轨道安全运行时，所需要的空间尺寸。限界主要分为车辆限界、设备限界、建筑限界、受电弓限界等，起控制作用的主要是设备限界和建筑限界。

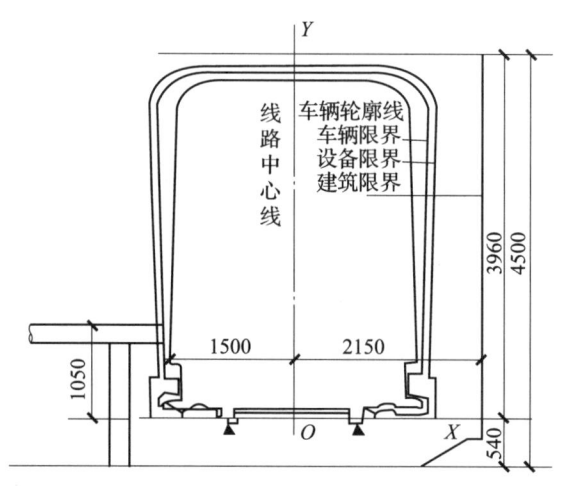

图1—13 地下直线车站建筑限界

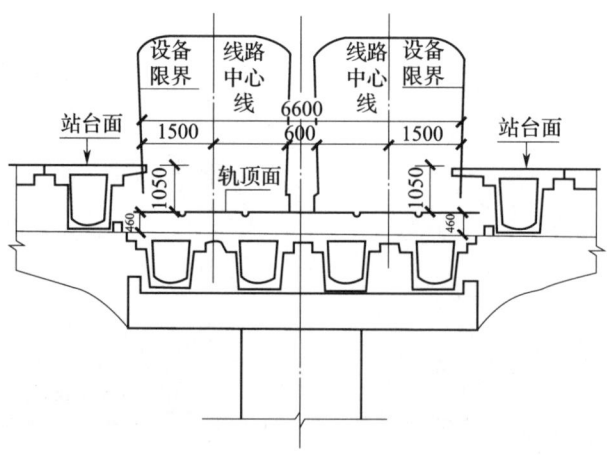

图1—14 高架侧式站台车站直线建筑限界

（1）车辆限界。车辆限界是根据车辆的轮廓尺寸，考虑其弹簧挠度、各项间隙、磨耗、误差等技术参数的影响，对车辆在运行中可能出现的最大横向和竖向的偏移进行分析计算确定的。

（2）设备限界。设备限界是一条轮廓线，所有固定设备以及土木工程的任何部分都不得侵入此轮廓线内，它是保证城市轨道交通系统中的列车等移动设备在运营过程中的安全所需要的限界。

（3）建筑限界。建筑限界是指在行车隧道和高架桥等结构物的最小横断面所形成的有效内轮廓线基础上，考虑其施工误差、测量误差、结构变形等因素，为满足固定设备和管线安装的需要而必需的限界。

（4）受电弓限界。受电弓限界是根据车辆、轨道、接触网的触线、动态电间隙、各项公差等进行计算确定的。

1.1.2 钢轨

1. 钢轨的作用

钢轨（见图1—15）是轨道的最重要的组成部件，钢轨分轨头、轨腰和轨底三部分，它直接承受列车的荷载，依靠钢轨头部内侧面和机车车辆轮缘的相互作用，引导列车运行，依靠它本身的刚度和弹性把机车车辆荷载分布开来，传递给轨枕。

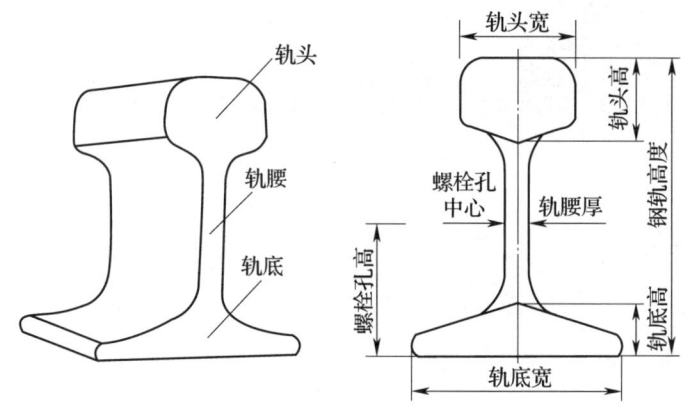

图1—15 钢轨横截面

2. 钢轨的类型

（1）按每米质量分类。钢轨可按照每米质量进行分类。我国把钢轨分为75 kg轨、60 kg轨、50 kg轨、43 kg轨、38 kg轨等。

（2）按单根钢轨的长度分类。钢轨也可按照单根钢轨的长度进行分类，分为：标准轨、缩短轨等。其中标准轨的长度有12.5 m和25 m两种。一般60 kg/m（含）以上钢轨采用25 m标准轨；50 kg/m（含）以下钢轨长度既有25 m标准轨，也有12.5 m标准轨。

1.1.3 线路标志和信号标志

1. 线路标志

线路标志是表明线路状态和位置的指示设备。线路标志有公里标、半公里标、百米标、曲线标、圆曲线和缓和曲线的始终点标、竖曲线始终点标、坡度标等。

2. 信号标志

信号标志是表示线路状态、道岔位置、站界、运行环境等的器具。信号标志有警冲标（见图1—16）、站界标、司机鸣笛标（见图1—17）、减速地点标、停车位置标（见图1—18）等。

图1—16 警冲标

图1—17 司机鸣笛标

图1—18 停车位置标

1.1.4 道岔

1. 道岔的定义

道岔是引导车辆由一条线路，转向另一条线路的过渡设备。道岔是轨道线路的重要组成部分。道岔构造复杂，也是线路的薄弱环节之一。

2. 道岔的类型

道岔按其用途和结构可分为：单开道岔、复式道岔、交分道岔等。

（1）单开道岔。单开道岔的主线是直线（直股），侧线（侧股）由主线向右侧或左侧岔出，分为右开及左开两种形式（见图1—19、图1—20）。

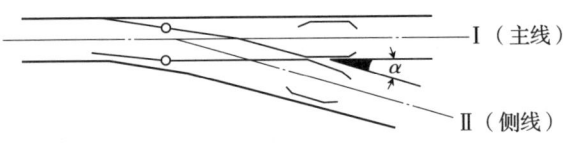

图 1—19　右开道岔

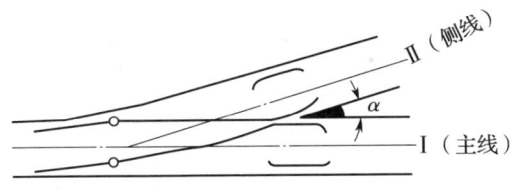

图 1—20　左开道岔

普通单开道岔（见图 1—21）由转辙器、连接部分（包括直轨和导曲线轨）、辙叉及护轨（包括辙叉心、翼轨和护轮轨）三部分组成。

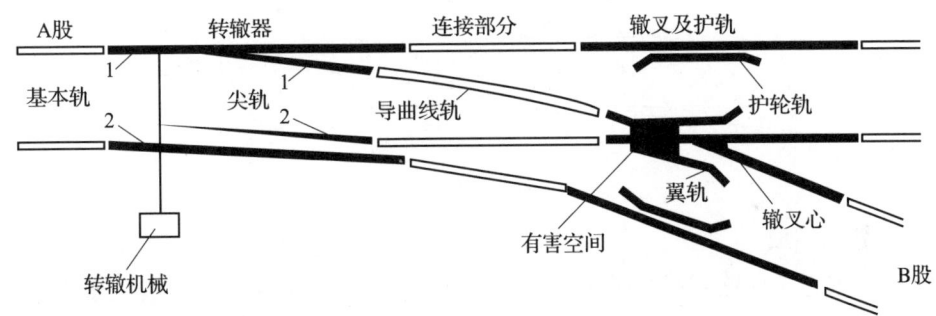

图 1—21　普通单开道岔示意图

（2）复式道岔。复式道岔分为下列几种类型：复式对称道岔（又称三开道岔）（见图 1—22）、复式异侧不对称道岔（又称不对称三开道岔）（见图 1—23）。

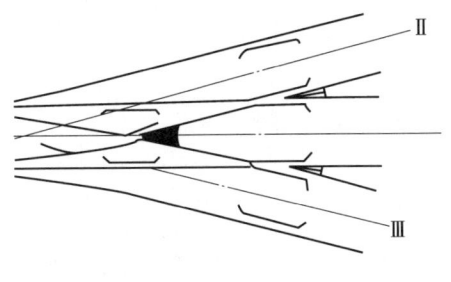

图 1—22　三开道岔

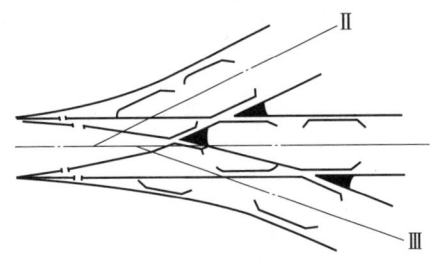

图 1—23　不对称三开道岔

（3）交分道岔。两条线路相互交叉，列车不仅能够沿着直线方向运行，而且能够由一直线转入另一直线，这种道岔叫交分道岔。

1）单式交分道岔。两条线路相交，中间增添两副转辙器和一副连接曲线，列车可沿某一侧由一条线路转入另一条线路，这种道岔叫作单式交分道岔（见图1—24）。

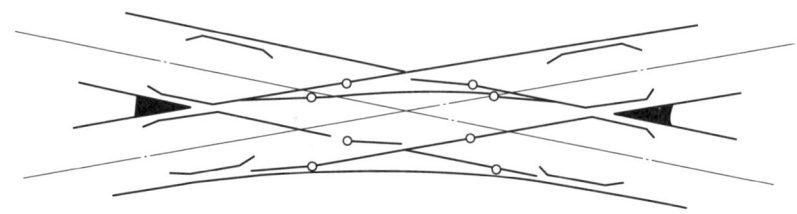

图1—24　单式交分道岔

2）复式交分道岔。两条线路相交，中间增添四副转辙器和两副连接曲线，列车能沿任何一侧由一条线路转入另一条线路，这种道岔叫作复式交分道岔（见图1—25）。

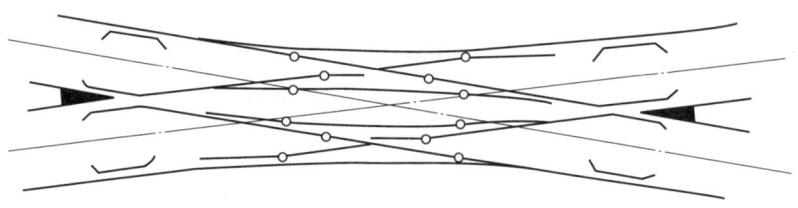

图1—25　复式交分道岔

3. 道岔的组成

（1）转辙器。转辙器是引导车轮进入道岔不同方向的设备，其作用是将尖轨置于不同的位置时，使列车沿着直向或侧向运行。转辙器主要包括两根基本轨、两根尖轨、连接零件及跟部结构等。

（2）连接部分。转辙部分和辙叉部分的连接轨道为连接部分。它包括四股钢轨，即两股直线钢轨和两股曲线（道岔曲股接部分为导曲线）钢轨，重叠组成。

（3）辙叉部分

1）辙叉。辙叉（见图1—26）是道岔中两股线路相交处的设备，其作用是使列车能够按确定的行驶方向，跨越线路正常地通过道岔。

2）护轨。护轨与辙叉的配合有以下两方面的作用：一方面是控制车轮的运行方向，使之正常通过"有害空间"

图1—26　辙叉

而不错入轮缘槽；另一方面是保护辙叉尖端不被轮缘冲击撞伤。

4. 道岔的使用规定

（1）正常情况下的操作规定。正常情况下的道岔操作为：遥控操作、电气锁闭。

（2）故障情况下的操作规定。故障情况下的道岔操作为：现地手摇、人工锁闭。

1.2 车站

1.2.1 车站的分类

车站是轨道交通系统的重要建筑物。它是供旅客乘降、换乘和候车的场所，保证旅客方便、安全、迅速地进出站，并有良好的通风、照明、卫生、防灾设备等，为旅客提供舒适、清洁的环境。

1. 按车站空间位置分类

按车站的空间位置进行划分，城市轨道交通车站有地面站、地下站和高架车站三种形式，主要为适应不同的线路形式。

（1）地面站。设置在地面层。由于占用地面空间，最容易造成轨道交通线路所经过的地面区域分割，所以，一般在城乡结合部采用此类型的车站，它最大的优点是造价很低。

（2）地下站。受地面建筑群的影响，轨道交通线路设置于地下，其车站也随之设置于地下，主要为节省地面空间。根据其埋深，又可分为：浅埋式车站和深埋式车站两种。从造价方面比较，埋深越大的车站，造价越高。

（3）高架站。置于高架桥梁的桥面，在结构上比较简单，造价大大低于地下站。

2. 按线路设置功能分类

一般而言，一条运营线路，除了始终点站以外，均为中间站，但这样划分的意义不大，所以有必要按线路设置功能进行细分，具体如下：

（1）功能折返站。设有折返线路设备的中间站称为功能折返站，一般在市区客流量大的区段设立，可以满足乘客需要以及突发事件时列车调整需要。

（2）运转折返站。为有效地利用运能，可以从客运量出发，在城市的市区范围，选择客流量密集的地段，增加列车往返的对数，既使客流量密集地段的乘车拥挤能得到一定程度的缓解，又使车辆的利用得到合理的安排。像这样既具有折返功能，又在日常客运过程中正式实施了运转折返的车站，称之为运转折返站（见图1—27）。

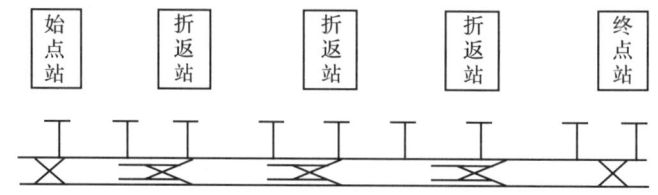

图1—27　运转折返站

运转折返站与功能折返站的主要区别是，功能折返站不一定就启用为运转折返站，而运转折返站首先必须具备功能折返的条件，否则不能进行折返作业。

3. 按运营管理职能分类

按照运营管理的职能进行划分，将一条运营线划分为若干个区域，每一区域设置一个区域性车站，这样形成客运专业公司、区域站、普通站三个层面的三级管理格局（见图1—28）。

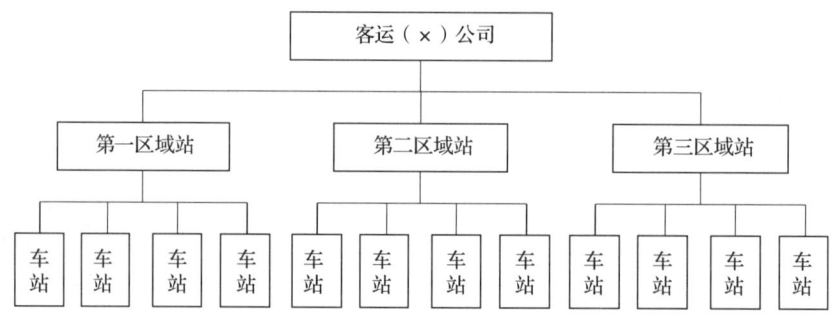

图1—28　某运营线的三级管理示意图

4. 按车站换乘功能分类

当城市轨道交通线路形成网络化的局面时，凡网络交叉点所设置的车站均为换乘站，其余车站为非换乘站。

1.2.2　车站的结构

车站的建筑主体结构主要由站台、站厅、设备用房、管理用房、辅助用房及列车运行空间等组成；车站的附属结构有出入口、通道、风亭（或风井）等。此外，车站还设有自动化售票设备、闸机自动检票设备、电梯、屏蔽门等设备。

1.2.3 车站消防报警系统

消防报警系统（Fire Alarm System，简称 FAS），与其相关的消防设备有自动气体灭火系统、机电设备监控系统、给排水系统、固定灭火系统和排烟系统等。

1. 消防报警系统功能

消防报警系统（FAS）如图 1—29 所示，它的功能是：自动捕捉火灾监测区域内火灾发生时的烟雾或热气，发出声光报警，通过输出接点，控制自动灭火系统、事故照明、事故广播、消防给水和排烟等系统，实施救灾，以实现监测、报警和灭火的自动化。

2. 消防报警系统的组成

消防报警系统由报警主机、外围设备、管网及网络等设备组成。外围设备由手动报警器、模块、电话、探测器等组成。

图 1—29　消防报警系统

1.3 信号设备

1.3.1 信号系统概述

1. 信号系统的定义和分类

城市轨道交通信号系统中，已经普遍采用基于计算机实时控制的列车运行自动控制（ATC）系统。ATC 系统是自动控制技术、计算机技术和数据通信技术在信号系统中的集中体现，也可以说是现代化信息技术在城市轨道交通信号系统的综合应用。

信号系统随着信息技术的不断发展也产生了革命性的变化，尤其是近几年，基于无线通信的列车自动控制系统（CBTC），已在城市轨道交通信号系统中采用，为信号系统中摆脱传统的轨道电路和地面信号，为进一步缩短行车间隔，真正实现列车自动运行，奠定了基础。

2. 信号系统的作用

城市轨道交通信号系统的作用是：确保列车运行的安全，防止列车追尾或产生冲突；在保证安全的前提条件下，缩短行车间隔，提高列车运行效率；实现列车速度自动控制，实现列车运行的自动调整，保证程序定位停车的精度，从而实现列车运行的自动化。

3. 信号系统的构成

信号系统主要由闭塞、联锁、调度集中三个部分的设备组成，其中：

（1）闭塞设备用以保证列车在区间运行的安全。

（2）联锁设备用以保证列车在车站运行的安全。

（3）调度集中设备用于调度员或值班员对全线或集中站的控制和监督。

1.3.2 区间闭塞

车站与车站之间的线路为区间，确保列车在区间安全、有序运行的技术措施就是闭塞制度。区间闭塞方式，由人工（电话）闭塞发展为半自动闭塞、自动闭塞方式；20世纪90年代发展为准移动闭塞方式，近年来正在推广移动闭塞方式。

1. 人工闭塞

通过发车站和接车站之间的电话联系，在证实区间空闲的前提下，由调度员向发车站值班员下达签发"路票"指令，发车站值班员填写路票，并交与司机，列车司机根据路票的指令，允许该列车占用区间，运行至接车站；列车到达接车站后，司机将路票交还给接车站值班员，区间闭塞解除。这样一种闭塞方法，交接凭证和检查区间空闲状态都是依靠人来完成，所以称为人工闭塞，也叫作电话闭塞。

2. 半自动闭塞

使用闭塞设备，人工办理两个车站之间的闭塞手续，列车以出站信号机的允许信号显示，作为发车凭证；列车进入出站信号机内方后，出站信号机会自动关闭，这样一种闭塞制度称为半自动闭塞（见图1—30）。在半自动闭塞的情况下，发车站要发车时，发车站必须与接车站相配合，办理好闭塞手续，才能开放出站信号机，列车进入出站信号机内方的轨道区段。

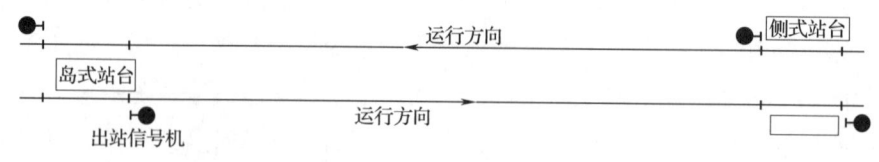

图1—30 半自动闭塞原理示意图

3. 自动闭塞

将站间区间划分成若干个闭塞分区，在每个闭塞分区的入口处，设置相应的通过信号机予以防护，而通过信号机的显示，是根据列车的运行而自动变换，这样一种闭塞制度就是自动闭塞。在自动闭塞制度下，根据前方列车的位置，通过轨道电路，自动地控制通过信号机的显示，并向列车发送运行"指令"，而且可以允许多列列车在区间运行。图1—31为自动闭塞原理示意图，这种闭塞方式不仅可以确保行车安全，还能提高行车效率。

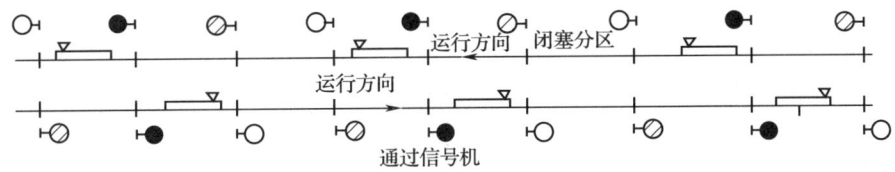

图1—31　自动闭塞原理示意图

4. 移动闭塞

自动调整列车运行间隔的闭塞系统就是移动闭塞。移动闭塞情况下，不再需要将区间划分成固定的若干闭塞分区，两列列车之间自动地调整安全的运行间隔距离，也就是说，先行列车和后续列车之间的安全间隔距离不是固定的，间隔距离是根据列车运行条件而自动调整。从闭塞概念而言，闭塞分区划分是虚拟的。移动闭塞在城市轨道交通中正得到越来越广泛的应用。

1.3.3　车站联锁

联锁主要保证列车在站台区段的行车安全。

1. 联锁的概念

在车站内有许多线路，这些线路的两端，都以道岔连接着。根据道岔的不同位置而组成不同的进路。进路就是列车运行的路径。列车或车列是否能进入进路，是用信号机来指挥的。为了保证安全，必须使信号机、进路和道岔三者之间，建立一种相互制约关系，这种关系就是联锁关系。

2. 信号机开放的条件

信号机开放必须满足以下条件：

(1) 进路排好（逐个检查道岔位置正确，开通定位或反位）。

(2) 进路上道岔已被电气锁闭。

(3) 进路上各个轨道区段空闲。

(4) 敌对信号没有建立。

(5) 信号机的红灯灯丝必须完好。

(6) 不允许自动重复开放。

（7）列车进入信号机内方后信号自动关闭。

（8）取消或人工解锁时信号随之关闭。

3. 优先进路设置

终端模式主要用来确定列车的折返进路。一般终端模式有三种模式，根据线路条件及实际情况进行选择。但有时也会出现错排进路的情况，需要调度员手动取消并排列正确进路，或者不取消进路，而改变折返模式。

循环模式目前只在少数线路使用，其工作方式比较简单，只要设定的轨道区段接收到有列车占用的信息，即安排折返进路，而不需要检验车次号及目的地码。一般有循环模式的车站都有正反两种模式。

4. 进路的锁闭和解锁

信号开放时，必须把进路上的所有的道岔锁闭在规定的位置并且把敌对信号机锁闭在未建立的状态，这种锁闭叫进路锁闭。

进路锁闭有两种：

（1）预先锁闭。预先锁闭指进路锁闭、信号机开放后，列车尚未驶入接近区段，这时进路处于预先锁闭状态。

（2）完全锁闭（接近锁闭）。完全锁闭（接近锁闭）指进路锁闭、信号机开放后，列车已经驶入接近区段，进路已处于完全锁闭状态。

进路解锁指道岔区段内道岔处于可控状态，分为正常解锁与非正常解锁。

1.3.4　列车运行自动控制系统

1. 基于轨道电路的 ATC 系统

列车自动控制（ATC）系统，包括列车自动监控（Automatic Train Supervision，ATS）、列车自动防护（Automatic Train Protection，ATP）和列车自动运行（Automatic Train Operation，ATO）三个子系统。

（1）ATC 系统结构（见图 1—32）。ATC 系统的设备分布于控制中心（Operating Control Center，OCC）、车站信号设备室（轨旁）（Wayside）及列车（Vehicle）上。

指挥列车运行的控制中心，设有作为 ATC 系统中枢的系统控制服务器，及其用于调度控制的工作站。数据传输系统，包括通信前置服务器、路由器以及数据通信网等，实现控制中心与全线车站信号设备室之间的实时数据信息交换。调度员通过调度员工作站下达行车控制命令。现场的列车在线信息、车次号信息以及道岔、信号机的状态信息等，在控制中心的显示屏及调度员工作站上显示。

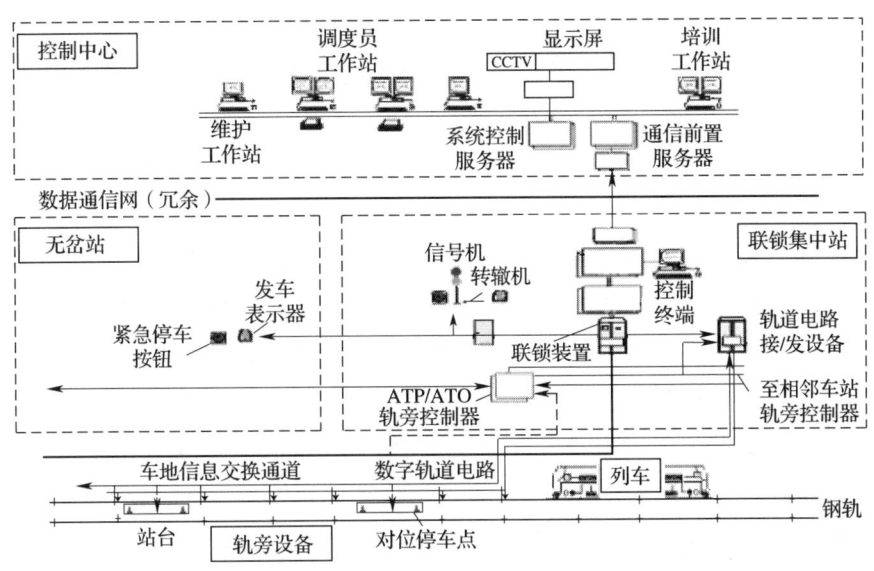

图 1—32 ATC 系统结构示意图例

（2）ATC 系统功能

1）控制中心 ATS 子系统的主要功能。包括：列车运行和调整控制；时刻表的编辑、修改、存储以及时刻表的调整控制；列车位置的实时监视和列车运行轨迹记录；列车运行进路的自动设置，车站联锁状态的监督；运行图管理；线路监控和报警显示、故障记录等。

2）联锁集中站 ATC 设备的主要功能

①ATS 子系统的功能。包括：遥控指令的解译、信号设备状态信息的编辑和传送、进路控制指令的发送及表示、折返站折返模式控制指令的发送、车–地交换信息的编译和发送、旅客向导信息、目的地信息的编辑和传送、设定列车运行等级等。

②ATP/ATO 子系统的功能。包括：轨道区段空闲的检测，列车运行进路和列车安全间隔控制，列车限速控制，车站程序对位停车控制，对位停车校核和列车车门和站台屏蔽门开、闭控制，停站时间控制及目的地选择等。

3）车载 ATC 的主要功能

①ATS 子系统的功能。包括：接收非安全控制信息，接收运行等级及其目的地等数据，发送列车状态的自诊断信息，提供旅客导向信息等。

②ATP/ATO 子系统的功能。包括：接收和解译限速指令；根据限速，对列车进行速度自动调整控制和超速防护；测速、测距；对位停车程序控制和对位停车点校核；

控制车门开、闭,发送站台屏蔽门开、闭信息;自动折返和出发控制等。

(3) ATC 系统的控制模式。城市轨道交通通过 ATC 系统,在控制中心集中控制列车运行,当遥控发生故障或运行需要的情况下,可以将权力"下放",由相应的联锁集中站进行控制。行车调度的控制方式包括集中控制模式、自动调度模式、集中人工模式。

(4) ATS 子系统。列车运行自动监控(ATS)子系统,可实现对列车运行的控制和监督。一般分有 CATS 和 LATS,前者是控制中心的 ATS 设备,后者指联锁集中站的 ATS 设备。控制中心的 ATS 设备包括:系统控制服务器、传输控制服务器、调度员工作站、显示屏、运行图绘图仪、打印机、UPS 等。每条线路一般设两位行车调度员(简称行调),监督和控制全线的列车运行。正常情况下列车运行进路的排列、信号控制、列车运行间隔控制和调整等操作,都是根据列车运行时刻表由 ATS 系统自动完成,不需要调度人员操作。在特殊情况下,也可以由行车调度员操作。控制中心显示屏和行车调度员工作站示意图如图 1—33 和图 1—34 所示。

行车调度员可以将行车控制权"下放"给联锁集中站,所以在联锁集中站都设有 ATS 分机。当需要"站控"时,在征得调度员同意后,联锁集中站的行车值班员可以对所管辖的车站进行控制,而平时联锁集中站的行车值班员只能监督列车运行。在"紧急"情况下,联锁集中站可以不经过行车调度员同意,实现"紧急站控";"站控"结束以后,车站行车值班员应将该车站的信号系统复原,才能"交权"。联锁集中站车站行车值班员工作站如图 1—35 所示。

图 1—33 控制中心显示屏

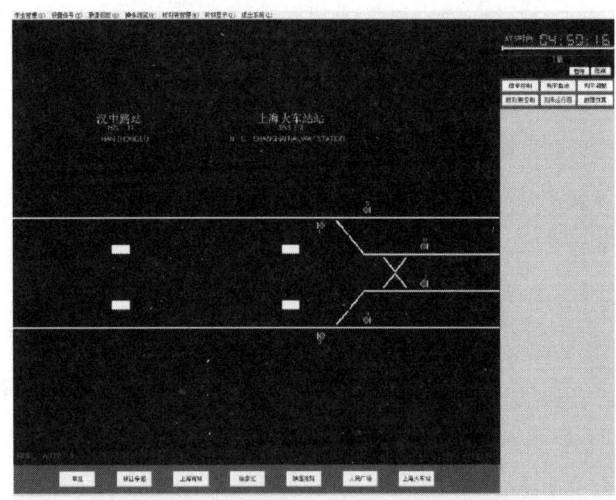

图1—34 行车调度员工作站显示例

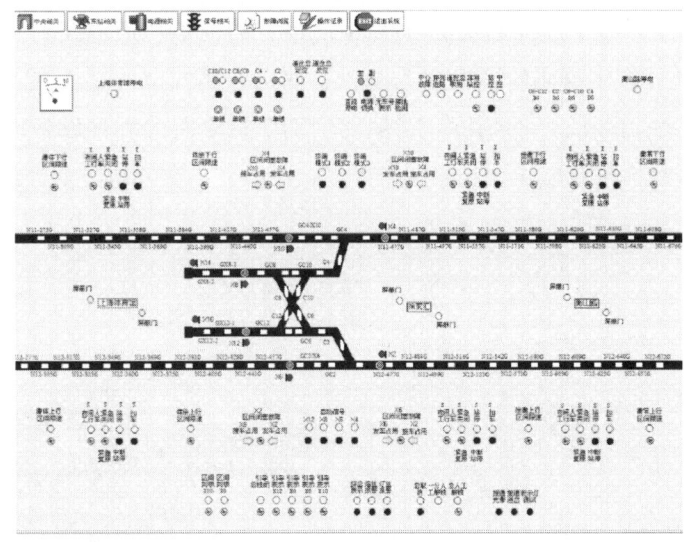

图1—35 联锁集中站工作站显示例

（5）ATP子系统。列车自动防护（ATP）子系统，可实现列车运行安全间隔防护和超速防护。ATP子系统检测列车位置，向列车传送ATP信息（目标速度信息或目标距离信息），列车收到ATP信息，自动实现速度控制，确保列车在目标距离内不超过目标速度的前提下安全运行。ATP子系统包括轨旁ATP设备和车载ATP设备，并与ATS、

ATO、车站联锁设备等都有接口相连。

(6) ATO 子系统。当列车处在自动运行（ATO）操作模式下，车载 ATO 子系统才能发挥作用，该系统自动履行司机操作的非安全功能，自动完成列车的加、减速等速度调节控制，并自动完成列车在车站的程序对位停车。

2. 基于通信的列车控制系统

基于通信的列车运行控制系统（Communication Based Train Control，简称 CBTC 系统），是一种采用先进的通信、计算机技术，连续控制、检测列车运行的移动闭塞（Moving Block）方式控制系统。它摆脱了用轨道电路判别列车对闭塞分区占用与否，突破了固定或准移动闭塞的局限性。该系统的使用代表着目前世界上列车运行控制系统的发展趋势，也是近年来城市轨道交通领域认可采用的一种移动闭塞方式。

基于轨道电路的 ATC 系统，是当前我国列车自动控制系统的主要模式，后续列车与先行列车之间的行车间隔都与闭塞分区的划分有关，也就是说，后续列车与先行列车不可能运行在同一个闭塞分区，后续列车必须保证在先行列车所占用的闭塞分区的分界点前停车。

如图 1—36 所示，速度码制式的 ATC 系统以音频模拟轨道电路为基础；目标距离制式的 ATP 系统以数字编码轨道电路为基础；在这些制式下为了缩短行车间隔，必须缩小闭塞分区（轨道区段）的长度，当然要增加轨道电路的硬件设备；对于不同列车编组的运行线路，更是难以实现。

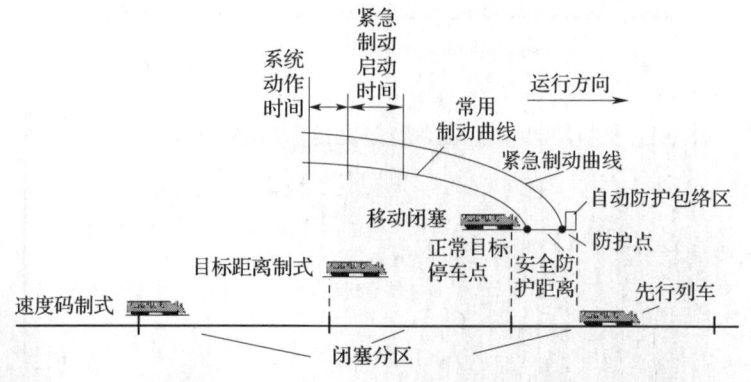

图 1—36 不同闭塞制式的列车运行间隔示意图

移动闭塞是缩小行车间隔、提高行车效率的有效途径，是列车运行的安全保证，不需要设置轨道电路，没有物理概念上的闭塞分区划分；虚拟的闭塞分区使后续列车与先行列车之间始终保持制动距离，加上动态安全保护距离，保证运行间隔，确保列车不会追尾。

移动闭塞系统相比过去的 ATC 系统主要有以下特点：

1）在确保安全的前提下，可以缩小列车之间的行车间隔。
2）取消了传统的轨道电路。
3）列车与控制中心之间始终保持不间断地双向信息交换。
4）列车在线路的位置由列车自己测定，并自动修正位置的误差。
5）控制中心掌握在线运行列车的精确位置和速度。
6）不同编组的列车，可以以最高的密度，运行于同一线路。
7）ATC 系统从一个以硬件为基础的系统向以软件为基础的系统演变。

CBTC 系统不仅适用于新建的各种城市轨道交通，也适用于旧线改造、不同编组运行以及不同线路的跨线运行。随着通信技术的发展，尤其是无线通信、计算机网络技术和数字信号处理技术的迅速发展，信号系统的冗余、容错技术完善，为 CBTC 的发展奠定了基础。

基于无线（Radio）通信的 CBTC 系统，已在我国多条城市轨道交通选用，并定为今后城市轨道交通信号系统的发展方向。基于无线通信的 CBTC 系统是指通过无线通信方式（而不是轨道电路和环线），实现车–地双向实时通信，自动控制列车运行的信号系统。

列车上的车载控制器，通过探测轨道上的应答器，查找它们在数据库中的方位，确定列车绝对位置，而且列车本身自动测量、计算自前一个探测到的应答器起，已行驶的距离，确定列车的相对位置。列车车载控制器，通过列车与轨旁设备的双向无线通信，向轨旁 CBTC 设备报告本列车的精确位置。

轨旁 CBTC 设备，根据各列车的当前位置、运行方向、速度等要素，同时考虑列车运行进路、道岔状态、线路限速以及其他障碍物的条件，向所管辖的列车发送"移动授权极限"，即向列车传送运行的距离、最高的运行速度，从而保证列车间的安全间隔距离。

CBTC 系统的设备分布于控制中心、停车场、无岔站、联锁集中站以及车上。如图 1—37 所示，指挥列车运行的控制中心，设有作为 ATC 系统中枢的网络管理服务器及其用于调度控制的工作站；DCS 主干网实现控制中心与全线车站信号设备室以及停车场设备室之间的实时数据信息交换；调度员通过调度员工作站下达行车控制命令。设于停车场设备室以及联锁集中站设备室的服务器，接受调度员的控制指令，通过联锁装置，排列进路、开放新号，并将列车在线信息、信号设备的状态信息等传送给控制中心。

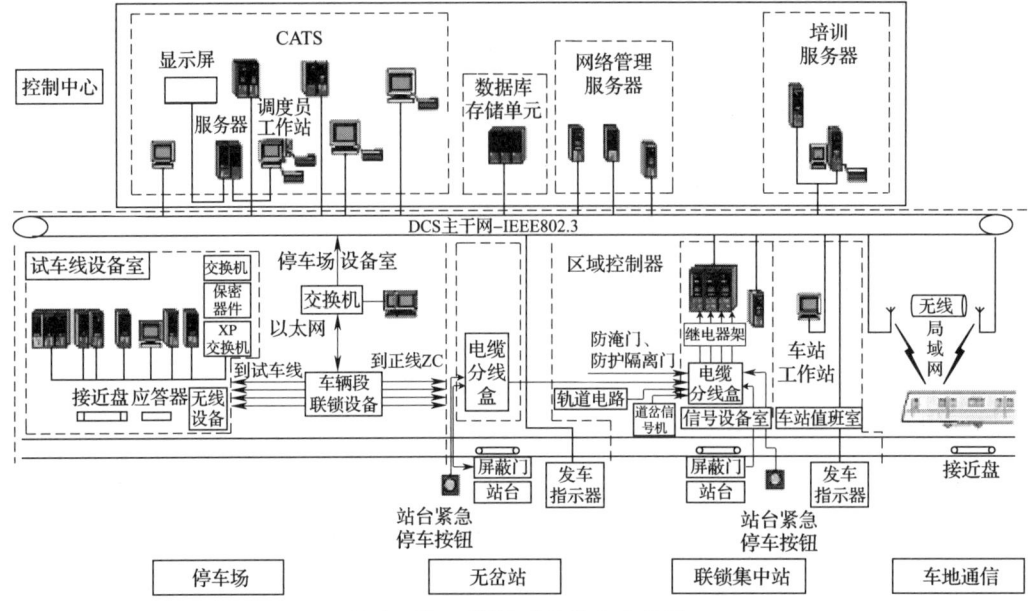

图1—37 CBTC系统设备示意图

图1—38为CBTC系统结构概念示意图。CBTC系统的安全型子系统是车载控制器（VOBC）、轨旁区域控制器（ZC）和位于中央的数据库存储单元（DSU）。

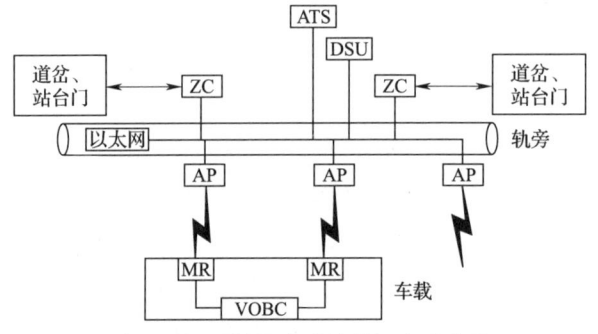

图1—38 CBTC系统结构概念示意图

1.4 行车相关设备

1.4.1 车辆

城市轨道交通是以列车编组形式，运送相当规模客流量的城市公共交通方式。由于车辆通常是由电力驱动的,因此就直接称为电动列车。

1. 车辆的分类

城市轨道交通车辆按有、无动力可分为两类:

(1) 动车(M)。动车是带有牵引动力装置的车辆。动车又分为有受电弓的动车(Mp)和无受电弓的动车(M)。

(2) 拖车(T)。拖车是无牵引动力装置的车辆。拖车又分为有驾驶室的拖车(Tc)和无驾驶室的拖车(T)。

2. 车辆的编组

按照预期的目的,将各独立的车辆连接起来,成为一个运行体,就称为车辆编组。

车辆编组一般应考虑线路坡度、运营密度、站间距离、舒适度、安全可靠性、工程投资、客流大小等因素。

(1) 按车辆有无动力编组。根据列车编组中动车数量,又可分为全动车编组和动、拖混编两类。上海、北京、广州等城市轨道交通基本上都采用动、拖混编的列车编组方式。

(2) 按照车厢数量编组。一组能独立运行的列车编组,至少应该包含满足客流的运载空间、足够的运行动力、驾驶控制室、列车受流器、制动系统等单元。目前的城市轨道交通大都采用3节以上的编组。

3. 多车连挂的运行

当某列电动列车在运营中因突发故障而无法自行运行时,一般就需要由另一列完好列车或特种车辆对其进行救援,以"顶"或"拖"的运行方式,使故障列车脱离正线,以保证正线运营畅通,这种形式的连接就称为多车连挂。多车连挂对行车过程突发故障时尽快恢复正常运营是十分重要的。

(1) 列车连挂运行。列车编组和连挂的前提,是各车型间的电气、风管路、控制电缆和传递牵引力的车钩等尺寸相同、能可靠连接。在一条运营线路上运行多种车型情况下,为了保证连挂后的运行功能正常,更需要确保相互连接车钩的机械尺寸相同、电气触头设置相匹配。列车连挂的速度一般不应大于 5 km/h。

(2) 特种车辆连挂运行。城市轨道交通系统中的特种车辆是用于地铁线路及供电设备施工、维修的牵引动力设备,主要完成正线的列车救援及站场内的列车编组、解体、转线、摘挂、取送等相关作业。

4. 车辆的选型

城市轨道交通设施投资很高,投资费用包括建设费、车辆购置费、运营成本等。

其中车辆购置费及相应的运营成本费，占较大的比例，所以在满足客流需求、适应城市轨道交通网络化运行的前提下，应根据以下选型要素来正确地选用车辆的类型：

（1）客流特点。城市轨道交通的主要客流包括：市内常住人口的上下班客流、车站和机场的集中到达客流、节假日及大型活动的集中客流、流动人口集中进出城市的客流等。这些客流各有特点，在车辆选型时，应综合考虑。

（2）客流量。单向高峰小时最大断面客流量在1万人次/小时以上的客流，宜采用城市轨道交通。其中，1~3万人次/小时可采用中客运量的车辆，3万人次/小时以上的应选择大客运量的车辆。

（3）行车速度。城市轨道交通在市中心区域运行时的旅行速度，一般为30~40 km/h；城郊间城市轨道交通的旅行速度，一般为50~60 km/h；城际区域运行的城市轨道交通，可以采用更高运行速度的车辆。

（4）线路条件。地形限制造成线路小半径或大坡度时，对车辆爬坡、限速等都有特殊要求，也是车辆选型的要素。这些线路可以考虑采用单轨车辆、直线电机车辆或低速磁浮车辆等。

1.4.2 通信设备

1. 通信系统的作用及组成

城轨通信系统主要由下列子系统组成：传输系统、公务电话系统、专用电话系统、闭路电视监控系统、广播系统、乘客导乘信息系统、时钟系统（见图1—39）、办公自动化（OA）系统、无线集群通信系统、消防无线系统、公安无线系统、集中监控系统、公众移动通信接入系统、通信电源系统。

通信各子系统均设有监控网管或操作维护终端（见图1—40），可以对各自系统进行远程监控和维护，实现对各子系统中的节点设备、网络及网络上的业务的综合管理。

图1—39 时钟系统设备

图1—40 通信网管机房

2. 通信系统的分类

城轨通信系统分类可以有很多种，一般有按业务分类、按信道中所传输的信号分类、按传输媒质分类、按调试方式分类、按信号特征分类、按工作性质分类、按信号复用方式分类、按组网方式分类等。

1.4.3 供电系统

1. 供电系统的构成

城市轨道供电系统由主变电站、牵引变电站、降压变电站、馈电线、接触网、走行轨、回流线、迷流防护系统和远动系统等部分组成。

2. 变配电系统

城市轨道交通变电站有五种类型，它们是：主变电站、牵引变电站、中心降压变电站、降压变电站和混合变电站。

3. 接触网

架空悬挂式接触网将线索或导电排及零部件可靠连接接续，把导电体、支持装置、绝缘元件、电气设备等连接成一个能传递电能且有支持功能，同时具备相应强度的整体系统，以确保牵引电流的不间断供给。

架空悬挂式接触网分为柔性悬挂与刚性悬挂两种架设方法。

（1）柔性悬挂。柔性悬挂可概括为简单悬挂和链形悬挂两大类。其特点是受电弓与接触悬挂接触良好，适应较高速运行。柔性悬挂又分为地面架空式和隧道架空式。

1）地面架空式（见图1—41）。主要由接触悬挂、支持装置、定位装置、支柱和基础等组成。

①接触悬挂。其作用是直接供给电动列车电流，使其正常运行。与电动列车受电弓直接接触的是接触线。接触悬挂方式很多，地面段主要有简单链形悬挂、简单悬挂。简单链形悬挂包括承力索、吊弦、接触线，简单悬挂包括吊索、接触线。

②支持装置。用以支持接触悬挂并将其负荷传给支持或其他建筑物的机构，包括腕臂、绝缘子。腕臂安装在支柱上，用以支持接触悬

图1—41　地面架空接触悬挂

挂，对地有绝缘，并起传递负荷的作用；腕臂通过旋转底座固定。绝缘子起到绝缘隔离的作用。

③定位装置。包括支持器、线夹和定位管。定位装置固定接触线的平面位置，保证接触线与受电弓的相对位置在受电弓滑板运行轨迹范围内，并将接触线水平负荷传给支持装置。

④支柱和基础。支柱是接触网中最基本、应用最广泛的支撑设备，承受接触悬挂、支持装置、定位装置的负荷，并将接触悬挂固定在规定高度。

2）隧道架空式。隧道架空式的悬挂方式与地面架空式有所不同。一方面隧道内不能立支柱，支持装置直接设置在洞顶或洞壁；另一方面又必须考虑隧道断面、净空高度、带电体对接地体的绝缘距离、导线的弛度等因素的限制。根据隧道断面和净空高度的不同，接触悬挂有多种不同的方式。合理选择和确定悬挂方式，才能充分利用有限的净空高度改善接触网的工作性能。

（2）刚性悬挂。刚性悬挂主要由铝合金汇流排、接触线、绝缘元件和悬挂装置组成，一般用于隧道段。

4. 接触轨系统

接触轨系统主要由接触轨、接触轨支架或绝缘子、绝缘防护罩、弯头、连接板、膨胀接头、锚结、隔离开关、电缆等主要零部件构成。接触轨按与接触受流靴的摩擦方式可分为上摩式、下摩式和侧摩式三种。

1.4.4 车站服务设备

1. 客运服务设施

（1）车站候车亭、凳、椅（见图1—42）。车站候车亭、凳、椅一般设置在车站站台供乘客休息或候车。

（2）废物箱。废物箱是设置在车站站台、站厅及换乘区域的卫生设施。

（3）安检设备及防爆桶。安检设备通常设置在车站站厅进站口或进站检票设备附近，专业防爆桶（见图1—43）通常设置于站厅进站口，它们是对乘客的随身携带物品进行检查和处理的设备。

（4）公共厕所。公厕设施，应包括残疾乘客用厕、母婴专用台、净手设施等，为有需求的乘客提供服务。公厕位置，应选在不妨碍乘客乘降的收费区内，一般设置在站台层端部。

图1—42　车站候车亭、凳、椅

2. 导向系统

导向标志系统是车站进行客流组织，引导乘客合理流动的重要手段之一。它由一系列布置在指定位置的固定指示牌、可变内容的信息牌和可移动的临时指示、告示牌组成。图1—44、图1—45为地铁出入口的导向标志牌和车站内的固定导向指示牌。

3. 广播和乘客信息显示系统

车站广播系统的设备由通信系统提供，它是车站的重要设施，车站值班人员利用广播发布乘客出行的各种提示信息。

图1—43　专业防爆桶

乘客信息系统（Passenger Information System，PIS）主要是指运营信息发布系统。采用"中央监控、线路调度、车站管理"的三级管理模式。图1—46为PIS系统的显示终端。PIS系统在监控范围内实行三级管理，相关管理部门在管辖范围内"各负其责"。PIS系统的信息发布有预先储存和现场输入两种方式。

图1—44　地铁出入口的导向标志牌　　　　图1—45　车站内的固定导向指示牌

图 1—46　PIS 系统的显示终端

4. 自动售检票系统（AFC）

城市轨道交通自动售检票系统是城市轨道交通运营中普遍应用的现代化联网收费系统。城市轨道交通自动售检票系统是基于计算机网络通信、现金自动识别、微电子计算机、机电一体化、嵌入式系统集成和大型数据库管理、自动控制等技术，实现轨道交通售票、检票、计费、收费、统计、清分、管理等全过程的自动化系统。

（1）车票的类型。早期城市轨道交通收费系统采用人工售检票方式，使用纸质票。人工售检票方式主要优点是设备投资低，但需雇用大量的售检票人员，支付较多的人工费用。

1999 年上海和广州从美国 CTS 公司引进自动售检票系统。

2005 年上海城市轨道交通实现网络化运营。城市轨道交通网络化运营是城市轨道交通发展的必然趋势，因为城市轨道交通网络化运营可实现城市轨道交通资源的共享。城市轨道交通网络化运营，首当其冲是实现城市轨道交通不出站换乘不同线路的"一票通"。"一票通"不仅是方便乘客的举措，也是城市轨道交通网络化运营对自动售检票系统提出的更高技术要求和规定。

国内城市轨道交通自动售检票系统，虽然有所差异，但是从本质来说，大同小异。自动售检票系统主要差异集中在两点：单程车票有卡型、筹码型（TOKEN）的差异，自动检票机通道阻挡装置有三杆装置、门式装置的差异。

随着城市轨道交通的快速发展、相应技术的进步以及不同政策组合的灵活应用，城市轨道交通自动售检票系统正朝着标准化、简单化、集成化和人性化的方向发展。

（2）车票的管理。车票是整个轨道交通自动售检票系统的信息源头。车票信息的正确有效能确保系统的正常运作。车票也是有价凭证，有效车票的流通实际代表着资金的流动，一旦车票管理不善将会造成经济损失。在历史上曾出现很多车票的造假、串换资金等违法行为，既有系统外的不法行为也有内部人员的舞弊行为。因此，必须从资金管理的角度看待车票管理。

通常成立专门的机构（可以是运营单位也可以委托专门单位）负责对车票的发行、发售、使用、票务处理、回收等全过程进行严格规范的管理。该机构通过对车票进行初始化，使得车票成为在系统内可以使用的媒介；同时也负责车票的赋值发售、使用管理、进出站处理、更新、加值、退换、回收、监督管理、注销及黑名单等规范流程的管理。

理论知识复习题

一、判断题（将判断结果填入括号中，正确的填"√"，错误的填"×"）

1. 地铁运营初期基本闭塞设备尚未安装或基本闭塞设备不能使用时，采用半自动闭塞法。（   ）
2. ATC 设备由 ATO、ATP、ATS 三个子系统构成。（   ）
3. 地铁供电系统由地铁降压变电站、牵引供电系统、动力照明供电系统组成。（   ）
4. 多数地铁接触网采用 1 500 V 交流供电。（   ）

二、单项选择题（选择一个正确的答案，将相应的字母填入题内的括号中）

1. 地铁限界中不起控制作用的限界有（   ）。
   A. 设备限界　　　B. 建筑限界　　　C. 车辆限界　　　D. 道床限界
2. 无缝线路是把（   ）m 的钢轨焊接成 1 km 及以上的轨条铺设在轨枕上。
   A. 10　　　　　B. 15　　　　　C. 25　　　　　D. 55
3. 多数地铁供电方式采用（   ）供电方式。
   A. 分散式　　　B. 集中式　　　C. 联合式　　　D. 独立式
4. 联锁确保（   ）行车安全。
   A. 区间　　　　　　　　　　　B. 车站
   C. 区间和车站　　　　　　　　D. 其他选项都错

理论知识复习题答案

一、判断题

1. ×　　2. √　　3. ×　　4. ×

二、单项选择题

1. C　　2. C　　3. B　　4. B

列车运行组织

完成本章的学习后,您能够:

- ☑ 了解全日行车计划
- ☑ 了解列车运行方案
- ☑ 了解行车指挥自动化时的列车运行组织
- ☑ 熟悉调度监督下的行车组织
- ☑ 熟悉非正常情况下的列车运行组织
- ☑ 熟悉非正常情况下的行车作业办法
- ☑ 掌握列车运行图的基本概念
- ☑ 掌握列车运行图的分类
- ☑ 掌握列车运行图的组成要素
- ☑ 能够熟练地进行列车运行图的识别及计算

知识要求

2.1 列车运行计划

为了经济合理地运用轨道交通各种技术设备，实现高服务水平、高效率和低成本的运营目标，轨道交通的运营组织必须以列车运行计划为基础。列车运行计划由全日行车计划、列车运行方案和列车运行图组成。

2.1.1 全日行车计划

全日行车计划是营业时间内各小时开行的列车数计划，它是编制列车运行图和确定车辆运用的基础资料。

1. 编制要素

全日行车计划根据营业时间内分时最大断面客流量、列车定员人数和车辆满载率，以及希望达到的服务水平进行编制。全日行车计划编制的基础是客流情况，其要素包括：营业时间、分时最大断面客流量、列车定员数、线路断面满载率等。

（1）营业时间。营业时间的安排主要考虑两个因素：一是考虑市民出行活动的特点，方便乘客；二是满足轨道交通各项设备检修施工的需要。世界上大多数城市的轨道交通营业时间在 18～20 个小时，个别城市是 24 小时运营，如美国的纽约和芝加哥。适当延长运营时间，是轨道交通服务水平的体现。

（2）分时最大断面客流量。始发地和目的地客流（Original Destination，OD）数据是计算最大断面客流量的原始资料。根据站间 OD 客流数据，首先计算出各站上下车人数，然后计算出断面客流量，最后得出最大断面客流量。

在新线投入运营时，站间 OD 客流数据来源于客流预测资料；在既有线运营时，站间 OD 客流数据来源于客流统计或客流调查资料。由于在客流预测资料中，通常只有高峰小时与全日站间 OD 客流预测数据，分时最大断面客流量的确定可采用下列两种方法：在已知高峰小时最大断面客流量的基础上，根据分时客流占高峰小时客流的比例进行确定；或者在已知全日最大断面客流量的基础上，根据分时客流占全日客流的比例进行确定。

（3）列车定员数。列车定员数是列车编组辆数和车辆定员数的乘积。

列车编组辆数的确定以高峰小时最大断面客流量作为基本依据。在客流量与列车运能一定的情况下，列车编组辆数取决于列车间隔和车辆选型。但在列车密度已经较大时，为满足增长的客流需求，增加列车编组辆数往往成为选用措施。此时，轨道交通保有的运用车数是增加列车编组辆数的限制因素之一，其他限制因素包括站台长度等。

车辆定员数取决于车辆的尺寸、车厢内座位布置方式和车门设置数。一般而言，在车辆限界范围内，车辆长宽尺寸越大载客越多，车厢内座位纵向布置较横向布置载客要多。

（4）线路断面满载率。即单位时间内、特定断面上的车辆载客能力利用率。在实际工作中，线路断面满载率通常是指早高峰小时、单向最大客流断面的车辆载客能力利用率，它与单向最大断面客流量、单位时间内开行的列车数、列车编组数及车辆定员数有关。

线路断面满载率既反映了列车在最大客流断面的满载程度，也反映了乘车的舒适程度。为提高车辆利用率、降低运输成本，在编制全日行车计划时，高峰小时可适当超载。

2．编制过程

根据分时最大断面客流量、列车定员数及线路满载率计算出营业时间内分时开行列车数和行车间隔时间后，还需考虑乘客便利性、服务质量等因素，检查是否存在某段时间内行车间隔时间过长的情况，调整开行间隔，最终确定全日行车计划。

行车间隔时间过长，会增加乘客的候车时间，降低乘客的出行速度，不利于吸引客流。为方便乘客、提高服务水平，轨道交通系统在非高峰运营时间内应视轨道交通线路沿线的客流状况合理确定行车间隔，最终确定的行车间隔时间不宜大于 10 min。另外，高峰小时的行车间隔的确定应检验与列车折返能力是否相适应。

表 2—1 为某条线路的全日行车计划。

表2—1　　　　　　　　　　全日行车计划

运营时间	理论计算		实际运行	运营时间	理论计算		实际运行
	开行列车数	行车间隔	行车间隔		开行列车数	行车间隔	行车间隔
5:00—6:00	6	10 min	10~7 min	14:00—15:00	10	6 min	5 min
6:00—7:00	8	7 min 30 s		15:00—16:00	12	5 min	
7:00—8:00	15	4 min	3 min 45 s	16:00—17:00	14	4 min 20 s	4 min
8:00—9:00	16	3 min 45 s		17:00—18:00	15	4 min	
9:00—10:00	10	6 min	5 min	18:00—19:00	15	4 min	
10:00—11:00	10	6 min		19:00—20:00	10	6 min	6 min
11:00—12:00	12	5 min		20:00—21:00	10	6 min	
12:00—13:00	11	5 min 25 s		21:00—22:00	6	10 min	6~10 min
13:00—14:00	10	6 min		22:00—23:00	6	10 min	

2.1.2　列车运行方案

列车运行方案包括列车交路方案、列车编组方案、列车停站方案三部分。在列车运行方案中，列车交路方案规定了列车的运行区间与折返车站；列车编组方案规定了列车是固定编组还是非固定编组，以及列车的编组辆数；列车停站方案规定了列车是站站停车还是非站站停车，以及非站站停车的方式。此外，列车运行方案还规定了按不同编组、交路和停站方案开行的列车数。

列车运行方案是日常运营组织的基础。列车运行方案的制定应遵循客流分布特征与运营经济合理兼顾的原则，以实现既能维持较高的乘客服务水平，又能提高车辆运用效率的目标。

1．列车交路方案

列车交路方案规定了列车运行区段、折返车站以及按不同交路运行的列车数量。

（1）列车交路。分为长交路、短交路和长短交路三种。

1）长交路。长交路是指列车在线路的两个终点站间运行，到达线路终点站后折返，如图2—1所示。长交路列车运行组织简单，对中间站折返设备要求不高，适合于全区段客流量比较均衡的线路，但在各区段客流量不均衡程度较大的情况下，会产生部分区段运能的浪费。

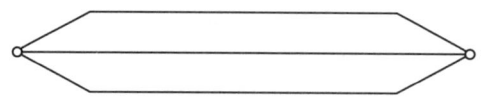

图 2—1 长交路

2）短交路。短交路是指列车在线路的某一区段内运行,在指定的中间站折返,如图 2—2 所示。短交路能提高断面客流较小区段的列车满载率,但需要设置中间折返站,并且该折返站为双向折返,增加了折返作业的复杂性,跨区段出行的乘客需要换乘,服务水平有所降低。

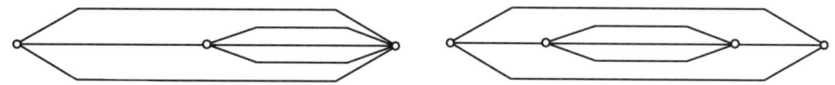

图 2—2 短交路

3）长短交路。长短交路是指列车在线路上运行,既能够在两个终点站间折返,也能够在某一中间站折返,如图 2—3 所示。长短交路方案可提高长交路列车满载率,加快短交路列车周转,但部分乘坐长交路列车的乘客候车时间增加,需要设置中间折返站。

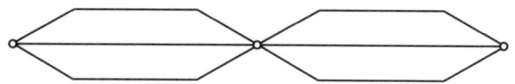

图 2—3 长短交路

（2）列车折返。列车折返是指列车通过进路改变、道岔转换,经过车站的调车进路由一条线路至另一线路运营的方式。具有列车折返条件的车站称为折返站。根据车站折返线的布置,列车折返主要有站前折返、站后折返和混合折返三种。

1）站前折返。列车在中间站或终点站利用站前渡线进行折返作业称为站前折返。站前布置的折返线如图 2—4 所示。

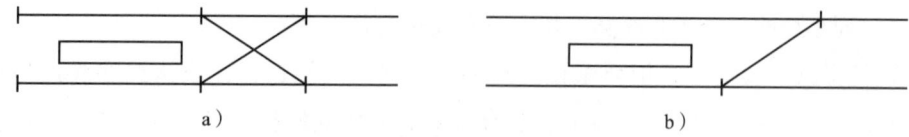

图 2—4 站前折返
a) 终点站站前交叉渡线折返 b) 中间站站前单渡线折返

采用站前折返方式，列车无空驶折返走行；乘客上下车一起进行能缩短停站时间；车站正线兼折返线以及站线长度缩短，有利于车站造价的节省。站前折返方式的缺点是出发列车与到达列车存在敌对进路；因列车进站或出站侧向通过道岔，列车速度受到限制、影响乘坐的舒适感；在大客流量的情况下，站台秩序会受到影响。

2）站后折返。列车在中间站、终点站利用站后渡线进行折返作业称为站后折返。站后布置的折返线如图2—5所示。

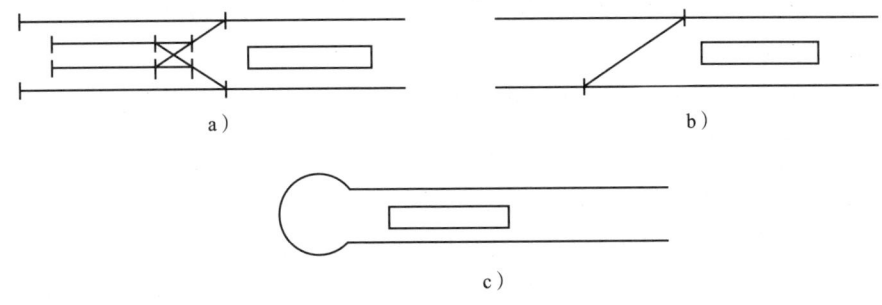

图2—5 站后折返

a）终点站站后尽端线折返 b）中间站站后单渡线折返 c）终点站站后环形线折返

采用站后折返方式，出发列车与到达列车不存在敌对进路；列车进出站速度较高，有利于提高旅行速度；列车进出站不经过道岔区段、乘客无不舒适感；此外，采用尽端线折返设备，折返线既可供列车折返，也可供列车临时停留检修。因此，站后折返方式被广泛采用。站后折返方式的缺点是列车的折返走行距离较长。

环形线折返设备能保证最大的通过能力，节约设备费用与运营成本，但它也存在一些缺点，如列车在小半径曲线上运行造成单侧钢轨磨耗，折返线不能停放检修列车，以及若用明挖法施工修建增大了开挖范围等。图2—6是某终点站站后环形折返线，该站修建了车站配线，解决了环形折返线不能停放列车的问题，提高了列车折返作业组织的机动性。

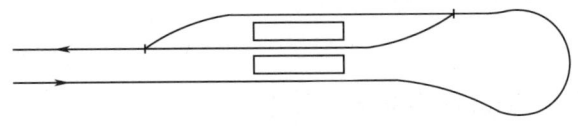

图2—6 终点站环形折返

3）混合折返。站后、站前混合布置的折返线如图2—7所示。采用混合折返方式的目的是为了提高列车折返能力与线路通过能力。混合折返兼有站后折返与站前折返的特点。

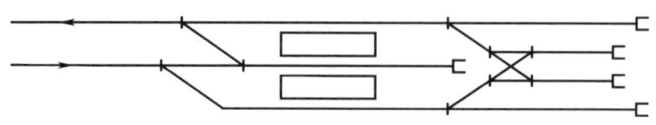

图 2—7　站后、站前混合布置的折返线

2．列车编组方案

列车编组方案分为三种：大编组方案、小编组方案、大小编组方案。

3．列车停站方案

（1）站站停车。列车在全线所有车站均停车。与其他非站站停车相比，线路上开行列车种类简单，不存在列车越行，乘客无须换乘，也无须关注站台上的列车信息显示。目前，城市轨道交通大多数都采用这种方式。

（2）区段停车。区段停车在长短交路情况下采用，长交路列车在短交路区段外每站停车，但在短交路区段内不停车通过；而短交路列车则在短交路区段内每站停车，短交路列车的中间折返站同时又是乘客换乘站。

（3）跨站停车（见图2—8）。跨站停车是在长交路情况下采用，线路上运行甲、乙两种停站方式的列车，A，B，C为线路上三种类型的车站，甲种车只停 A 和 C，乙种车只停 B 和 C，C 站作为换乘站。

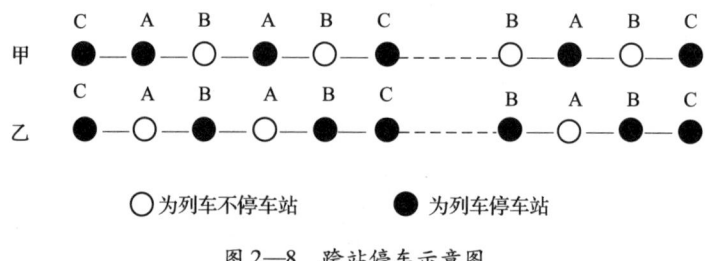

图 2—8　跨站停车示意图

2.2　正常情况下的列车运行组织

2.2.1　行车指挥自动化时的列车运行组织

行车指挥自动化系统根据与先行列车之间的距离和进路条件，在车内连续地显示出容许的速度信息，或按设定的运行条件达到该容许速度的距离信息，根据上述信息列车自动地控制运行速度，进行超速防护，以达到自动调整行车间隔的目的，并实现列车在车站程序的定位停车。

列车自动控制系统（ATC），主要包括列车自动监控（ATS）、列车自动防护（ATP）、列车自动运行（ATO）三个子系统。ATC系统的设备分布于控制中心（OCC）、车站信号设备室（轨旁）（Wayside）及列车（Vehicle）上。

2.2.2　调度监督下的行车组织

1. 调度监督的主要功能

调度监督的主要功能在于对全线列车的运营情况进行跟踪，并根据运行时刻表监督列车的晚点情况，在发生突发事件时，能够采取相适应的调整措施，在最短的时间内，使运营恢复正常运行。

2. 调度监督下的自动运行控制

自动运行控制是当今世界城市轨道交通列车运行组织的发展趋势及主流行车控制方式。自动运行控制利用计算机技术对列车运行实行自动指挥和自动运行监护，并有列车运行保护系统提高行车安全系数。

3. 调度监督下的半自动控制

这种列车运行组织方式是在中央调度所统一指挥和监督下，由车站行车值班员操作车站电气集中控制台或临时信号设备控制列车运行。在一些新线上，由于信号系统尚未安装调试完毕，在过渡期运营时会采取这种方式进行行车组织。

2.3　非正常情况下的列车运行组织及行车作业办法

2.3.1　非正常情况下的列车运行组织

1. 人车冲突

（1）处置原则

1）发生人车冲突后调度员要与司机保持密切联系，了解伤（死）者情况及所处位置等有关信息。

2）在车站进行处理的同时，调度员应提醒事发司机做好恢复运营的准备工作，尽量平行作业，减小事件的影响。

3）发生人车冲突后，调度员要与车站保持密切联系，加强对现场的控制，督促下线处置人员抓紧处置、出清线路，尽快动车恢复运营。

（2）人车冲突发生在侧式站台的站线。人车冲突发生在侧式站台的站线时，调度员应及时封锁相邻线路，必须将邻线后续列车扣在后方车站或令其站外停车，同时令司机做好车厢广播；如站台区域邻线已经有车处于发车状态，可令列车确认安全后动车。

（3）人车冲突发生在区间内。人车冲突发生在区间内时，调度员应提醒下线人员做好安全防护，令司机在事发区段加强瞭望，改 ATP 手动限速通过，并告知事发列车停车待命，同时告知邻线列车司机前方区段发生事情的概况。

2．列车清客

（1）列车清客的条件。为防止线路堵塞，遇下列情况之一，应及时清客：

——列车故障，无法安全运行，或需要救援时。

——由于车辆故障原因（主回路一级故障、一个列车中有 1/2 车辆失去牵引力、制动一级故障、两辆以上失去制动力），列车最高限速 40 km/h 及其以下时。

——列车内发生火灾、爆炸或不明物危及乘客时。

——列车中有一辆及以上整辆车门打不开，或全列中有 1/2 车门打不开时。

——关门后门灯不灭或外侧墙门灯显示正常，司机室关门灯不亮，制动无法缓解，且司机处理后需切除关门旁路及 ATP 才能恢复行车的。

——担当救援列车时。

——由于 ATP 故障，不能保证切除 ATP 安全运行至终点站时。

——临时安排，公安请求。

（2）列车清客的作业要求

1）行车调度员做出清客决定后，通知司机、车站做好清客准备。

2）车站、司机做好宣传解释工作，司机应关闭车厢照明，车站派人协助司机清客。

3）清客完毕后，由车站通知司机关门，车门关好后，司机与行车调度员联系动车。

4）清客 2 min 以后，若车上仍有少数乘客未下车，车站通知司机车内乘客情况，司机与行车调度员联系，确定是否再清或关门动车。

5）若列车上乘客未清完，则在列车退出正线前最后一个车站再次清客，需提前通知车站，公安配合清客。

6）回库列车若在退出正线前最后一个车站清客后仍有乘客未下车，调度员在决定列车回库后，应通知公安、运转等部门。

7）发生列车清客后，调度员应及时通知轨道分局值班室。

8）在清客过程中，列车故障被排除可恢复运行时：

①若已清客完毕，可不组织重新上客，放空至前方站，再决定是否载客。

②若清客未完成，行车调度员应通知车站、司机停止清客，恢复载客运行。

9）在没有直接危及人身安全的情况下，行车调度员根据运营的特殊要求，可决定带客运行。

3．道岔故障

从确保安全、减少操作步骤、缩短作业时间的角度出发，处置故障道岔。

（1）操作步骤。在道岔故障状态下，将控制权下放至车站，令车站对故障道岔进行测试、确认设备状态并做好手摇准备；对于确认的故障，应立即发布抢修令，通知上海轨道交通维保中心通号公司（简称通号公司）、工务公司人员赶赴现场进行处理。手摇道岔后，在信号恢复前调度员应提醒车站、现场维修人员解除相关道岔的钩锁器。

（2）终端站道岔故障处置要求。调度员应首先通知车站值班员先来回单操测试，若经单操后恢复表示，通知通号、工务人员派人运营结束后检修；若仍无表示，应确认定反位是否都无表示，同时指派扳道员带好工具至现场待命准备手摇作业；另一位置有表示，调度员应尽量改变折返进路，利用该道岔有表示的位置接发列车。

如定反位均失去表示，则令车站将该道岔手摇至使用位置加钩锁器，通过手信号进行折返作业。

4．车站停电

（1）车站停电的行车要求

1）如车站有应急照明，所有列车继续正常运行。

2）车站无应急照明或应急照明投入运行15 min后，如地面车站能见度足以保证乘客进出站安全，所有列车正常在该车站停车进行上下客作业；如地面车站能见度不足以保证乘客进出站安全，调度员通知全线该车站关闭，停电车站做好关闭车站的公告，所有列车通过该车站。

3）如停电车站为终端站，除车站关闭外，所有列车终点站分别改为原终端站前一车站，列车在此两站清客完毕后，继续运行至终端站进行折返作业。出发列车始发站分别调整为始发站后一车站。

4）因停电，车站 AFC 设备无法工作，调度员应通知车站向乘客提供应急票（或由其他车站调配），通知全线车站做好由停电车站进站乘客的车票更新工作（含一卡通）。如因应急票暂无法到位，车站应开启边门让乘客进站。

5）如需关闭车站为换乘站，调度员还应通知其他线路调度员进行广播。

6）需要关闭车站时，调度员应及时通知公安协助维护车站秩序。

（2）车站停电造成信号电源故障。与行车调度联系确认故障情况，并报告值班站长进行降级运行需要全程监护；列车司机报告当班驻调司机目前列车状况及列车位置，并对作业进行全程监控；故障区段车站值班员负责根据列车在本站及邻站到发情况确认区间是否有列车占用，如发现有停于区间的列车，车站值班员应主动与行车调度联系，汇报列车当前位置。

调度令故障区段内列车立即停车待命，并命令故障区段内各车站准备本站接车进路，车站在进路办理妥当后，主动向调度汇报。

根据行车调度发布的调度命令，故障区段内所有列车司机应明确以人工限制向前方式运行至就近车站停车待命的运行要求。

调度组织故障区段内所有列车运行至车站站台停车待命。如列车停于区间，调度在确认前方站具备接车条件后，令停于区间的列车以人工限制向前方式 CLOSE–IN、RMF、RMO（慢速惰性模式）限速 20 km/h 运行至前方车站停车待命。如同一区间停有多列列车，调度需令列车逐列运行至车站停车待命。

调度待故障区段内所有列车位置均停至站台待命后，与区段内的所有列车司机、车站值班员复核确认列车所在位置。

如维保中心接报后确认设备故障在 30 min 内无法修复，调度长向上海申通地铁集团（简称集团）（副）总调度长申报，经集团（副）总调度长审批并授权同意后，发布调度命令，启用电话闭塞法行车。

车站根据调度命令启用电话闭塞法行车作业，若停电事件影响道岔动作的，中间通过站应令车站派员至现场确认道岔开通位置及是否具备运行条件，如条件允许，则将故障道岔定位加钩锁器后进行接发列车，中间折返站原则上列车采取就近延后折返方式；若为终端折返站，则启用手摇道岔及配合手信号方式安排列车折返。

2.3.2 非正常情况下的行车作业办法

1. 列车限速运行的作业规定

（1）适用范围。列车运行过程中，发生人员、设备侵限或设备状态异常等情况，需降低列车运行速度继续运行时。

（2）处置规定

1）司机在列车运行过程中发现异常情况，应立即停车确认是否影响列车运行，并将判断结果向运营调度报告。

2）如列车可继续维持运行，运营调度经报值班调度长审批并授权同意后，发布调度命令，令该列车及后续列车以手动 ATP 驾驶模式限速运行经过异常情况区段，如车辆运行状态异常则安排列车运行至就近车站清客退出运行。

3）运营调度通知设备管理单位专业人员至现场查看设备情况。

4）列车运行途中发生弓网拉弧现象，但列车可继续运行时，列车限速 45 km/h，列车司机应密切注意触网设备状态，同时确认列车故障面板，如显示受电弓故障，应根据应急处置办法采取隔置故障受电弓，维持运行至终点站后退出运营。

5）车辆运行状态异常（异声、异味、不明晃动），但可维持运行时，列车限速 45 km/h。

6）发生人员、设备、异物侵入线路及设备冒火星等异常情况，但未影响列车运行时，列车通过异常情况区段运行限速 20 km/h。

7）司机严格控制列车运行速度，遇线路限速低于上述规定限速，按线路限速执行；司机应加强瞭望，遇紧急情况立即停车，并报告运营调度。

8）设备管理单位专业人员应及时查明设备影响，并将故障影响及行车限制条件（限速要求等）向运营调度报告，运营调度根据设备管理单位专业人员的报告进行后续行车安排。

（3）作业盯控规定

1）作业人员为执行非正常行车作业的行车人员，包括运营调度、列车司机和车站值班员。作业人员负责非正常行车作业的具体操作、执行。

2）盯控人员为对非正常行车作业进行作业监护的行车人员，包括调度长、驻调司机、值班站长和车站值班员。

2. 列车人工限制向前运行的作业规定

（1）适用范围。发生信号或其他设备故障（如计轴受扰，道岔、信号机、轨旁、车载信号、屏蔽门等设备故障），导致列车无法继续以 ATP 方式运行时，应降级为人工限制向前方式（CLOSE-IN、RMO、RMF、授权模式）维持运行。

（2）处置规定

1）运营调度组织确保故障列车与前行列车行车防护间隔至少一站一区间。

2）运营调度/车站值班员确认列车至授权运行终点具备安全行车条件［进路（含防护进路）准备完毕、道岔位置正确且锁闭］，由进路办理方负责确认。

3）进路办理方确认进路准备完毕后，向运营调度报告进路办理妥当。

4）运营调度经报值班调度长审批并授权同意后，向司机发布调度命令，明确列车运行方式与授权运行终点。司机以人工限制向前方式行车应得到调度命令授权，不应擅自动车。

5）司机根据调度命令运行，不间断瞭望，确认前方安全行车条件（道岔位置正确、线路空闲、信号机显示状态）及授权运行终点。

6）司机运行过程中不得越过未经授权通过的禁行信号（调度命令中未明确授权越过的信号机，均不可以越过），如遇未经授权通过的禁行信号，或情况不明时，应立即停车，严禁越过，确认情况、汇报运营调度后根据调度命令执行。

7）司机应控制列车运行限速 20 km/h，遇线路限速低于 20 km/h，按线路限速执行。司机应加强瞭望，遇危及行车安全的情况立即停车，并报告运营调度。

8）值班调度长指定专人对列车运行进行全程监控。

9）驻调司机对列车运行进行全程监控。

10）司机驾驶列车运行至授权运行终点后，主动与运营调度汇报，根据调度命令指示执行，严禁擅自运行超出授权运行范围。

（3）作业盯控规定

1）作业人员为执行非正常行车作业的行车人员，包括运营调度、列车司机和车站值班员。作业人员负责非正常行车作业的具体操作、执行。

2）盯控人员为对非正常行车作业进行作业监护的行车人员，包括调度长、驻调司机、值班站长和车站值班员。

3. 列车退行的作业规定

（1）适用范围

1）列车办理停站作业时越过规定停车位置，且列车冲出站台不超过 1 节车厢，后方列车距站台末端大于 100 m，方可组织列车退行；如不满足上述条件，列车在该站办理通过作业。

2）末班车办理停站作业时越出规定停车位置，且后续无空车跟随，则需办理退行作业。

（2）处置规定

1）列车司机发生过冲应立即停车，并向运营调度进行报告。

2）运营调度通知后续列车司机在后方车站停车待命，如后续列车已进入后方区间，应通知后续列车司机立即停车待命，并确认停车后列车所处位置距站台距离大于 100 m。

3）运营调度/车站值班员将列车退行进路（含防护进路）上所有道岔位置锁闭于正确位置，由进路办理方负责确认。

4）运营调度通知车站进行列车退行广播（"列车退行对位，请乘客注意安全"）直至退行作业完成，车站安排专人负责站台秩序的监护，尤其是列车退行尾端站台情况的监护，确保列车退行过程中站台乘客人身安全。

5）车站值班员确认退行安全条件具备后，向运营调度汇报。

6）运营调度得到车站值班员具备退行安全条件的汇报、经报值班调度长审批并授权同意后，向退行列车司机发布退行对位的调度命令。

7）司机得到允许退行的调度命令后，限速 3 km/h 进行退行对位。列车退行对位应得到调度命令授权，不应擅自退行。

8）司机应控制退行速度限速 3 km/h，并加强瞭望对位，退行过程中不应超出规定停车位置。车站对列车退行过程做好全程监护，如列车退行超出规定停车位置，应立即截停列车。

9）司机退行对位，办理乘降作业完毕后，及时向运营调度汇报，根据调度指令动车。

（3）作业盯控规定

1）作业人员为执行非正常行车作业的行车人员，包括运营调度、列车司机和车站值班员。作业人员负责非正常行车作业的具体操作、执行。

2）盯控人员为对非正常行车作业进行作业监护的行车人员，包括调度长、驻调司机、值班站长和车站值班员。

4. 列车切除 ATP 运行的作业规定

（1）适用范围。列车发生车辆或信号故障，经司机应急处置、重启车载信号软件等措施无法恢复，仅能以切除 ATP 方式运行时。

（2）处置规定

1）运营调度控制故障列车与前行列车行车间隔至少为一站一区间。

2）运营调度/车站值班员确认列车至授权运行终点具备安全行车条件［进路（含防护进路）准备完毕、道岔位置正确且锁闭］，由进路办理方负责确认。

3）进路办理方确认进路准备完毕后，向运营调度报告进路办理妥当。

4）运营调度经报线路调度长审批，经授权同意后，向司机与车站发布调度命令，明确列车运行方式与授权运行终点。

5）调度通知就近车站派专人登乘切除ATP列车的司机室，跟车监护，负责提示司机严格执行40 km/h的限速要求，督促司机执行标准化作业，协助司机对前方线路情况的不间断瞭望。

①首列载客列车之前及末列载客列车之后开行的切除ATP列车，车站无须安排专人登乘监护。运营调度组织确保末列载客列车之后开行的切除ATP列车与前行列车行车防护间隔至少二站二区间。

②电话闭塞法运行的切除ATP列车，车站不需安排专人登乘监护，且列车无须清客。

③如遇轨旁设备故障，造成部分区段列车无法以限制向前方式运行，仅能以切除ATP方式运行，列车无须清客，不需派专人监护。运营调度组织确保列车与前行列车行车防护间隔至少二站二区间。

④反向切除ATP运行的列车车站需派专人监护，但列车无须清客。

⑤如遇列车退行需切除ATP，在退行过程中无须清客，也无须派专人监护。

⑥车站派专人登乘列车司机室的凭证为登乘证及工作证，如遇特殊情况可凭调令登乘。

6）司机在确认车站跟车监护人员已登乘司机室后，根据调度命令运行，不间断瞭望，严格确认前方安全行车条件（道岔位置正确、线路空闲、信号机状态显示）及授权运行终点。

7）值班调度长及指定专人对列车全程运行进行监控。

8）驻调司机对列车全程运行进行监控。

9）车站值班员对列车到发情况全程监控，及时记录列车到发时点并向邻站报点。

10）司机不得越过未经授权通过的禁行信号，如遇未经授权通过的禁行信号，或情况不明时，应立即停车，严禁越过。确认情况，并汇报调度，根据调度命令继续运行。

11）列车司机以切除ATP方式行车应得到调度命令授权，不应擅自动车。

12）司机应控制运行限速40 km/h；遇设备限速低于40 km/h，按设备限速执行；

在遇400 m及以下半径的弯道等瞭望条件不良的区段时，以不高于30 km/h的速度通过（其中5号线东川路站至金平路站区间300 m半径弯道以不高于25 km/h的速度通过）。运行过程中司机要加强瞭望，遇危及行车安全的情况应立即停车，并报告运营调度，根据调度命令执行。

13）司机驾驶列车运行至授权运行终点后，主动与运营调度汇报，根据调度命令指示执行，不应擅自运行超出授权运行范围。

14）列车以切除ATP方式行车应立即清客（列车位于区间则在前方车站进行清客），并就近退出正线运行，车站跟车监护人员跟车至列车退出运行（进存车线、回库）最后一站下车（如该站不具备下车条件则在前一车站下车）。

15）除电话闭塞法行车外，整条线路最多允许两列车同时以切除ATP方式运行；3、4号线共线段最多允许两列车同时以切除ATP方式运行。

(3) 作业盯控规定

1）作业人员为执行非正常行车作业的行车人员，包括运营调度、列车司机和车站值班员。作业人员负责非正常行车作业的具体操作、执行。

2）盯控人员为对非正常行车作业进行作业监护的行车人员，包括调度长、驻调司机、车站登乘列车监护人员、值班站长和车站值班员。

5．救援连挂列车运行的作业规定

(1) 适用范围。列车发生车辆故障、无法继续运行，应采取救援连挂方式运行。

(2) 处置规定

1）列车完成救援连挂作业后，运营调度控制救援连挂列车与前行列车行车间隔至少保持一站一区间。

2）运营调度/车站值班员确认列车至授权运行终点具备安全行车条件［进路（含防护进路）准备完毕、道岔位置正确且锁闭］，由进路办理方负责确认。

3）确认完毕后，运营调度报线路调度长审批。经授权同意后，运营调度向司机和车站发布调度命令，明确列车运行方式与授权运行终点。

4）司机根据调度命令运行，不间断瞭望，确认前方安全行车条件（道岔位置正确、线路空闲、信号机状态显示）及授权运行终点。

5）司机不应越过未经授权通过的禁行信号。如遇未经授权通过的禁行信号，或情况不明时，应立即停车，严禁越过。确认情况，并汇报调度，根据调度命令执行。

6）列车救援应得到调度命令授权，不应擅自动车。

7）推进方式救援或牵引方式救援，救援列车以切除ATP方式运行时，司机严格控制列车限速 30 km/h；遇线路限速低于 30 km/h，按线路限速执行。

8）推进方式救援运行时，前车司机加强瞭望，前后车司机加强联系，遇危及行车安全的情况应立即停车，并报告运营调度，根据调度命令执行。

9）值班调度长指定专人对列车全程运行进行监控。

10）驻调司机对列车全程运行进行监控。

11）调度通知就近车站派专人登乘运行方向前端列车的司机室，跟车监护，至列车退出运行（进存车线、回库）最后一站下车（如该站不具备下车条件则在前一车站下车），负责提示司机严格执行 30 km/h 的限速要求，督促司机执行标准化作业，协助司机对前方线路情况的不间断瞭望。

12）调度布置救援列车清客车站派专人登乘列车司机室，跟车监护，至列车退出运行（进存车线、回库）最后一站下车（如该站不具备下车条件则在前一车站下车），负责提示司机注意观察线路百米标位置，严格执行接近故障列车时的限速、停车要求。

13）车站值班员对列车到发情况全程监控，及时记录列车到发时点并向邻站报点。

14）司机驾驶列车运行至授权运行终点后，主动与运营调度汇报，根据调度命令指示执行，不应擅自运行超出授权运行范围。

15）救援列车立即清客（列车位于区间则在前方车站进行清客），并就近退出正线运行。

(3) 作业盯控规定

1）作业人员为执行非正常行车作业的行车人员，包括运营调度、列车司机和车站值班员。作业人员负责非正常行车作业的具体操作、执行。

2）盯控人员为对非正常行车作业进行作业监护的行车人员，包括调度长、驻调司机、车站登乘列车监护人员、值班站长和车站值班员。

6．手摇道岔接发车的作业规定

(1) 适用范围。发生信号或道岔故障，需以手摇道岔方式接发列车。

(2) 处置规定

1）手摇道岔接发车作业时，运营调度将故障车站后方列车扣停于后方车站，区间列车立即停车待命。当列车迫停故障道岔区段时，车站行车人员必须下线至道岔区段，确认故障道岔及列车位置，确保道岔位置正确并加钩锁器。

2）当班车站值班员报告当班值班站长、列车司机报告当班驻调司机对作业进行全程监控。

3）运营调度报线路调度长审批。经授权同意后，运营调度发布调度命令，布置车站准备进路（含防护进路）。

4）车控室车站值班员布置专人（以下称作业人员）至现场确认道岔位置等情况（包括进路办理涉及所有道岔），作业人员进行复诵确认，值班站长（电话闭塞法行车时值班站长在车控室监护）及作业人员带齐相关手摇道岔工具（手摇手扳轴等）、手信号工具至现场确认现场道岔情况。

5）作业人员至现场确认道岔位置等情况后，向车控室车站值班员报告，车控室车站值班员进行复诵确认。

6）车控室车站值班员向作业人员布置进路办理准备要求（包括需手摇道岔的编号及要求办理位置，如进路上道岔可电气锁闭则以电气锁闭方式锁闭，无须手摇），作业人员进行复诵确认。

7）作业人员根据进路准备要求将道岔手摇至正确位置，到位后加钩锁器。

8）作业人员在进路准备完毕（进路上所有道岔已锁闭在正确位置）后，向车控室车站值班员汇报进路准备情况，车控室车站值班员进行复诵确认。

9）车控室车站值班员向运营调度汇报车站进路准备情况。

10）值班站长对手摇道岔作业全程监护，与现场作业人员共同核对进路办理要求及准备等情况。

11）现场作业人员位于现场来车方向首副道岔防护信号机旁安全位置向接近列车显示手信号。

12）运营调度在得到车站接车进路准备完毕的报告后，命令后续列车司机以ATP方式运行至无码区段后，转为人工限制向前方式运行至首副道岔前停车，确认手信号并逐副确认道岔位置，继续运行进站。

13）终端折返站（站后折返）车站值班员根据运营调度的指令安排列车折返，折返进路办理妥当后，列车司机根据车站作业人员手信号办理折返作业。

14）列车发车进路准备完毕后，车控室车站值班员向运营调度汇报车站进路准备情况。

15）运营调度得到车站进路准备完毕的报告，确认行车闭塞情况满足后，命令列车根据车站手信号发车。

（3）作业盯控规定

1）作业人员为执行非正常行车作业的行车人员，包括运营调度、列车司机、车站值班员和车站现场作业人员。作业人员负责非正常行车作业的具体操作、执行。

2）盯控人员为对非正常行车作业进行作业监护的行车人员，包括调度长、驻调司机和值班站长。

7. 列车反向运行的作业规定

（1）适用范围。除施工期间外，列车在办理出入库或区间运行时运行方向为反向的行车作业。

（2）处置规定

1）运营调度/车站值班员确认列车至授权运行终点具备安全行车条件［进路（含防护进路）准备完毕、道岔位置正确且锁闭］，由进路办理方负责确认。

2）车站值班员确认完毕后，向运营调度汇报。运营调度接报后，按报批流程，得到授权同意［运营期间非图定列车区间反向运行由集团（副）总调度长授权、其余非图定列车反向运行由值班调度长授权］后，向司机和车站发布调度命令，明确列车运行方式与授权运行终点。

3）图定反向列车运行根据运行图规定进行行车作业，非图定反向列车运行应得到调度命令授权，根据调度命令行车，不应擅自动车。

4）司机根据调度命令运行，不间断瞭望，严格确认前方安全行车条件（道岔位置正确、线路空闲、信号机状态显示）及授权运行终点。

5）司机不得越过未经授权通过的禁行信号，如遇未经授权通过的禁行信号，或情况不明时，应立即停车，严禁越过，确认情况，并汇报运营调度，根据调度命令执行。

6）反向运行列车司机应加强瞭望，遇危及行车安全的情况立即停车，并报告运营调度，根据调度命令执行。

7）调度长指定专人对列车运行进行全程监控，并做好反向运行列车与对向列车的安全间隔防护，至少保持一站一区间的间隔。

8）驻调司机对列车运行进行全程监控。

9）车站值班员对列车到发情况全程监控，及时记录列车到发时点并向邻站报点。

10）具备 ATP 防护功能的反向运行列车根据 ATP 指令速度运行，不具备 ATP 防护功能的反向运行列车运行速度按列车切除 ATP 运行的作业规定执行。

11）司机驾驶列车运行至授权运行终点后，主动与运营调度汇报，根据调度指示继续运行，不应擅自运行超出授权运行范围。

（3）作业盯控规定

1）作业人员为执行非正常行车作业的行车人员，包括运营调度、列车司机、车站值班员和车站现场作业人员。作业人员负责非正常行车作业的具体操作、执行。

2）盯控人员为对非正常行车作业进行作业监护的行车人员，包括调度长、驻调司机、值班站长和车站值班员。

8. 行车闭塞方式降级运行的作业规定

（1）适用范围。发生单个集中站区域内所有列车均无速度码等故障，大面积区段无法继续以自动闭塞方式办理行车。

（2）处置规定

1）运营调度与车站值班员、维保驻勤联系确认故障情况，通知维保驻勤立即进行设备抢修。

2）当班车站值班员报告当班值班站长、列车司机报告当班驻调司机对作业进行全程监控。

3）故障区段车站值班员负责根据列车在本站及邻站到发情况确认区间是否有列车占用，如发现有停于区间的列车，车站值班员应主动与运营调度联系，汇报列车当前位置。

4）运营调度发布调度命令，通知故障区段所有列车以人工限制向前方式运行至就近车站停车待命。

5）调度长安排专人与车站值班员、司机联系核对确认列车车次和占用位置，并采用模拟盘、列车定位图纸等形式进行记录，值班调度长负责复核监控记录列车位置与数量正确，并签字确认。

6）如维保中心接报后确认设备故障在 30 min 内无法修复，值班调度长向集团（副）总调度长申报，经集团（副）总调度长审批，并授权同意后，发布调度命令启用电话闭塞法行车作业。

（3）作业盯控规定

1）作业人员为执行非正常行车作业的行车人员，包括运营调度、列车司机、车站值班员和车站现场作业人员。作业人员负责非正常行车作业的具体操作、执行。

2）盯控人员为对非正常行车作业进行作业监护的行车人员，包括调度长、驻调司机和值班站长。

9. 运营中断的作业规定

（1）适用范围。发生设备故障或其他突发情况（触网失电、积水、恶劣天气、异物侵限、挤岔、掉道、颠覆等），导致该区段运营中断时。

（2）处置规定

1）运营调度截停故障区段所有列车，与现场人员确认行车条件。

2）运营调度确认中断运营区段内列车具备安全运行至前方车站条件时，经值班调度长审批并授权同意后，发布调度命令，通知列车以限速 20 km/h 速度运行至就近车站清客退出运行。

3）值班调度长向集团（副）总调度长申报，经集团（副）总调度长审批并授权同意后，发布调度命令，对行车交路进行调整，中断部分区段运营。

(3) 作业盯控规定

1）作业人员为执行非正常行车作业的行车人员，包括运营调度、列车司机、车站值班员和车站现场作业人员。作业人员负责非正常行车作业的具体操作、执行。

2）盯控人员为对非正常行车作业进行作业监护的行车人员，包括调度长、驻调司机和值班站长。

2.4 列车运行图

2.4.1 列车运行图的基本概念

列车运行图是用坐标原理方法，表示列车运行状况的一种图解形式，即列车在各区间运行和在各车站到达、出发（通过）时刻的图解形式（见图 2—9）。

1．列车运行图的作用

（1）列车运行图是组织列车运行的基础。列车运行图规定了各次列车占用区间的顺序、列车在区间的运行时分、列车在车站到达和出发（或通过）的时刻、列车在车站的停站时间和折返站的折返作业时间，以及列车交路和出入停车场时刻等。它能直观地显示出各次列车在时间上和空间上的相互位置和对应关系，还能直观地显示出列车在各区间运行及在各车站停车或通过的状态。

（2）列车运行图是运行组织的一个综合性计划。城市轨道交通运营生产是一个统一的整体，涉及运营的各业务部门都需要根据列车运行图所规定的要求来安排工作，如：控制中心根据列车运行图指挥列车运行，车站根据列车运行图安排行车组织和客运组织工作，车辆维修部门每天运营前要整备好运营需求的列车，车辆运转部门要根据列车运行图的要求确定列车的派出时刻和乘务员的作息计划，工务、通信、信号、供电、机电等部门也要求根据列车运行图的规定来安排施工计划和维修计划。

第 2 章
列车运行组织

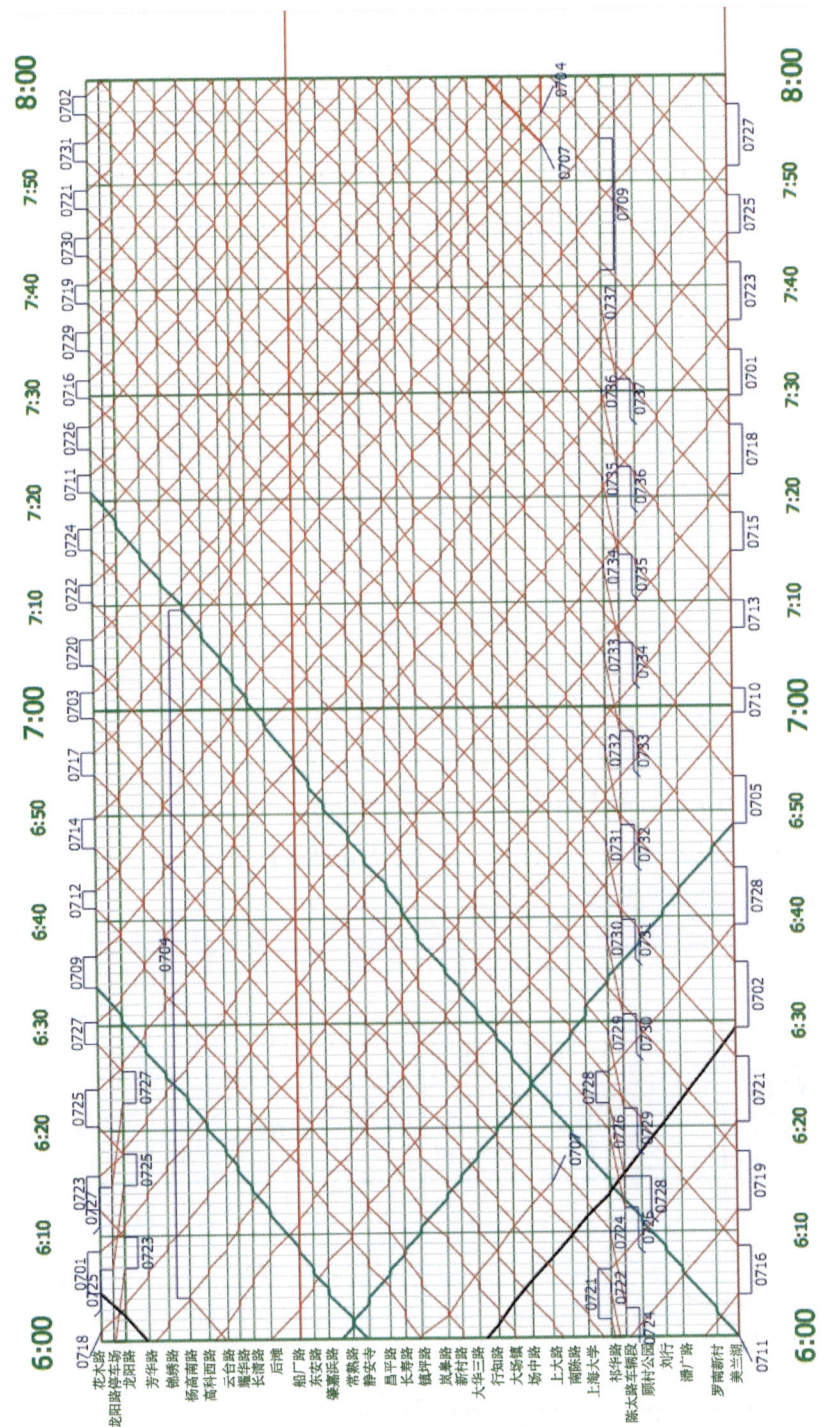

图 2—9 列车运行图

2. 列车运行图的图解形式

在列车运行图上，对列车运行时空关系的图解可以有两种方式。一种是以横坐标表示时间，纵坐标表示距离，此时，列车运行图上的水平线表示车站的中心线，垂直线表示时间（见图2—10a）；另一种是以横坐标表示距离，纵坐标表示时间，此时，列车运行图上的水平线表示时间，垂直线表示车站的中心线（见图2—10b）。

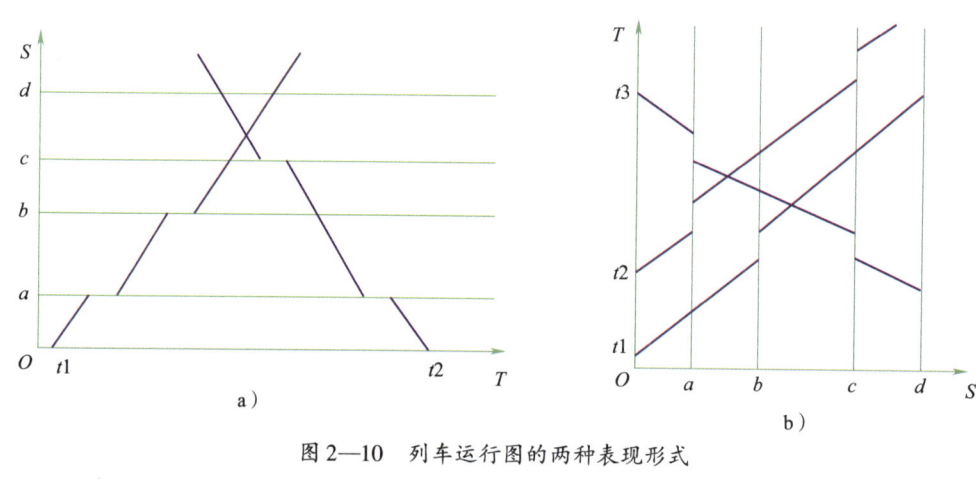

图2—10 列车运行图的两种表现形式
a）横坐标表示时间 b）横坐标表示距离

在我国，列车运行的图解方式采用第一种方式，在这样的列车运行图上，下行列车的运行线由左上方向右下方倾斜；上行列车的运行线由左下方向右上方倾斜（见图2—11）：

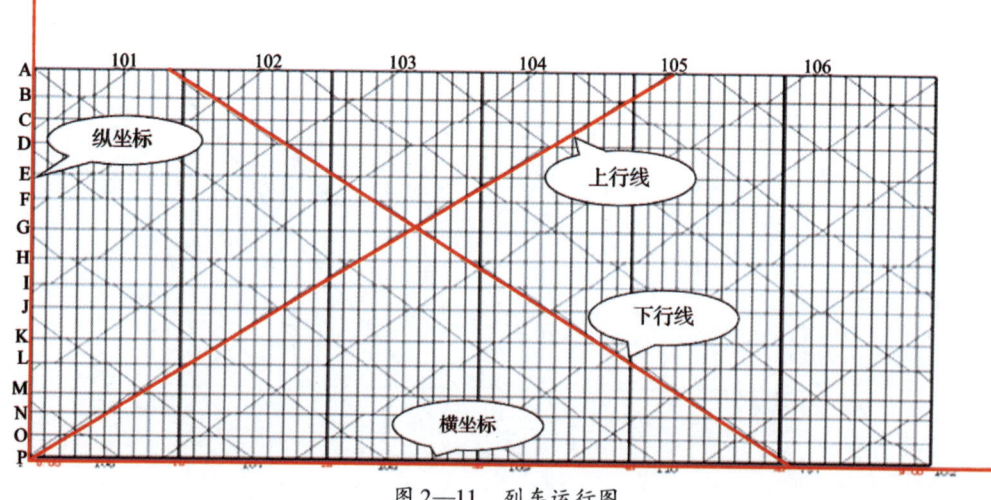

图2—11 列车运行图

（1）横坐标。表示时间变量，按要求用一定的比例进行时间划分。一般城市轨道交通列车运行图采用 1 分格或 2 分格，即：每一等分表示 1 min 或 2 min 时间。

（2）纵坐标。表示距离分割，根据区间实际里程，采用规定的比例，以车站中心线所在位置进行距离定点。

（3）垂直线。垂直线是一簇平行的等分线，表示时间等分段。

（4）水平线。水平线是一簇平行的不等分线，表示各个车站中心线所在的位置。

（5）斜线。斜线（列车运行线）与水平线（车站中心线）的交点表示该列车到达、出发或通过的时刻。由于城市轨道交通列车停站时间较短，一般不标明到、发不同时间。

在列车运行图上，各次运行列车均有不同的车号与车次。一般按不同的列车类别规定代号与列车号，如专运列车、图定列车、加开列车、调试列车、空驶列车、救援列车、施工列车等；按发车顺序编制列车车次。但每个城市每条线路也有所不同，如：上海轨道交通 1 号线目前使用的车次号由 5 位数组成，前 3 位为列车识别符，后 2 位为目的地号，目的地号代表列车的运行终点站，如 11296 次表示 1 号线开往莘庄站（96 代表莘庄的目的地码）的 112 次列车。

2.4.2 列车运行图的分类

根据区间正线数目、列车运行速度、上下行方向列车数和同方向列车运行方式等条件，列车运行图的分类如下：

1. 按区间正线数目分类

（1）单线运行图（见图 2—12）。在单线区段，上下行方向列车都在同一正线上运行。在轨道交通系统中，单线运行使用较少，只在非正常情况下的列车运行调整期间使用，或在运量不大的市郊铁路开行区段上使用。

（2）双线运行图（见图 2—13）。在双线区段，上下行方向列车在各自的正线上运行，因此上下行方向列车的运行互不干扰，可以在区间内或车站上交会，城市轨道交通系统一般都设有双线，采用双线运行图。

（3）单双线运行图（见图 2—14）。有部分双线的区段，单线区间和双线区间各按单线运行图和双线运行图的特点铺画运行线。在城市轨道交通线网中，单双线运行只在非正常情况下的列车运行调整区间使用。

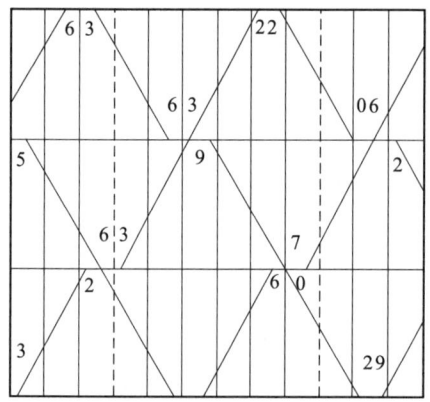

图 2—12 单线运行图　　　　图 2—13 双线运行图

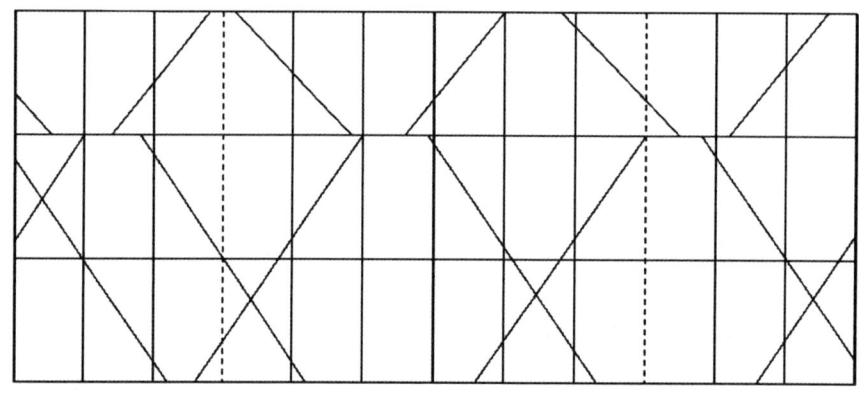

图 2—14 单双线运行图

2. 按列车运行速度分类

（1）平行运行图。在同一区间内，同一方向列车的运行速度相同，且列车在区间两端站的到、发或通过的运行方式也相同，因而列车运行线相互平行。

（2）非平行运行图。在运行图上铺有各种不同速度的列车，且列车在区间两端站的到、发或通过的运行方式也不相同，因而列车运行线相互不平行。

3. 按上下行方向列车数分类

（1）成对运行图。列车运行图上，上下行方向的列车数目相等。

（2）不成对运行图。列车运行图上，上下行方向的列车数目不相等。

4. 按同方向列车运行方式分类

（1）连发运行图（见图 2—15）。列车运行图上，同方向列车的运行以站间区间为间隔，在连发的一组列车之间不铺画对向列车。

（2）追踪运行图（见图 2—16）。列车运行图上，同方向列车的运行以闭塞分区或制动距离加上安全防护距离为间隔，即在一个区间内允许有一列以上同方向列车运行。

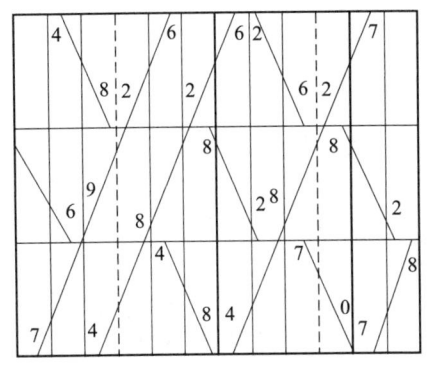

图 2—15　连发运行图

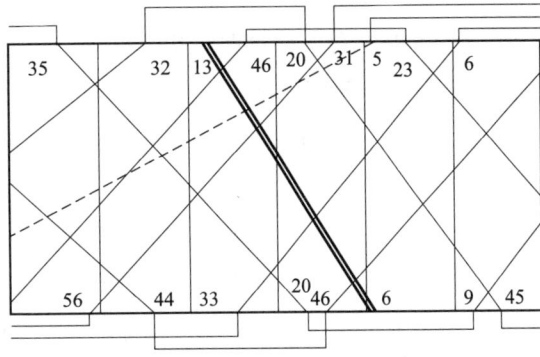

图 2—16　追踪运行图

城市轨道交通系统的列车运行图一般均为双线平行成对追踪运行图。

5．按适用范围分类

（1）工作日运行图。工作日运行图适用于星期一至星期五，部分繁忙线路还细分为周一至周四图和周末（周五）图。

（2）双休日运行图。双休日运行图适用于星期六、星期日。

（3）节假日运行图。节假日运行图适用于法定节假日，如国庆节、五一劳动节等。

6．按运行图时间变量的最小单位分类

（1）一分格运行图。横轴以 1 分钟为单位用细竖线加以划分，10 分钟格和小时格用较粗的竖线表示，一般适用于行车间隔较小的城市轨道交通系统。

（2）二分格运行图。横轴以 2 分钟为单位用细竖线加以划分，一般适用于行车间隔较大的城市轨道交通系统。

（3）十分格运行图。横轴以 10 分钟为单位用细竖线加以划分，半小时格用虚线表示，小时格用较粗的竖线表示，适用于市郊铁路和城际铁路等轨道交通系统。

2.4.3　列车运行图的组成要素

城市轨道交通列车运行图组成要素为两类：时间要素、数量要素。这是编制列车运行图的基础和前提。

1. 时间要素

(1) 区间运行时分。区间运行时分指相邻车站之间的运行时分，需经列车牵引计算和实际查标后确定。区间运行时分并不是一个固定值，而是在一个时间范围内变化的值，跟运行图规定的列车运行等级密切相关。如列车以 ATO/ATP 分别运行，其区间运行时分是不一样的，一般来说 ATO 运行时，运行时分比较小。

(2) 停站时分。停站时分指列车停站作业（包括减、加速，开、关车门等）和乘客上、下车所需时间总和。一般在运行图编制时，由计划员设定每个车站的默认停站时分，在列车出现早晚点时，系统会进行自动调整，所以列车实际停站时分相对而言也是变化的。

(3) 折返作业时分。折返作业时分指列车到达终点站或在区间站进行折返作业的时间总和。折返作业时分包括确认信号时间、出入折返线时间、司机换岗时间等。折返作业时间受折返线折返方式、列车长度、列车制动能力、信号设备水平、司机操作水平等多因素的影响。

(4) 出入库作业时分。出入库作业时分指列车从车辆停车场到达与其相接的正线车站或由正线车站返回车库时的作业时间，亦需通过查标确定。

(5) 营运时间。营运时间指城市轨道交通运营线路运送乘客的时间。一般说来，各国城市轨道交通系统均有一定的夜间时间（2~6 h 不等）用作设备、设施的维修和保养。

2. 数量要素

(1) 全日分时段客流分布。按客流的时间分布进行预测、调查分析，确定高峰、低谷时段客流量，从而对列车编组数或列车运行列数等相关因素进行合理安排，并作为开行不同形式列车的主要依据，如大小交路列车。

(2) 列车满载率。列车满载率指列车实际载客量与列车定员数之比，编制列车运行图时，既要保证一定的列车满载率，又要留有一定余地，以应付某些不可测因素带来的客流量波动，同时也要考虑乘客的舒适水平。

(3) 出入库能力。由于车辆基地与线路车站之间的出入库线有限，加之出入库列车插入正线受正线通过能力的影响，因此，每单位时段通过出入库进入运营线的最大列车数，即出入库能力，是编制列车运行图的一个重要因素。

(4) 列车最大载客量。列车最大载客量即一个编制列车按车厢定员计算允许装载的最大乘客数，分为定员载客量和超载客量。

2.4.4 列车运行图的指标计算

1. 旅行时间和旅行速度的计算

列车单程旅行时间等于单程各区间列车运行时分加沿途各车站停站时间之总和。由于上、下行单程旅行时间不一定相同,应根据上、下行分别计算,以此作为在列车运行图上铺画上、下行列车运行线的依据。列车单程旅行时间的计算公式为:

$$单程旅行时间 = \sum (区间运行时间 + 中途停站时间)$$

列车旅行速度是指列车在区段内运行,包括在各站停站时间及起停车附加时间在内的平均速度。列车旅行速度计算公式为:

$$旅行速度(公里/小时) = \frac{线路运营长度(公里)}{单程旅行时间(小时)}$$

2. 技术时间和技术速度的计算

列车单程技术时间为在运营线路上自起点至终点不计停站时间的运行时间,其计算公式为:

$$单程技术时间 = 单程旅行时间 - \sum 中途停站时间$$

列车技术速度为列车在运营线路上自起点至终点不计停站时间的运行速度。列车技术速度的计算公式为:

$$技术速度(公里/小时) = \frac{线路运营长度(公里)}{单程旅行时间(小时) - \sum 中途停站时间(小时)}$$

3. 列车周转时间的计算

列车周转时间指列车在线路上往返一次所消耗的全部时间,它是列车在区间运行时间、列车在中间站停留时间以及列车在折返站作业停留时间的总和。其计算公式为:

$$周转时间 = \sum (上下行区间运行时间 + 中途停站时间 + 列车折返时间)$$

技能要求

列车运行图的识别与计算

操作准备

准备好列车运行图、水笔和白纸。

操作步骤

步骤1 识别列车运行图，在图上找出相应列车的单程旅行时间。单列车旅行时间的计算公式：$T_{旅行} = \sum (T_{区间} + T_{停站})$，图中103次列车在6:00—6:35区间段内的上行旅行时间为 $T_{旅行} = (2+0.5) + (1.5+1) + (2.5+1) + (3+1) + (2.5+0.5) + (1+1) + (1.5+0.5) + (2+0.5) + (2+0.5) + 2 = 26.5$ min（见图2—17）。

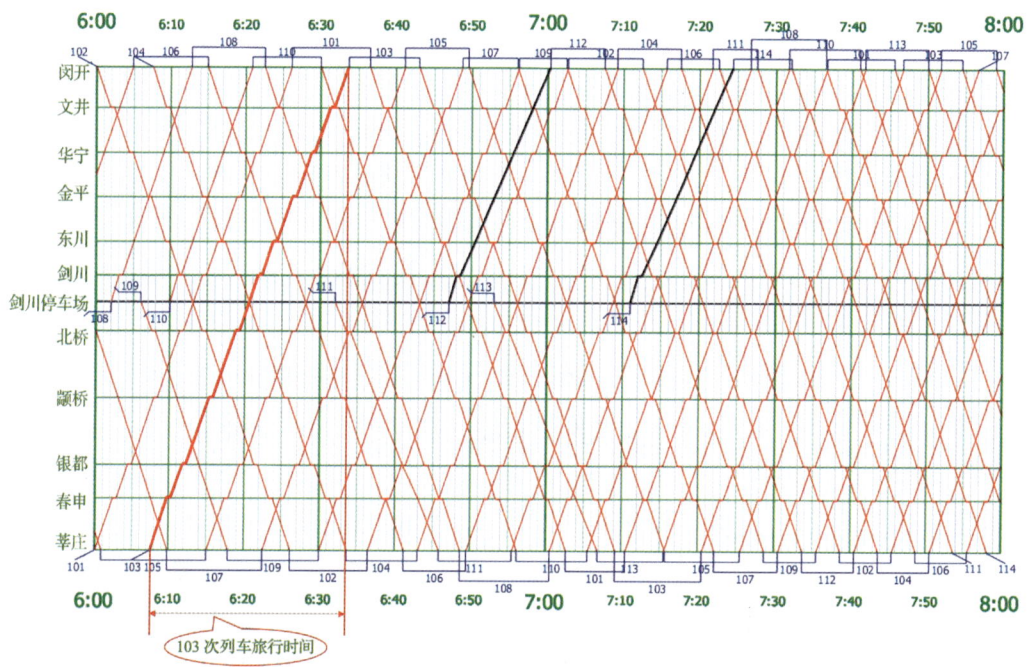

图2—17 103次列车在6:00—6:35区间段内的上行旅行时间

步骤2 识别列车运行图，在图上找出相应列车的单程技术时间。列车单程技术时间的计算公式：$T_{技} = T_{旅行} - \sum T_{停站}$，即103次列车在6:00—6:35区间段内的上行技术时间为 $T_{技} = 26.5 - (0.5+1+1+1+0.5+1+0.5+0.5+0.5) = 20$ min（见图2—18）。

步骤3 识别列车运行图，在图上找出相应列车在相应车站的停站时间。地铁列车停站是为了旅客的乘降，停站时间 $T_{停站}$ 包括：(1) 列车开、关门时间 $t_{开关门}$；(2) 乘客上下客时间 $t_{上下}$；(3) 确认站台情况时间 Δt。停站时间的相关要素及公式为：$T_{停站} = t_{开关门} + t_{上下} + \Delta t$。在图中找出一个列车的停站时间（见图2—19）。

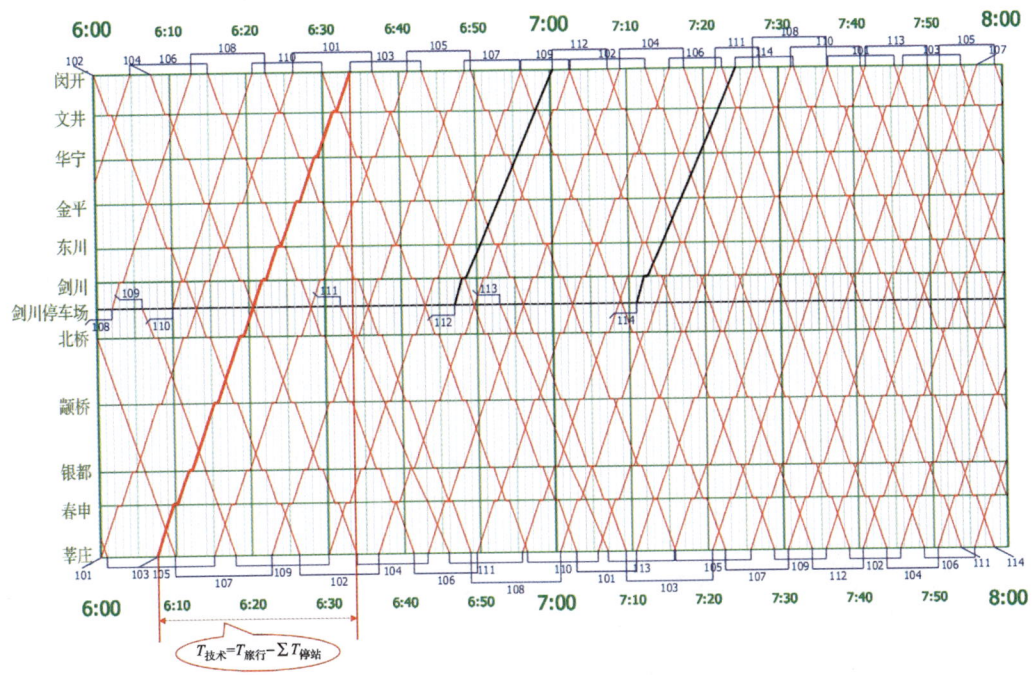

图 2—18　103 次列车在 6:00—6:35 区间段内的上行技术时间

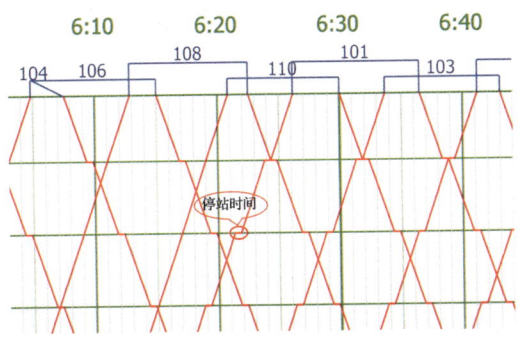

图 2—19　列车停站时间在运行图上的图例

步骤 4　识别列车运行图，在图上找出相应列车的周转时间。列车周转时间是指列车在线路上往返一次所消耗的全部时间，它包括列车在区间运行时间、列车在中间站停留时间以及列车在折返站作业停留时间。列车周转时间的计算公式：$T_{周} = T_{上行旅行} + T_{下行旅行} + \sum T_{折返}$，图中 105 次列车在 6:00—8:00 区间段内的周转时间为 $T_{旅行} = 26 + 26 + (9 + 9.5) = 70.5$ min（见图 2—20）。

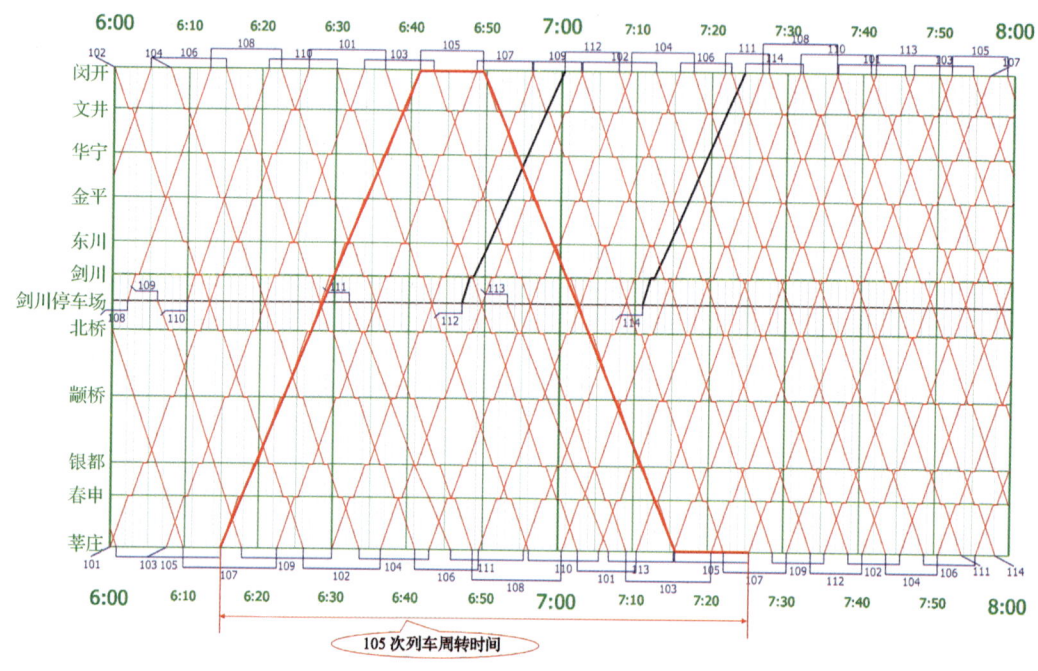

图 2—20　105 次列车在 6:00—8:00 区间段内的列车周转时间

步骤 5　识别列车运行图，在图上找出相应列车的在折返站的折返时间（见图 2—21）。

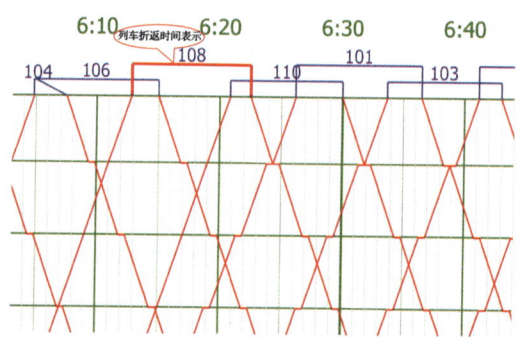

图 2—21　列车折返时间在运行图中的图例

步骤 6　掌握基本的运行图图例：上行线、下行线、大小交路、列车出入库、列车进出折返线、图定空车（见图 2—22、图 2—23）。

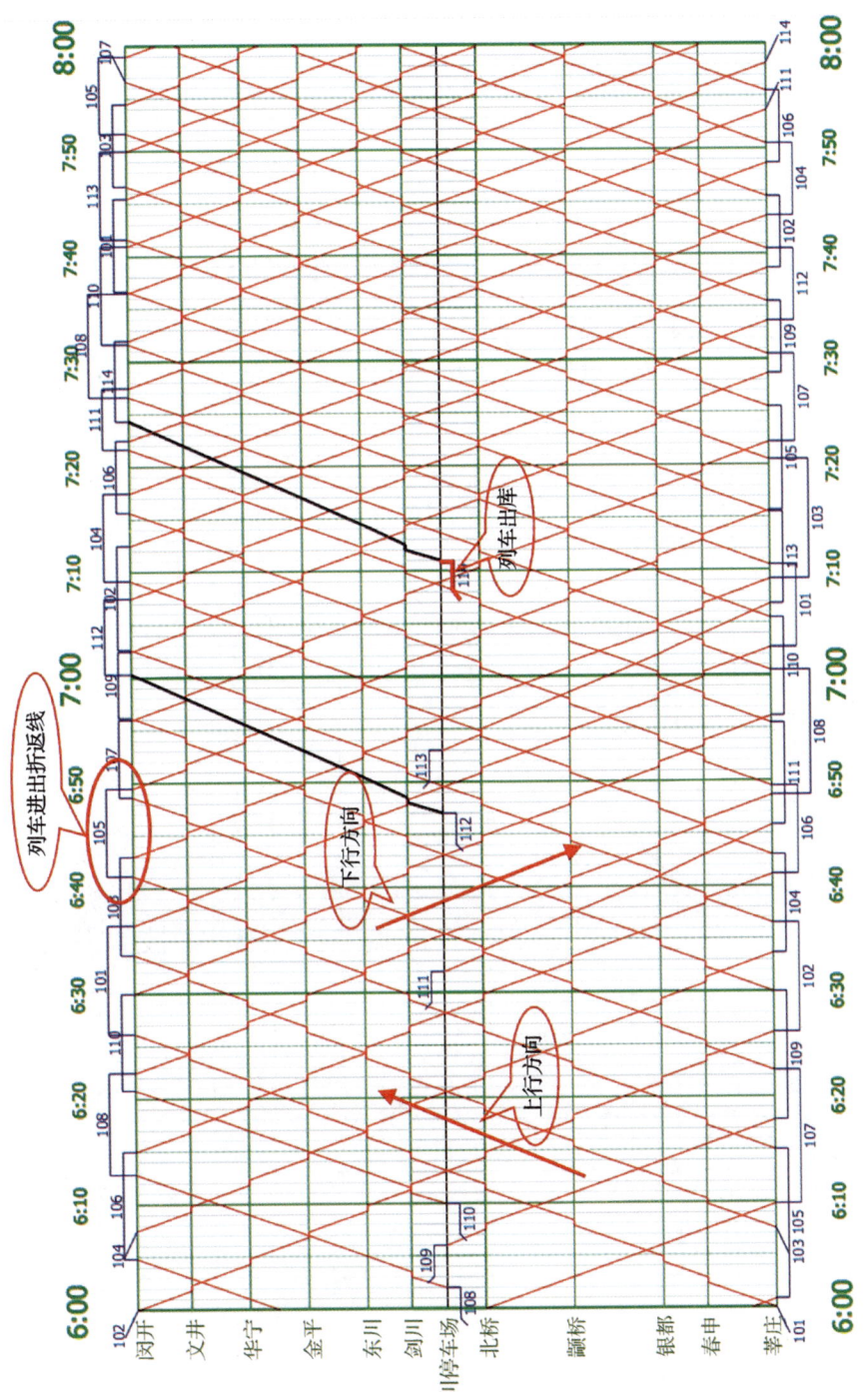

图 2—22 上行线、下行线、列车进出折返线、列车出库在运行图上的图例

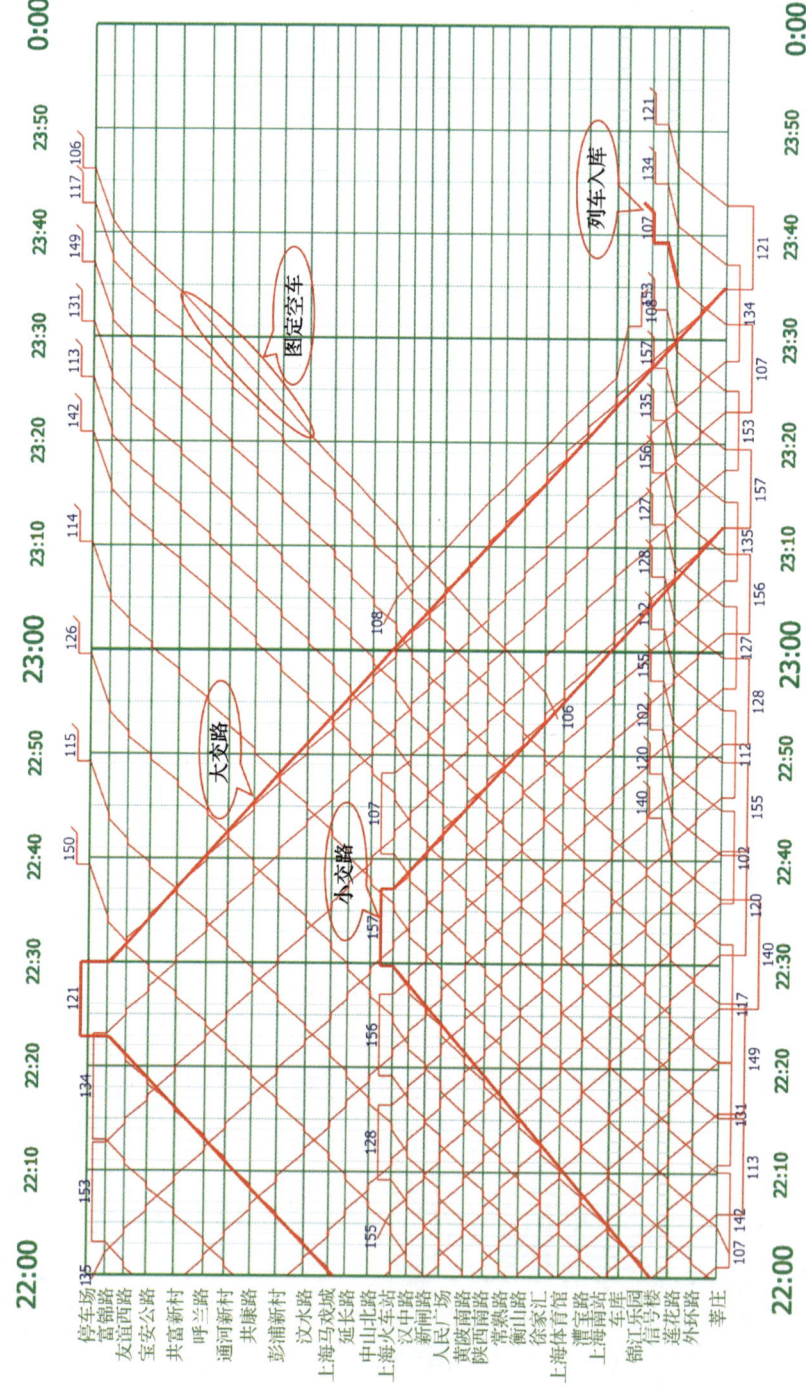

图 2—23 大小交路、列车入库、图定空车在运行图上的图例

理论知识复习题

一、判断题（将判断结果填入括号中，正确的填"√"，错误的填"×"）

1. 列车运行图是列车在各区间运行和在各车站到达、出发（通过）时刻的图解形式。（　　）
2. 列车运行图组成要素在内容上只有时间要素和数量要素。（　　）
3. 出入库能力是编制列车运行图的一个重要因素。（　　）
4. 列车单程旅行时间等于单程各区间列车运行时分加沿途各车站停站时间之总和。（　　）
5. 上行列车的运行线由右下方向左上方倾斜。（　　）

二、单项选择题（选择一个正确的答案，将相应的字母填入题内的括号中）

1. 上海地铁采用（　　）分格运行图。
   A. 1　　　B. 2　　　C. 10　　　D. 60
2. 地铁运行图中横坐标以（　　）min 为单位用较粗竖线加以划分。
   A. 1　　　B. 5　　　C. 10　　　D. 15
3. 列车运行图按（　　）分类，可分为平行、非平行运行图。
   A. 区间正线数　　　　　　B. 列车之间的运行速度差异
   C. 上下行方向列车数　　　D. 同方向列车运行方式
4. 正常地铁载客运行过程中，旅行时间（　　）技术时间。
   A. ≤　　　B. ≥　　　C. <　　　D. >
5. 以下选项中，（　　）不是列车运行图组成的相关因素。
   A. 列车检修作业　　　　　B. 列车试车作业
   C. 列车调车作业　　　　　D. 驾驶员作息时间

理论知识复习题答案

一、判断题
1. √　　2. √　　3. √　　4. √　　5. ×

二、单项选择题
1. A　　2. C　　3. B　　4. D　　5. C

操作技能复习题

【列车周转时间的计算】

列车周转时间的计算（试题代码：1.1.4；考核时间：15 min）

(1) 操作条件。某条线路的列车运行图，如图 2—24 所示。

(2) 操作内容

1) 计算 121 次列车的列车周转时间。

2) 写出列车周转时间的计算公式。

3) 12:00—13:00 时间段莘庄上行发出大交路列车为几列？具体车次号是多少？

4) 本时间段内上海火车站上行 121 次到点为多少？

(3) 操作要求

1) 计算周转时间所用公式及要素正确。

2) 掌握列车运行图要素。

【单列车的技术时间的计算】

单列车的技术时间的计算（试题代码：1.1.2；考核时间：15 min）

(1) 操作条件

1) 某条线路 12:00—16:00 的列车运行图，如图 2—25 所示。

2) 假设每个车站停站时间为 30 s。

(2) 操作内容

1) 计算 13:10 从港城路上行发车的 008 次列车的上行技术时间。

2) 在 12:00—13:00 时间段中，找出从港城路发车的大交路列车的车次号。

3) 写出列车技术时间的计算公式。

4) 指出该图中小交路列车、小交路列车的起点站和终点站。

(3) 操作要求

1) 计算技术时间，技术时间所用公式及要素正确。

2) 大小交路列车能清楚辨别。

3) 掌握列车运行图要素。

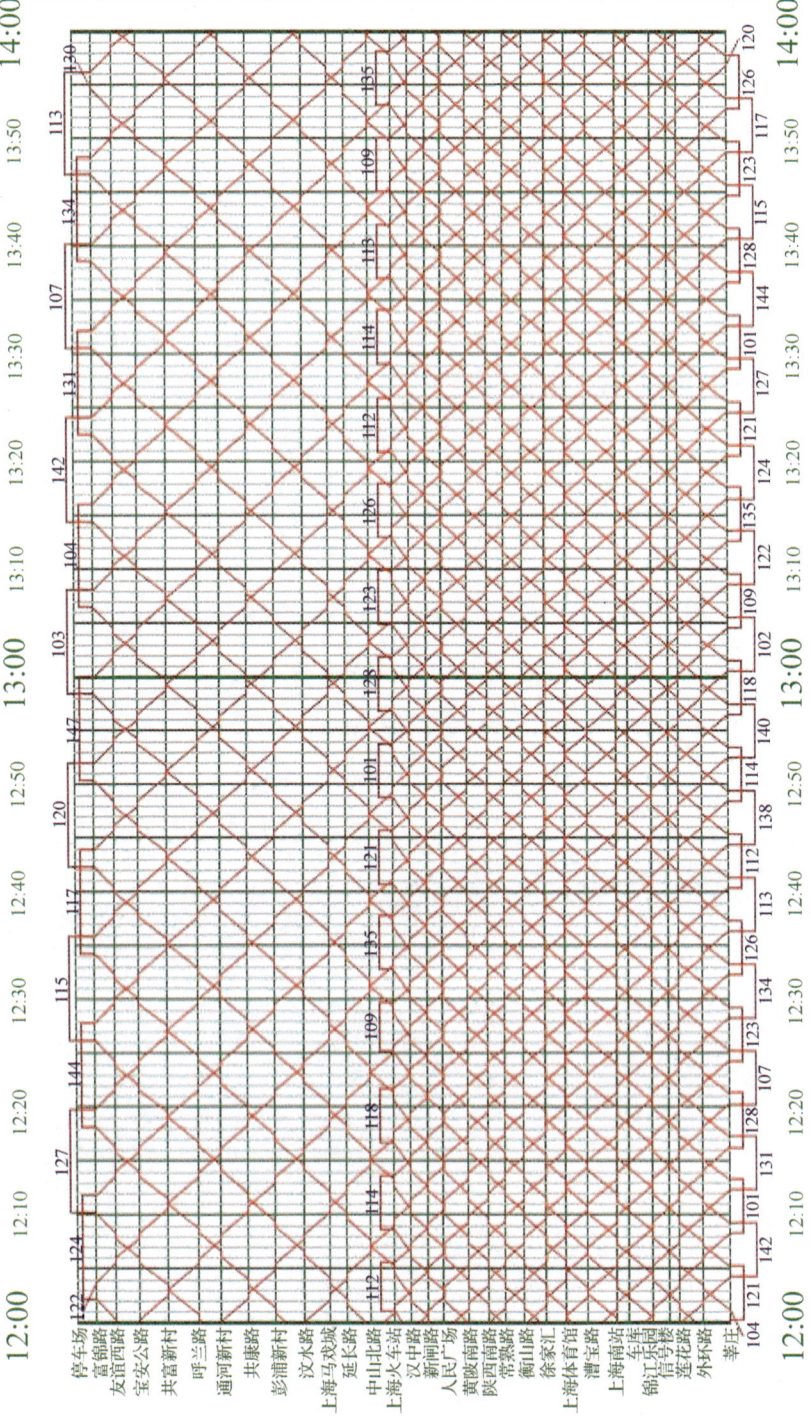

图 2—24 某条线路的列车运行图

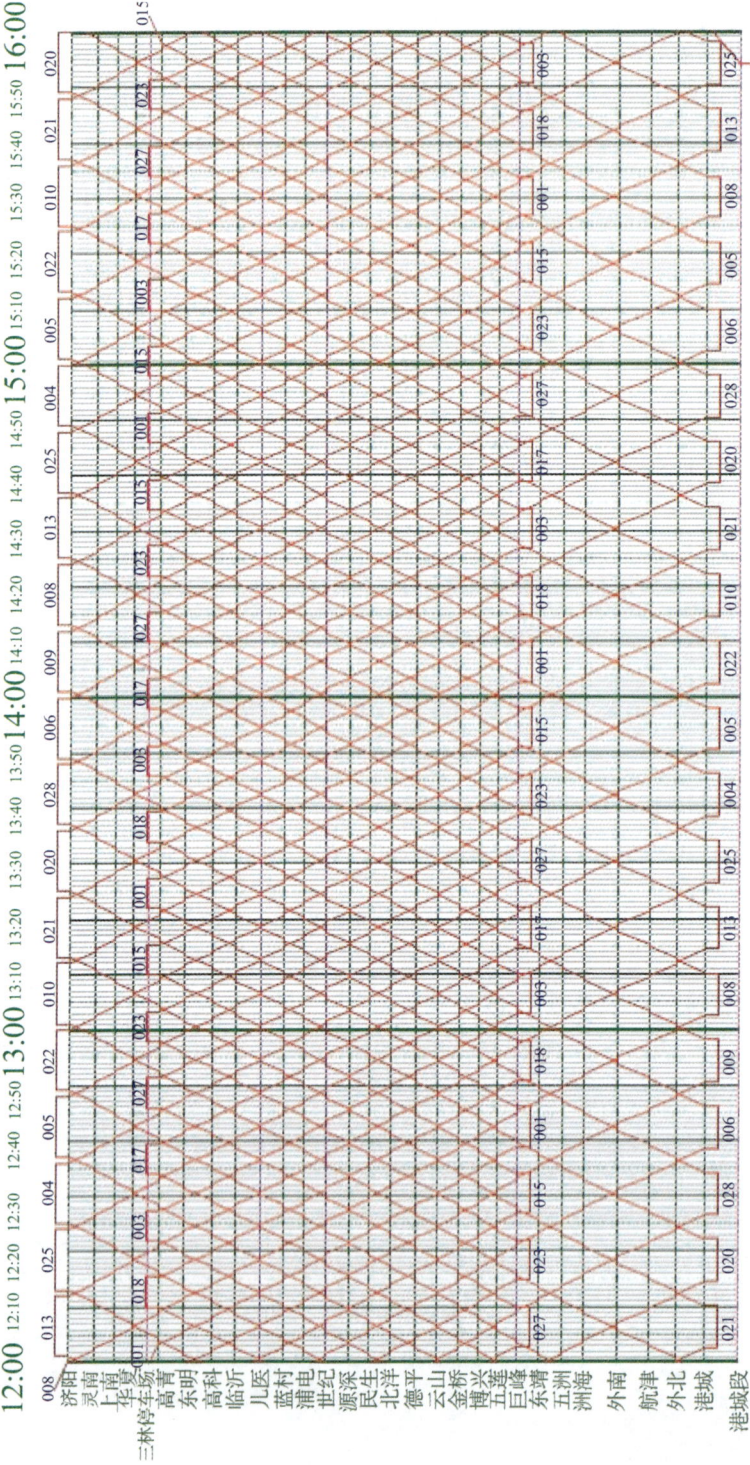

图 2—25 某条线路 12:00—16:00 的列车运行图

第 3 章

行车组织

完成本章的学习后，您能够：

- ☑ 了解停车场的定义和组成
- ☑ 了解停车场的行车作业
- ☑ 了解停车场的施工作业管理
- ☑ 掌握电话闭塞法的行车作业
- ☑ 掌握调度命令的定义和分类
- ☑ 掌握车站车调联控作业标准
- ☑ 能够熟练地进行 ATC 设备操作
- ☑ 能够熟练地进行道岔的基本操作
- ☑ 能够熟练地进行日常的车站施工作业管理

知识要求

3.1 车站行车组织

3.1.1 车站人机界面操作

1. 6502 设备控制台的操作功能

电气集中控制台（见图 3—1）是车站值班员办理行车作业和监督现场状态的主要设备，包括按钮、钥匙开关及表示灯。按钮和钥匙开关主要用来记录车站值班员操作意图，为防止误操作导致设备错误动作，对排列进路、转换道岔、关闭信号、取消进路、人工解锁等都需按下两个按钮才能动作设备。表示灯用于显示设备的状态。以下介绍的按钮、开关和表示灯均在图 3—1 所示的电气集中控制台上显示。

（1）与道岔有关的按钮及表示灯

1）道岔定反位表示灯。双灯表示，设于道岔单操按钮上方，用于表示道岔定反位位置。

2）单操道岔按钮。为二位自复式按钮，设在控制台上部，不论单动或双动道岔各设有一个单独操作按钮，供单独操作道岔和试验道岔用。

3）道岔单独锁闭按钮。为非自复式带灯按钮，设在每个单操道岔按钮下方，按下时，将改道岔单独锁闭，其按钮表示灯点红灯。

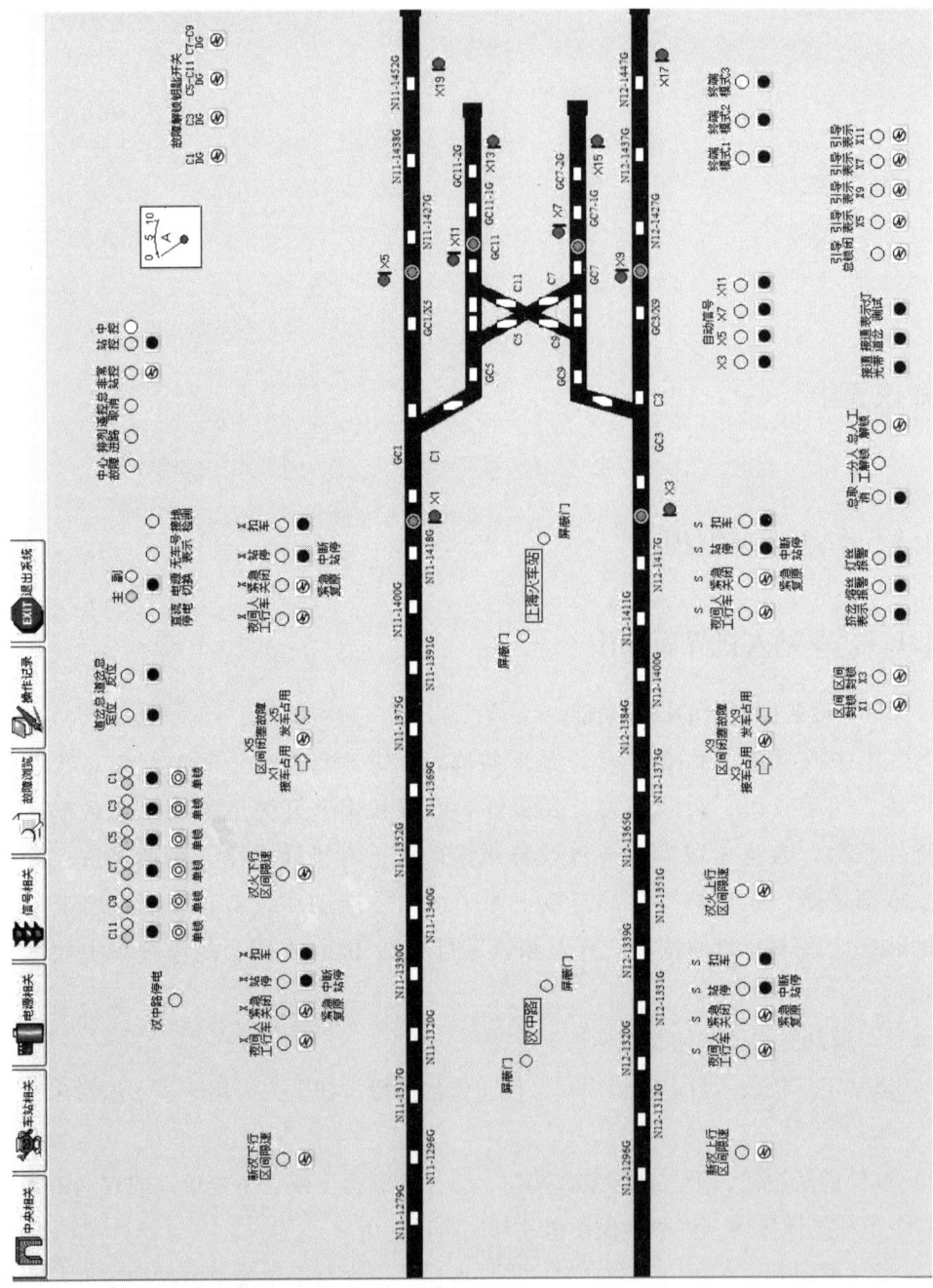

图 3—1 电气集中控制台

4）道岔总定位总反位按钮。为二位自复式按钮，设在单操道岔按钮旁。单操道岔时，应同时按下道岔操纵按钮及道岔总定位或总反位按钮，使道岔转换。按下总定位按钮时，其相应表示灯点绿灯。按下总反位按钮时，其相应表示灯点黄灯。

5）接通道岔表示按钮。为二位非自复式按钮，用于检查道岔状态。

6）切断挤岔电铃按钮及表示灯。为二位非自复式按钮。当道岔失去表示时，控制台内铃响，相应的挤岔表示灯点红灯，车站值班员应及时通知信号人员进行维修。为避免噪声，按下此按钮，电铃停止鸣响，表示灯仍点红灯。当道岔故障排除后，表示灯红灯灭，挤岔电铃再度鸣响，值班员将此按钮复位，电铃停止鸣响。

7）电流表。在转换道岔时，电流表指针指出一定量程。道岔转换完毕后，电流表恢复原位。

(2) 与进路及信号有关的按钮、钥匙开关及表示灯

1）列车信号按钮。为二位自复式带灯按钮，每架防护信号机均设一个列车信号按钮。

2）引导信号钥匙开关。自复式，装设在引向车站站台线路的防护信号复示器附近。

3）信号复示器。对于每架信号机各设一个，用于复示室外信号机的显示。

①防护信号复示器平时亮红灯，信号开放后亮绿灯，引导信号开放时亮白灯，红灯灯泡断丝或电源被切断亮红色闪光。当信号开放后，显示进行信号灯泡断丝或电源被切断，则自动亮红灯。

②阻挡信号复示器平时点亮红灯，现场红灯灯泡断丝或电源被切断亮红色闪光。

4）主灯丝断丝报警按钮及表示灯。为二位非自复式按钮，每个控制台设一个。当站内任一信号机主灯丝断丝时亮红灯，控制台电铃鸣响，此时值班员通知信号人员进行修复。为避免噪声，值班员按下报警按钮，电铃停止鸣响。故障排除后，表示灯灭灯，电铃再度鸣响，值班员可将按钮复位，电铃停止鸣响。

5）自动信号按钮及表示灯。为二位自复式按钮，对有自动信号功能的信号机各设一个。中央及车站均可设置。当自动信号建立后，相应表示灯亮绿色灯光。若要取消，需同时按下总取消按钮和相应自动信号按钮。

注意：自动信号一旦建立，在列车未接近该信号机时，值班员只能手动办理以该信号机作为终端的进路。

6）自动进路按钮及表示灯。为二位自复式，对于正向经常有连续通过列车的有岔车站应设置自动通过进路。每一条进路设置一个自动进路按钮及表示灯，当进路建立，防护进路的信号机开放后，按下该进路的自动进路按钮。列车通过后自动恢复为开放信号状态，进路内道岔不应解锁。自动进路表示灯亮绿灯。

若要取消自动进路，应同时按下总取消及该自动进路按钮，有关信号机在列车通过后恢复为关闭状态。

7）接通光带表示按钮。为二位自复式按钮，按下此按钮控制台白色光带点亮。由光带可了解道岔所处位置及进路情况。

8）排列进路表示灯。一般联锁站全站设一个，排列进路时亮红灯。

9）控制台光带表示。光带平时不亮灯，进路排好后，亮白色光带，表示道岔已锁闭，车占用时亮红色光带。联锁区外的轨道电路如区间轨道区段或尽头线等处信号机外方轨道区段，平时不亮灯；列车占用时，亮红色光带。

10）无车号表示灯。当无车号列车接近车站时，无车号表示灯亮红灯，需人工办理进路，当进路建立后灭灯。

11）夜间人工行车钥匙开关及表示灯。为非自复式，在非运营期间使用，当办理人工行车时亮白灯，此时安全完全由人为保证。

12）引导总锁闭钥匙开关及表示灯。为非自复式，一般有岔站设一个引导总锁闭钥匙开关及表示灯。转动该钥匙开关后，道岔全部锁闭，表示灯亮红灯。

（3）与解除有关的按钮、钥匙开关及表示灯

1）总取消按钮及表示灯。为二位自复式按钮，一般全站设一个，仅在车站控制时使用。按压按钮时，其表示灯点红灯。

2）总人工解锁钥匙开关及表示灯。为自复式，设置原则同上。

3）联锁区段故障解锁钥匙开关。为自复式，每个道岔区段各设一个。进路无法正常解锁时，配合总人工解锁钥匙开关同时使用，将区段逐一解锁。

4）一分钟人工解锁表示灯。当某一进路开始人工解锁时亮红灯，1 min 后灭灯。

注意：在设备停电恢复后，在联锁车站要使用区段故障解锁钥匙开关分段解锁，才能排列进路。

（4）与控制方式有关的按钮、钥匙开关及表示灯

1）站控按钮。二位非自复式按钮，供值班员申请或同意站控使用。

2）非常站控钥匙开关及表示灯。为非自复式，供值班员强行进行站控时使用，相应表示灯点红灯。

3）站控表示灯。车站在中央控制时，值班员申请站控，按下站控按钮，站控表示灯闪白灯，当中央同意后亮稳定白灯，或中央因故需下放控制权时，该灯也闪白灯。车站值班员同意后按下站控按钮，转为站控，站控表示灯亮稳定白灯。

4）中央控制表示灯。车站在站控状态时，中央申请遥控，闪绿灯，值班员同意并

检查站内所有道岔均在解锁状态后，恢复站控按钮，车站为中央控制状态，中央控制表示灯亮稳定绿灯。

5）中心故障灯。中央设备故障时亮红灯，同时电铃鸣响，此时转动非常站控钥匙开关，电铃停止鸣响，车站转为站控状态。中央故障恢复后，表示灯灭，电铃再次鸣响，此时将非常站控钥匙开关复位，电铃停止鸣响，然后根据需要办理手续，确定车站控制状态。

6）遥控总取消灯。中央控制时，由中央控制取消进路时点红灯。

（5）其他按钮及表示灯

1）主副电源按钮及表示灯。为二位非自复式按钮，主电源供电点绿灯，当主电源转为副电源时，电铃鸣响，按下电源按钮，电铃停止鸣响，副电源表示灯白灯亮。值班员应通知信号人员。当恢复主电源供电时，电铃再次鸣响，按下按钮，电铃停止鸣响，表示灯转为绿灯。

2）表示灯测试按钮。为二位自复式按钮，每个控制台设一个，按下点亮所有表示灯。

3）熔丝报警按钮及表示灯。为二位非自复式按钮，每个控制台设一个。当信号机械室内设备熔丝断丝亮红色表示灯，报警铃响，按下报警按钮电铃停止鸣响。电务人员修复后，电铃再次鸣响，按下此按钮，电铃停止鸣响。

4）直流停电灯。每个站设一个，当设备故障时亮红灯，值班员应通知信号人员。

5）接地检测灯。用于站间联系电路电源及电缆接地检测，接地时亮红灯，值班员应通知信号人员。

6）扣车按钮表示灯。为二位自复式按钮，每一运行方向设一个。需扣车时按下此按钮，表示灯亮白灯，实施扣车功能。

7）中断站停按钮及站停表示灯。为二位自复式按钮，设置同上。当列车停站时，站停表示灯亮红灯，当需要提前发车时按压中断站停按钮。列车启动，表示灯灭灯。

8）终端模式按钮及表示灯。为二位自复式按钮，在终端站或有折返进路的车站设置，按站型可有三种模式，当一种模式被选定，相应的表示灯亮白灯。

注意：每个有折返进路的车站的某一个终端模式设置后，该站的折返或通过进路则由接近列车的目的地号自动建立。三种终端模式同时只有一种模式存在，如需改变只需按下另一终端模式按钮。

9）区间闭塞故障钥匙开关及接发车占用表示灯。为自复式，供区间闭塞故障时使用，有岔站每个闭塞方向设一个。每个钥匙开关处各设一接发车表示灯。

2. 正常情况下的车站接发车作业

(1) 站控转为遥控的操作程序

1) 车站要权。值班员点击站控按钮（遥控白灯稳定、站控黄灯闪烁），中央同意放权，点击站控按钮（站控黄灯稳定、遥控灯灭）。

2) 中央放权。中央点击站控按钮（遥控白灯稳定、站控黄灯闪烁），值班员同意接权，点击站控按钮（站控黄灯稳定、遥控灯灭）。

(2) 遥控转为站控的操作程序

1) 中央收权。中央点击站控按钮（遥控白灯闪烁、站控黄灯稳定），值班员点击站控按钮（站控灯灭、遥控白灯稳定）。

2) 车站交权。值班员点击站控按钮（遥控白灯闪烁、站控黄灯稳定），中央同意收权，点击站控按钮（站控灯灭、遥控白灯稳定）。

(3) 扣车和催发车的规定和操作程序

1) 扣车。列车到站停稳（站停表示灯亮红灯），值班员按下扣车按钮（站停表示灯为红色、扣车表示灯为白色），扣车成功。当需中断扣车时，值班员按下站停按钮（站停表示灯灭、扣车表示灯灭），列车发车。

2) 催发车。列车到站停稳（站停表示灯亮红灯）后，值班员按下中断站停按钮（站停表示灯灭灯），列车发车。

3. 非正常情况下的车站接发车

(1) 非正常情况下的站控操作程序。当出现中央故障报警或值班员发现有危及行车安全的情况时，可使用非常站控钥匙强行站控。其办理方法为：

1) 当出现紧急情况时中央故障灯亮（红色）、电铃鸣响，值班员转动非常站控钥匙（非自复式）（中央故障红灯亮、电铃停鸣、非常站控红灯亮、站控黄灯稳定）；中央故障灯灭、电铃鸣响，值班员将非常站控钥匙复位（电铃停鸣、非常站控灯灭、站控黄灯稳定、遥控白灯闪烁）。中央根据需要，确认车站控制状态。

2) 如值班员需要强行站控时，需转动非常站控钥匙（电铃停鸣、非常站控红灯亮、站控黄灯稳定），此时已转为站控；事件处理完毕后需将非常站控钥匙复位（电铃停鸣、非常站控灯灭、站控黄灯稳定、遥控白灯闪烁），值班员按站控按钮（站控黄灯稳定、遥控灯灭）进行站控。

(2) 紧急关闭按钮的使用及复原方法

1) 紧急关闭按钮的使用。在车站站台上按列车运行方向设有紧急关闭按钮，当站台上发生危及行车及人身安全的情况时，应迅速按压相应的紧急关闭按钮，此时6502

控制台上的相应紧急关闭按钮表示灯亮红灯，防护该站台的信号机关闭，同时切断接近区段、站台区段、离去区段的速度码。

2）紧急关闭按钮的复原。集中站值班员应迅速了解情况，在得到事件已处理完毕的报告后，应按规定破封，将相应的紧急关闭钥匙插入相应站台紧急关闭复原钥匙开关内，转动后，紧急关闭表示灯灭灯，恢复正常。

（3）方向电路故障的处理规定。相应两站在改变方向电路过程中出现故障，发车站、接车站接车占用表示灯都亮红灯时，由原发车站使用相应的区间闭塞故障钥匙，使发车站发车占用表示灯亮绿灯，接车占用表示灯灭灯，再通知电务人员修复。

4. 正常情况下的车站调车作业

（1）道岔单操与单锁的操作及注意事项

1）道岔单操。同时按下道岔操纵按钮及道岔总定位或总反位按钮，使道岔转换。

2）道岔单锁。道岔需单锁时，按下道岔单锁按钮，将该道岔单独锁闭，其按钮表示灯点红灯。

3）注意事项

①单操道岔比按进路选动道岔具有优先权。

②维修涉及道岔的设备，在结束后，应先进行道岔的单操试验，以确认控制台表示与现场道岔位置一致。

③单操及单锁仅由车站控制，中央不能控制，在遥控时，严禁擅自进行单操及单锁，以免干扰正常运行。

④如果道岔被阻，不能转动到底，如正在排列进路，值班员应将所排进路取消，单操道岔到原位。

（2）正常进路的排列与取消及注意事项。操作人员需排列进路时，只需按顺序按压所排进路的始、终端按钮，即可排出进路。操作方式为：值班员点击始端按钮（始端按钮表示灯绿色闪烁、排列进路表示灯红色稳定），再点击终端按钮（终端按钮表示灯先绿色闪烁后灭灯）。值班员确认进路的接近区段及内方无车，然后同时按下总取消按钮及进路始端按钮便取消相关进路（表示灯亮红灯、信号关闭、进路白光带熄灭）。

（3）自动信号的设置与取消及注意事项。中央及车站均可设置自动信号，需建立自动信号时，按下相应的自动信号按钮，自动信号表示灯亮绿灯，自动信号建立。需取消自动信号时同时按下总取消按钮及相应的自动信号按钮，自动信号表示灯灭灯。自动信号一旦建立，在列车未接近该信号机时，值班员只能手动办理以该信号机为终端的进路。

（4）自动进路的设置与取消及注意事项。对于正向经常有连续通过列车的有岔车站，6502控制台设置有自动进路。当进路建立，防护进路的信号机开放后，按下该进路的自动进路按钮，相应的自动进路表示灯亮绿灯。若要取消自动进路，应同时按下总取消按钮及自动进路按钮，相应的自动进路表示灯灭灯，有关信号机在列车通过后恢复为关闭状态。自动进路建立后，列车通过进路，进路自动恢复为开放信号状态，进路内道岔不应解锁。

（5）终端模式的设置及注意事项。在终端站或有折返进路的车站设置，按站型可有三种模式，当一种模式被选定，相应地表示灯亮白灯。某一终端模式设置后，该站的折返或通过进路则由接近列车的目的地号自动建立，三种终端模式同时只有一种模式存在，如需改变只需按下另一终端模式按钮（按行调命令执行）即可。

（6）人工延时解锁（一分钟人工解锁）的办理及注意事项。在列车驶入接近区段后，即使信号已关闭，列车仍有冒进信号的可能，因此不允许用取消进路的方式使进路立即解锁。值班员在确认进路处于空闲状态后转动总人工解锁钥匙并按压进路始端按钮（总人工解锁表示灯红灯亮），此时信号关闭（一分钟人工解锁表示灯红灯亮、进路白光带点亮），值班员松手后等待一分钟进路解锁（一分钟人工解锁表示灯灭）。全站同时只能有一条进路办理人工延时解锁，反向进路及引导锁闭进路也需采用此方式解锁。

5. 非正常情况下的车站调车作业

（1）重复开放信号。当已开放的信号因故关闭，值班员确认进路处于锁闭状态，在不改变原进路的情况下，按压该进路的始端按钮，则信号再度开放。

（2）故障解锁的操作及注意事项。有三种情况需用故障解锁使道岔区段解锁：

1）列车通过道岔区段后，道岔区段因故不能解锁。

2）由于设备停电而引起的锁闭。

3）由于更换继电器等原因造成的锁闭。

值班员需同时确认：

1）车已出清相邻的前方区段。

2）车进入本区段并出清本区段。

3）列车驶入下一个区段。

确认完毕后同时转动总人工解锁及相应的区段解锁钥匙，使该区段解锁（正常进路，信号开放，用此方法无效。）

（3）引导进路锁闭的办理及注意事项。值班员将引导进路上的道岔单操到规定位置并把故障区段上的道岔单锁，接通光带检查进路后转动引导信号钥匙（进路白光带点亮、引导信号开放、相应引导信号表示灯黄灯亮）。

如果该信号机内方第一区段电路良好，那么转动引导信号钥匙后即可松手。当列车第一轮对进入信号机内方时，引导信号即自动关闭。如果第一轨道区段轨道电路故障，此时引导信号钥匙必须一直处于转动状态，直到列车进入信号机内方才可松手。列车通过进路后，引导信号关闭，进路仍处于锁闭状态，白光带继续点亮。值班员确认列车已完全到达股道后，采用一分钟人工解锁取消进路。

（4）引导总锁闭的办理及注意事项。如果道岔失去表示，按"引导进路锁闭"方式办理引导信号不能开放，可采用引导总锁闭开放引导信号。

值班员将可单操道岔操到位，派扳道员到现场将故障道岔手摇到位，在值班员确认进路上所有道岔位置开通正确后转动引导总锁闭钥匙（引导总锁闭表示灯黄灯亮、车站联锁道岔均锁于所处位置），再转动相应的引导信号钥匙（引导信号表示灯黄灯亮）后引导信号开放。

采用引导总锁闭办理引导信号时，道岔位置同信号间无联锁关系，即道岔位置的正确、进路及股道的空闲等条件均由值班员人为确认来保证安全。列车经过信号机，信号不会关闭。值班员在确认列车已完全驶入股道后，将引导总锁闭钥匙复位，道岔即解锁，并且引导信号关闭。

（5）轨道停电恢复的操作及注意事项

1）检查接地检测表示灯是否点红灯，如点红灯，应通知信号人员处理。

2）用紧急关闭复原钥匙进行紧急关闭复原。

3）用区段解锁钥匙实行故障解锁。

4）控制台上所有进路解锁后，进行道岔单操试验，确认道岔状态良好。

（6）道岔区段出现红光带造成进路排不出时的处理（见表3—1）

表3—1　　道岔区段出现红光带造成进路排不出时的处理程序表

	作业程序	注意事项
初步故障分析	1. 报行调、信号工区、站长及段调 2. 行调放权站控后，接受站控 3. 判断可否利用其他进路正常接发车，若不能，转入第4步	在《设备故障检修（施工）登记簿》上登记
道岔可单操时	4. 取消自动进路及相关道岔单锁解锁后，使用单操道岔，将道岔操到相应位置并单锁 5. 开放引导信号接发列车	接通光带确认进路正确

续表

作业程序		注意事项
道岔需手摇时	6. 派扳道员手摇道岔 7. 道岔手摇到位后，确认进路 8. 车站值班员与扳道员互控确认进路正确后，指示扳道员显示手进路开通信号后接发车	1. 扳道员严格执行"一看、二扳、三确认、四显示"作业程序 2. 车辆对向通过道岔时要加钩锁器加锁 3. 扳道员得到车站值班员向司机显示进路开通正确指令后再向司机显示进路开通手信号
故障恢复	9. 信号工区人员抢修后在登记簿上签认正常后，车站值班员应试排进路 10. 请示行调，恢复遥控	经试验设备正确，并签认后通知行调、段调设备恢复正常

1）车站值班员应立即汇报行调、信号工区、站长（值班站长或中心站长）及分公司调度，并在《设备故障检修（施工）登记簿》上记录。

2）行调放权站控后，车站值班员应利用其他进路，确保正常接发列车。

3）必须使用该进路时，值班员应使用单操道岔，将道岔操到相应位置并单锁，开放引导信号接发列车；若单操操不动，应立即改用手摇道岔进行接发列车或调车作业。

4）值班站长接报故障后应到车控室把关，协助车站值班员做好行车组织工作。

5）通号分公司信号工区人员抢修完毕并在登记簿上签认正常后，车站值班员应经试排进路确认正常并签认方可通知行调、分公司调度设备恢复正常使用。

（7）控制台挤岔铃响时的处理

1）道岔区段无列车占用的情况（见表3—2）

表3—2　控制台挤岔铃响时的处理程序表（道岔区段无列车占用的情况）

作业程序		注意事项
初步故障分析	1. 报行调、信号工区、站长、段调 2. 行调放权站控后，接受站控 3. 值班员派扳道员到现场检查、清除基本轨与尖轨间异物	在《设备故障检修（施工）登记簿》上登记用垫木块放于基本轨与尖轨之间
非电气集中故障时	4. 值班员单操道岔检测	如挤岔表示灯灭，说明道岔恢复正常；若灯不灭，则转入第5步

续表

作业程序		注意事项
道岔需手摇时	5. 接发车改用手摇道岔 6. 道岔手摇到位后，确认进路 7. 车站值班员与扳道员互控确认进路后，指示扳道员显示进路开通手信号接发车	1. 扳道员严格执行"一看、二扳、三确认、四显示"作业程序 2. 列车对向通过道岔时要加钩锁器加锁 3. 扳道员得到车站值班员指令后再向司机显示进路开通手信号
故障恢复	8. 信号工区人员抢修后在登记簿上签认正常后，车站值班员应试排进路 9. 请示行调，恢复遥控	试验设备正常后通知行调、段调设备恢复正常

①车站值班员立即汇报行调，接受控制权；通知站长（值班站长或中心站长）派扳道员到现场查看；通知信号工区，并在《设备故障检修（施工）登记簿》上记录。

②扳道员到现场检查。道岔无不良病害，清除尖轨与基本轨间异物（石粒等）后，值班员单操道岔检测，若恢复正常（挤岔表示灯熄灭，道岔表示正常），即可汇报行调恢复使用。

③若单操道岔检测后不能恢复，则属道岔电气故障，应改手摇。待信号工区人员抢修完毕并在登记簿上签认正常，车站值班员经试排进路测试正常并签认后方可汇报行调、分公司调度设备恢复正常使用。

2）道岔区段有列车占用的情况（见表3—3）

表3—3　控制台挤岔铃响时的处理程序表（道岔区段有列车占用的情况）

工作程序	注意事项
1. 汇报行调、段调	提醒行调通知司机禁止动车
2. 报告站长	指派扳道员到现场监护
3. 通知信号工区、修建段工务人员	在《设备故障检修（施工）登记簿》上记录
4. 信号、工务抢修人员到场确定意见上报行调后，车站值班员根据行调命令办理行车作业	做好记录
5. 道岔修复后由信号、工务人员在登记簿上签认正确后，车站值班员试排进路	试验设备正常后签认，并报行调、段调设备恢复正常

注：非正常情况下值班站长把关原则：安全第一、作业规范、单一指挥、分工负责。

①值班员立即汇报行调并提醒行调通知司机禁止动车；通知站长派扳道员到现场监护，禁止动车；通知信号工区、工务分公司，并作好登记。

②值班站长、中心站长应立即汇报分公司调度，并分别在车控室及道岔现场把关。

③信号、工务抢修人员到场确定处理意见后，按工务抢修工长意见办理行车业务。

④道岔修复需由信号、工务人员在登记簿上签认正常，车站值班员试排进路正常并签认后方可汇报行调、分公司调度设备恢复正常使用。

⑤在恢复正常使用前，值班员应利用其他进路，确保正常接发列车。

（8）道岔发生故障时的处理

1）道岔发生病害危及行车安全时

①车站值班员应立即汇报行调，禁止列车通过该道岔；若线路上有列车，值班员应指派扳道员到现场防护，防止列车驶经该岔；通知工务人员抢修，并在《设备故障检修（施工）登记簿》上记录。

②值班员应立即汇报值班站长（中心站长），值班站长应在车控室把关，并汇报分公司调度。

2）道岔失去表示或道岔电气故障必须手摇时

①车站值班员应立即汇报行调、信号工区、分公司调度、站长（值班站长、中心站长），并在《设备故障检修（施工）登记簿》上记录。

②站长应指派扳道员携带扳道工具（手摇柄、钩锁器及锁头、钥匙、对讲机等）到现场手摇，值班站长、中心站长（警卫中队长）应分别在车控室及道岔现场把关。

③扳道员应严格按照值班员指令准备列车进路，认真执行"一看、二扳、三确认、四显示"制度，办理行车作业。

④通号分公司信号工区人员抢修完毕并在登记簿上签认正常后，值班员应经试排进路或道岔单操试验正常，并经签认后，方可通知行调、分公司调度设备恢复正常使用。

3.1.2 电话闭塞法行车作业

电话闭塞法是相邻两站（场、段）通过电话联系形式确认区间空闲，并以发出电话记录号码的方式办理闭塞的一种行车组织方法。电话闭塞法的启用、实施及取消区段应根据调度命令内容执行。电话闭塞法应在车站站间闭塞电话及列车无线通信设备状态正常时执行。列车站间行车（运行至下一车站/车场/车辆段）的凭证为路票，列车在车站的发车凭证为发车手信号。电话闭塞法行车时，同方向追踪列车的最小发车间隔除终端站外为两站两区间。当部分区段发生信号故障应进行电话闭塞法行车时，应在信号故障的区段范围前后各增加一个防护区间及车站，作为电话闭塞法行车的起始与终止范围。

1. 电话闭塞法的适用范围

（1）运营期间信号设备故障，单个及以上集中站自动闭塞设备不能正常使用。

（2）车载信号设备不良、非规定制式的列车在正线运行。

（3）运营结束后开行工程列车、轨道列车。

（4）其他无法以自动闭塞法行车的情况。

2. 电话闭塞法的作业流程

（1）运营期间由自动闭塞转为电话闭塞法的启用流程

1）运营调度员令实施电话闭塞的区段内列车司机立即停车待命，并命令故障区段内各车站准备本站接车进路，车站在进路办理妥当后，主动向运营调度员汇报。

2）运营调度员组织电话闭塞法区段内所有列车运行至车站站台停车待命。

3）若列车停于区间，运营调度员在确认前方站具备接车条件后，令停于区间的列车以人工限制向前方式（CLOSE – IN、RMF、RMO、授权模式）限速 20 km/h 运行至前方车站停车待命。如同一区间停有多列列车，运营调度员需令列车逐列运行至车站停车待命。

4）运营调度员待实施电话闭塞的区段内所有列车位置均停至站台待命后，与实施电话闭塞法区段内的所有列车司机、车站值班员复核确认列车所在位置。

（2）电话闭塞法的实施流程

1）运营调度员向有关车站（场）、列车司机下达启动电话闭塞法运行的调度命令，命令包括实施电话闭塞行车的区段范围、行车方向、区间限速、时间等。

2）车站（场）应通过核对车站（场）生产日志、运行计划、电话联系邻站等方式严格确认前方区间及车站列车占用情况，按电话闭塞法的行车要求办理闭塞。

3）实施电话闭塞法的终端车站接车条件按电话闭塞法相关规定执行，发车条件根据轨旁及车载信号显示执行。

4）发车站确认本站至前车站无闭塞，且线路区间空闲后向前方站请求闭塞，前方站进行复诵，填写《车站（场）生产日志》。

5）前方站接到闭塞请求，确认发车站至本站及本站至本站的前方站无闭塞，且线路区间、车站（本站、前方站）空闲后，准备本站的接车进路。

6）前方站接车进路办理妥当后，向发车站发出同意闭塞的电话记录号码，发车站进行复诵，填写《车站（场）生产日志》。

7）发车站在得到前方站的闭塞同意后，填写《车站（场）生产日志》，准备本站发车进路。在本站发车进路准备妥当后，方可填写路票。

8）车站值班员确认路票填写正确，发车进路办理妥当后，由车站行车人员将路票交至司机，并向司机显示发车手信号。

9）司机收到路票，确认路票填写正确，根据发车手信号动车，运行至下一车站（场、段）。

10）发车站在确认列车发车后，填写《车站（场）生产日志》，向前方站报列车发点，前方站进行复诵；发车站待列车整列出清本站，确认闭塞解除条件满足后，填写《车站（场）生产日志》，向后方站解除闭塞，后方站进行复诵。

11）前方站在得到发车站的发车报点后，填写《车站（场）生产日志》，迅速安排车站行车人员至站台规定停车位置接车，向列车显示停车手信号。

12）列车司机根据停车手信号显示停车，如无行车人员显示停车手信号则按规定停车位置停车并向运营调度员汇报。

13）列车整列到达后，接车站向司机收取路票，填写《车站（场）生产日志》，并向发车站报列车到点，发车站进行复诵。

14）实施电话闭塞法行车区段内的起点站、终点站、信号集中站及2条线路的交汇站在向邻站报到/发点的同时应向运营调度员报点，其他车站无须向运营调度员报点。

（3）运营期间电话闭塞法转为自动闭塞的取消流程

1）设备单位确认实施电话闭塞法区段信号故障已修复，具备恢复自动闭塞行车条件，并向运营调度员进行汇报。

2）运营调度员发布取消电话闭塞法转为自动闭塞法的调度命令。

3）车站接到调度命令后取消已办理的闭塞，如列车已在区间运行待到站后解除。

4）司机到达车站接到调度命令后，根据自动闭塞信号显示恢复正常模式运行。

（4）电话闭塞法的标准用语

1）请求（预办）闭塞：××站上（下）行××次列车请求（预办）闭塞。

2）同意（预办）闭塞：电话记录××号×时×分同意××站上（下）行××次（预办）闭塞。

3）列车出发：××站上（下）行××次×时×分发。

4）列车到达：××站上（下）行××次×时×分到。

5）解除（预办）闭塞：电话记录××号×时×分解除××站上（下）行××次（预办）闭塞。

6）取消（预办）闭塞：电话记录××号×时×分取消××站上（下）行××次（预办）闭塞。

（5）列车运行方式。运营期间列车以电话闭塞法行车时，列车运行方式为：列车自实施电话闭塞法的起点站起以切除 ATP 方式运行，至实施电话闭塞法的终端站恢复正常驾驶模式（ATO/ATP）运行。

（6）列车运行速度。列车运行速度遵循以下速度规定：

1）列车区间运行限速 40 km/h（经过设备限速低于 40 km/h 区段时，按设备限速规定速度运行）。

2）出入场限速 20 km/h，经过道岔区段限速 20 km/h，进、出车站限速 20 km/h。

3）遇 400 m 及以下半径的弯道等瞭望条件不良的区段时，以不高于 30 km/h 的速度通过（其中 5 号线东川路站至金平路站区间 300 m 半径弯道以不高于 25 km/h 的速度通过）。

4）运营调度员可根据线路实际运营情况，以调度命令的形式对列车区间运行限速进行调整。

司机在驾驶过程中严格按照速度规定驾驶，并做好瞭望工作，注意线路状况，遇异常情况及时采取制动措施，停车确认情况后向运营调度员汇报。

（7）列车定位的要求

1）在运营期间实施电话闭塞法时，各岗位应进行列车定位，确认电话闭塞法区段内列车的位置。

2）故障区段内列车司机确认列车当前所处位置，并主动向运营调度员汇报列车当前位置。当无线通信设备占用无法联系，司机应通过其他通信手段向运营调度员汇报。

3）车站（场）应通过核对车站（场）生产日志、运行计划、电话联系邻站等方式严格确认本站及前方区间列车占用情况，如发现有停于区间列车，应主动向运营调度员联系，汇报列车位置。

4）运营调度员通过 ATS 工作站、闭路电视（CCTV）、无线对讲等设备确认实施电话闭塞法区段内所有列车的数量与实际所在位置，并采用模拟盘、列车定位图纸等形式进行记录。

（8）电话闭塞法同意条件

1）折返站的闭塞同意条件为本站接车进路准备好。

2）非折返站的闭塞同意条件为该列车的前行列车已出清前方车站站台，与后方站、前方站间未存在已办理的闭塞，本站接车进路准备好。

3）Y形线路或环形线路非共线段往共线段方向，进入共线段前第一个车站的闭塞同意条件除本站同意闭塞的条件满足外，还需向共线段交汇点车站办理预办闭塞。

①共线段交汇点车站预办闭塞的同意条件为本站与非共线段车站间均无闭塞占用或预办闭塞占用，且已准备好接车进路。

②共线段交汇车站同意接车闭塞时解除预办理闭塞。

③预办闭塞的办理流程及相关记录（无须填写路票）同正常闭塞的办理方式，但应在备注栏中注明"预办闭塞"。

④共线段交汇点车站在同一时间段内只能办理非共线段车站的一个预办闭塞或闭塞。

（9）电话闭塞法解除条件

1）折返站的闭塞解除条件为列车整列到达并进入折返线，同时后续接车进路准备好。

2）非折返站的闭塞解除条件为列车整列到达并发出后。

3）夜间施工列车停于正线存放时，列车到达电话闭塞法终点站后，到达后即与发车站解除闭塞。

（10）取消闭塞的办理要求

1）在已办理列车闭塞后，因故不能接车或发车，应立即发出停车手信号进行防护并报运营调度员。列车退回发车站后，由提出车站发出的电话记录号码作为取消闭塞的依据。

2）列车出发后途中退回发车站时，由发车站发出电话记录号码作为取消闭塞依据。

（11）电话记录号码的相关规定

1）车站电话记录号码由3位数字组成（格式为×××），第一位为车站编号，后两位为电话记录序列号。办理电话闭塞的相邻车站"车站编号"不得相同。

2）电话记录序列号每站一组，100个号码（00~99），按日循环使用，起始号码为00，不得跳号。

3）每个号码在一个循环中只准使用一次，号码一经发出无论生效与否，不得重复使用。

（12）路票的作业要求

1）路票应在确认闭塞区间空闲，并取得接车站承认闭塞的电话记录号码，发车进路准备完毕后方可填发，路票原则上由车站值班员填记后递交车站行车人员，在特殊情况下可由车站行车人员代为填记。车站行车人员应与车站值班员进行复核无误后，方可将路票递交列车司机。

2）路票应具备电话记录号码、车次号、方向、行车专用章、值班员签名、日期、调令号码、列车限速要求，上述八要素应填写完整。

3）路票填写不得擅自增添字句或涂改，否则应视为废票，须重新填写。车站值班员应在路票正面对角划"×"、反面手写"作废"字样，并注明作废原因，从上部撕口后整理保存。

4）办妥电话记录手续后，临时变更列车车次时，应重新办理电话记录手续。

5）列车司机在接到路票后应对路票进行确认，准确无误后按规定行车。

6）列车到达接车站后，车站值班员应及时收回路票，在路票正面对角划"×"以示注销，从上部撕口后整理保存。

7）路票填写的日期以接车站承认闭塞的时间为准。零时前办理的闭塞，列车司机如在零时后收到路票，仍视为有效。

8）发现错误路票及行车凭证丢失的规定

①列车司机在车站发车前发现错误路票时，严禁动车，并将错误路票退还车站。车站回收错误的路票，重新填写正确的路票。

②列车司机在发车后发现错误路票时，应立即停车并报告运营调度员，后按运营调度员指令运行，将错误路票交至接车站。

③接车站发现回收的路票错误时，应在《车站（场）生产日志》中记录，并报告运营调度员。

④列车司机取得路票并确认正确后，遇在途中丢失时可继续运行至接车站，将情况报告接车站值班员和运营调度员，车站值班员应在《车站（场）生产日志》上记录说明。

（13）列车反向运行。列车采用电话闭塞法反向运行时，除按电话闭塞流程办理外，还需在备注栏中注明"反向运行"，并在路票左上角加盖反向章。

（14）途经其他车站的转线作业、出入场/段作业。当列车进行转线作业或出入场/段作业时，列车自起点站至终点站间须途经其他车站但不进入其他车站的站台时，电话闭塞法按下述规定执行。

1）运营调度员应向列车运行途经所有车站发布书面调度命令，命令应包括列车运行方向等信息（如列车运行存在多条路径时需指明运行路径）。

2）转线作业涉及多条线路车站时，由转出线路OCC拟定调度命令，并告知转入线路OCC，后由各线OCC负责向本线路管辖车站发布调度命令。

3）列车运行路径中各站逐站向前方车站申请闭塞，各站的闭塞同意条件为本站接发车进路准备完毕、区间空闲及前方车站已同意本站的闭塞请求。

4）列车行车作业起点站得到前方车站同意闭塞后，向运营调度员进行汇报，运营调度员向各站核对进路、闭塞准备情况，核实无误后，通知起点站发车条件具备。起点站填记路票发车，转线作业路票右上角需标记"转线"。

5）列车司机在接到调度命令、路票及起点站的发车手信号后由作业的起点站直接运行至终点站，中间途经各站可不停车直接通过。

6）列车运行至终点站后，由终点站开始向后方站逐站解除闭塞，各站的闭塞解除条件为前站已解除本站的闭塞。

（15）其他注意事项

1）运营期间实施电话闭塞法时，电话闭塞法区段内采用单一交路的方式运行。

2）车站应在每天运营开始前做好电话闭塞法所需设备（信号灯或旗、路票、调度命令单、无线对讲设备、闭塞电话等）的状态检查确认工作。

3）在实施电话闭塞法时，车站应根据信号设备状态办理接发车、折返进路。

①如信号联锁设备正常，采用信号方式排列接发车、折返进路。

②无法排列进路时，采用单锁道岔（6502设备需同时施加引导总锁闭）方式保证接发车、折返进路锁闭。

③无法排列进路且道岔无法电操锁闭时，采用手摇道岔至正确位置并加钩锁器方式办理接发车、折返进路。

4）在实施电话闭塞法时，电话闭塞法区段内列车调车折返作业应根据车站调车手信号，办理调车折返作业。

5）电话闭塞法的实施、取消应以书面调度命令的形式下发至车站值班员及司机。

3.1.3　车站施工作业管理

1. 车站施工的分类

车站施工分为影响行车的施工和不影响行车的施工两大类。

施工性质可通过以下三点判断：

（1）施工是否动用行车设备。

（2）施工是否下站线。

（3）在站台施工时是否侵限。

如上述三点符合其一，则该施工为影响行车的施工；如三点皆不符合，则该施工为不影响行车的施工。

两类施工的共同点为均需在《设备故障检修（施工）登记簿》内进行记录。两类施工的不同点为：影响行车的施工，行车值班员需向行调汇报，取得同意施工的命令号后，方可进行；不影响行车的施工，行车值班员无须向行调汇报，运营中由值班站长决定（运休期间由行车值班员决定）是否同意施工。

2. 车站施工的管理职责

（1）运营公司是其所辖车站的所有车站施工的管理主体和其所辖设施设备的车站施工的实施单位；运管中心、维保中心及各专业单位、资产经营公司是其所辖设施设备的车站施工的管理和实施单位。

（2）运管中心（运营管理部）、运营公司、维保中心（运营设施设备管理部）及各专业单位、资产经营公司的主要职责如下：

——负责指定检修施工计划管理部门，审批和管理所辖区域的车站施工。

——负责全面制订和审批本单位的车站施工计划，并对需进行计划申报的车站施工做好计划申报工作。

——负责按规定办理相关动火手续（含电焊、电切割）。

——负责组织实施本单位的车站施工，落实施工作业现场的安全管理，检查施工作业实施前的准备工作，整合施工作业资源，协调施工作业现场的作业秩序，落实施工作业安全防护措施，掌握施工作业进度，解决施工作业实施过程中发生的问题。

——运营公司负责车站施工实施过程中，客运组织配套方案的实施。

——负责做好各类车站施工的登记、注销工作。

——运营管理部负责车站重大施工项目，客运服务质量影响的评估、认定；负责 AFC 系统线路级、中央系统级、网络级维护（检修）、软硬件升级等施工的影响评估、认定。

——运营设施设备管理部负责消防报警系统（FAS）和楼宇自动化系统（BAS）的线路级、中央系统级、网络级维护（检修）、软硬件升级等施工的影响评估、认定。

3. 车站施工的计划管理

（1）上海地铁施工按施工影响、申报流程的不同分为抢修施工、一级重大施工、二级重大施工、日常检修施工四类。所有施工均应纳入计划管理，严格执行计划申报制度。

（2）所有施工计划应由计划申报单位进行申报，具备计划申报资格的单位有维保公司及下属各专业公司、运管中心及下属部门、各运营公司、资产经营公司。非计划申报单位和外单位的施工计划根据施工类型统一由对口的计划申报单位申报，不得自行申报。在委托计划申报单位申报计划前，计划申报单位应与委托方签订相应的委托协议和安全协议，明确双方职责、要求。

（3）计划申报单位应建立施工计划管理部门，负责本单位的施工管理工作。在开展施工计划管理工作中，要增强施工计划的预见性及计划性，合理统筹本单位的施工计划。

（4）计划申报单位应根据所辖设施设备维修规程的要求，于每年12月中旬前完成次年本单位年度、月度施工计划的编制工作；并于每年12月底前将本单位次年需单独占用施工资源的周期性、阶段性施工计划汇总后报备维保公司计划管理部门。

（5）计划申报单位在申报施工计划前，要对施工组织方案进行内部审核并做好申报流程的卡控，对资料、流程不全的施工计划，不得申报。

（6）抢修施工、日常检修施工可直接向审批单位申报；二级重大施工需经运营设施设备管理部、运营管理部进行施工影响和运营风险评估后方可申报；一级重大施工需经技术管理部、运营设施设备管理部、运营管理部、运营安全监察室进行施工技术方案、施工影响和运营风险的评估，并经集团分管领导审批同意后方可申报。

（7）需其他单位配合的施工，计划申报单位应将计划流转配合单位确认同意配合后方可申报。

（8）计划申报单位在申报施工计划时，应向施工计划审批单位提交必要的资料和流程手续，并按规定时间和申报方式开展施工计划的申报工作。

（9）单项施工计划原则上不得含有不同类型、跨专业的施工内容，对于确需多专业联合实施的施工，由施工管理工作小组明确施工计划的申报单位。

（10）施工计划审批单位应依据施工时间、施工地点、影响范围、申报流程，做好施工计划的时间、空间上的安全控制和流程控制，对未通过审批的施工计划应注明原因后退回。

（11）所有的施工计划需经相应的审批单位审批同意后方可实施。

4. 车站施工的实施管理

（1）所有施工均应按照"谁申报、谁负责"的原则，开展施工实施管理。

（2）施工负责人应遵循《上海地铁检修施工作业负责人管理规定》落实施工实施管理要求，组织施工人员严格按照已批复的施工计划内容和要求组织实施施工。

（3）所有施工人员应接受施工区域管理单位工作人员的监督管理，服从调度员的统一指挥，调度员和施工区域管理单位工作人员有权取消或停止任何违章、不符合条件的施工。

（4）施工实施前，施工负责人、作业点负责人应对参与作业人员做好施工安全交底，明确当日施工内容、施工区段、防护措施和各岗位安全注意事项，未进行施工交底或施工作业人员未掌握施工安全交底内容不得进行施工登记。

（5）施工实施过程中，施工负责人和作业点负责人应按规定落实施工安全防护措施，并按照安全规程在施工范围内实施作业；发现违章，立即中止作业。发生施工事故，应立即中止施工，抢救伤者，保护现场，并立即向主管部门汇报。因施工造成运营设备停用或降级使用的，应立即通知设备管理单位、使用单位和主管部门，由设备管理单位组织抢修并明确运行限制条件。

（6）施工结束前，施工负责人和作业点负责人应确认作业现场工完场清、具备行车和客运条件后办理施工注销。施工内容涉及动用运营设备的，应通知使用单位确认设备正常。

5. 车站施工的作业流程

（1）办理施工登记。施工方人员必须提前15 min到车控室与行车值班员联系。行车值班员在核对当天《施工检修通告》无误后，要求施工负责人在车站《设备故障检修（施工）登记簿》上办理登记。登记完成后，行车值班员将登记内容与《施工检修通告》核对无误后，根据施工方填写的登记内容向行调申请要点。待行调同意并取得施工命令号后，将施工命令号填写在施工单位一栏的右上方，并签字确认。

（2）办理施工注销（影响行车的施工）。行车值班员确认注销内容填写正确后向总调所汇报，施工作业注销前必须做到施工现场设备正常，人员工具清，并由施工负责人在《设备故障检修（施工）登记簿》内的施工结果栏内注明"人员工具清，设备正常"。行车值班员在经总调所认可并下达注销命令号后签字确认。

（3）异地注销（跨站作业）。检修、施工的登记注销手续，原则上在同一地点办理。如需跨站作业，作业负责人可在登记时说明注销地点，由登记点行车值班员通知注销点行车值班员办理，且两站均须做好记录。施工注销时，由注销站根据施工情况进行办理，在办理后通知登记站施工结果及相应的事宜。

（4）延长施工。如因特殊情况不能按时开通区间时，应在原定的施工截止时间前20 min与总调所联系，得到批准后方可延长作业时间。

6. 车站施工作业安全管理

（1）严格执行各项安全作业制度及安全操作规程。

（2）严禁侵限、超范围施工。运营时段服务区内施工，必须设置隔离栏及警示标示。

（3）计划申报单位应加强施工安全和工程质量的监督检查，发现安全隐患要责令立即纠正。

（4）施工的安全防护用品必须配备到位。特种作业人员必须做到持有效证件上岗。

（5）需要定期检测的作业工具和器材必须在检测合格有效期内。

（6）重大活动和节日期间，需根据统一部署，执行施工备案、审批制度。

7. 正线动车施工的实施管理

施工前运转值班员应从检修施工管理平台系统"统计报表→轨行区一周统计报表"模块中打印当日轨行区所有人工点作业清单，并将列车途经的人工作业区段进行标注。运转值班员应主动与运营调度员确认所标注的人工作业区段。在确认无误后，运转值班员将检修施工作业单递交司机，并做好交底。司机接到动车调令后，应与运营调度员逐一确认列车途径区段所有人工作业均未放点或已注销，并在检修施工作业单上画"√"确认。

司机按施工负责人指令在规定的封闭（封锁）区域内进行调试等施工作业。

施工结束，司机根据施工负责人指令运行至指定地点，施工负责人应做好施工注销。运营调度员在发布动车调令前，应确认列车途经区段的人工施工作业点均已注销。司机接到动车调令后，应与运营调度员逐一确认列车途径区段所有人工作业均未放点或已注销，并在检修施工作业单上画"√"确认。确认无误后，司机方可根据调令运行至指定地点。若在确认过程中出现未注销的人工作业点，司机禁止动车。

列车运行过程中，司机应加强线路瞭望，重点察看人工作业区段施工所涉及的设施设备情况，若遇异常情况，应立即停车，并向行调汇报。列车途经的人工作业区段限速 45 km/h（遇设备限速低于 45 km/h，按设备限速执行）。列车回库后，司机应将检修施工作业单交至运转值班员。

3.1.4 行车报表制度

1. 行车报表的种类

行车报表是指列车运行及设备保养等活动中，行车人员及相关人员根据现场实际情况而记录下来的原始资料。

车站的行车报表主要有《车站生产日志》《调度命令登记簿》《设备故障检修（施工）登记簿》及《破、加封登记簿》等。

2. 行车报表的填记要求

（1）行车报表的共同填记要求

1）行车值班员应认真及时填写各类行车簿册，做到填记正确，无缺漏，无缩减。

2）填记字迹清晰，不得随意涂改。若需修改，在错误处画横线并加盖当班车站值班员印章（红色印泥）以示更改，并在边上填记正确的内容，注意不得用修正液。

3）所有签名的地方均用钢笔或圆珠笔填写，不得使用印章。

4）交接班图章加盖清晰（蓝色印泥），在图章内相应空白处填好交接班车站值班员姓名、日期。图章与填记内容、图章与图章之间不得有空格。

(2)《车站生产日志》

1)《车站生产日志》具体填写内容

①车次。非正点运行列车及总调度所发布调令临时加开列车、救援列车、施工车的车次号。

②电话记录号码及收发时间。采用电话闭塞法行车时填写相邻车站及本站收发电话记录号码及承认/解除闭塞时分。

③邻站出发。邻站行车值班员所报开车时分。

④本站到达。列车到达本站时分。

⑤附注。变更计划、晚点、加开列车及相关其他非正常情况。

⑥交接班注意事项。填写本班作业安全情况，凡需提醒接班值班员注意的其他有关行车安全注意事项。

⑦设备备品交接事项。填写本站行车设备备品的使用及交接情况。

⑧其他。填写上级有关指示、通知及传达落实文件、卫生等事项。

⑨道岔擦拭情况

a. 道岔编号。填写本班所擦拭的道岔编号。

b. 擦拭后试验情况。擦拭后检测情况填入此项。

2)《车站生产日志》填写要求及其他说明

①《车站生产日志》由车站当班行车值班员填写。

②《车站生产日志》的填写字迹必须清晰、完整。

③道岔擦拭情况栏无岔用斜线划去，有岔站若未擦拭须说明原因。

④非正常运行的列车根据实际运行情况记入生产日志，不得随意涂改内容，禁止使用修正液。

⑤表头必须填写站名、日期、当班值班员姓名，有岔站还必须填写当班扳道员姓名。

⑥接班值班员签章栏由值班员确认清楚后签章。

⑦《车站生产日志》的填写必须符合 ISO9002 质量体系认证的要求。

3) 样式（见图 3—2）。

(3)《调度命令登记簿》

1) 填写要求

①"月日"一栏内须注明"年、月、日"。

②"复诵人姓名"一栏内须写清复诵人的全名，不得以车站名代替。

③"阅读时刻签名"一栏标题用一斜线划掉，此一栏内不得填写任何内容。

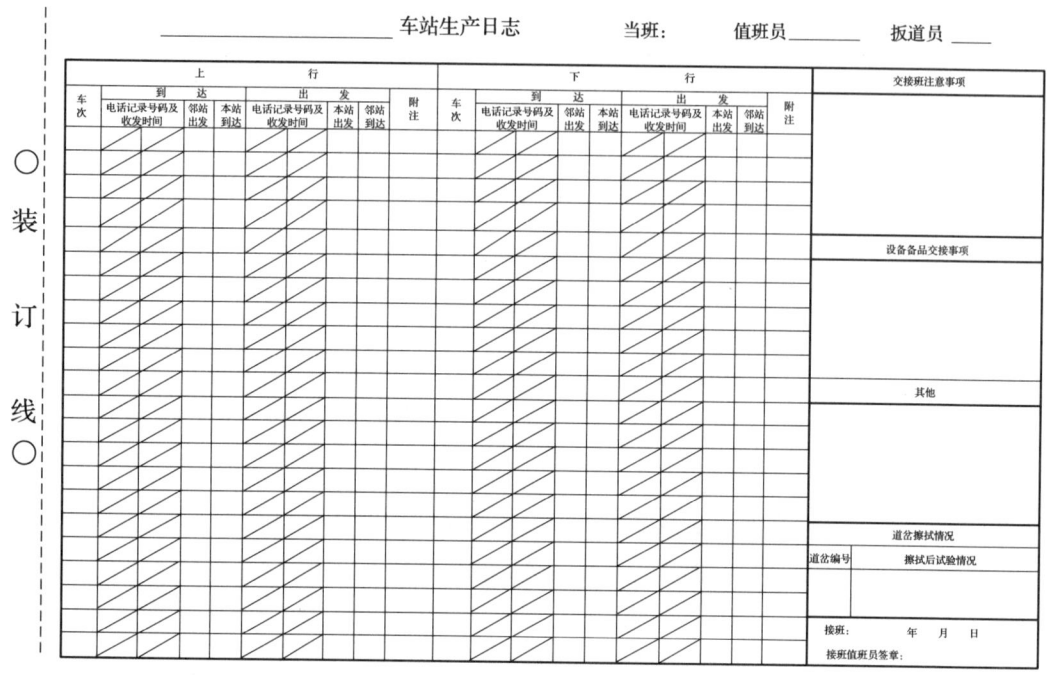

图 3—2 《车站生产日志》

2）样式（见图 3—3）。

调度命令登记簿

月日	命令发出或接受时刻(时分)	命令			复诵人姓名	接受命令人姓名	调度员姓名	阅读时刻签名
		号码	受令及抄知处所	内容				

图 3—3 《调度命令登记簿》

(4)《设备故障检修(施工)登记簿》

1)填写要求

①"月日"一栏内须注明"年、月、日"。

②调令号码须填写在"维修(施工)单位"一栏的右上角;注销号码须填写在"检修(施工)结果"一栏的右上角。

③施工登记人与负责人不是同一个人时须在"负责人"一栏内如实填写施工登记人的姓名。"注销人签名"一栏内须如实填写进行注销的人的姓名。

④施工登记人在进行登记时如有涂改,值班员应将此行从头到尾全部划掉并加盖当班值班员印章(红色印泥),施工登记人须另起一行重新登记。

⑤行车设备发生故障须在《设备故障检修(施工)登记簿》上按要求如实填写。

2)样式(见图3—4)。

设备故障检修(施工)登记簿

月日	检修(施工)登记内容							检修(施工)注销内容			
^	维修(施工)单位	施工负责人	设备故障维修(施工)内容	检修(施工)地点		检修(施工)时间		行车值班员签认	注销时间	注销人签名	检修(施工)结果	行车值班员签认
^	^	^	^	起	止	起	止	^	^	^	^	^

图3—4 《设备故障检修(施工)登记簿》

(5)《破、加封登记簿》

1)填写要求

①"破封设备"一栏内须写清所有拆封钥匙的编号。

②加封时,车站应主动联系,并做好完整的记录。

2)样式(见图3—5)。

破、加封登记簿

序号	破封记录							加封记录				备注
	破封设备	破封时间		破封原因	使用人签认	值班员签认	破封报告		封存时间		封存部门(单位)	封存人签认	值班员签认	
		日期	时分				时分	接报部门(单位)	接报人	日期	时分				

图3—5 《破、加封登记簿》

3.1.5 调度命令

1. 调度命令的定义

调度命令是行车调度员在调度指挥工作中对行车有关人员发出的要求其配合完成某些行动的指令。

2. 调度命令的分类

调度命令分为三种:书面调度命令、口头调度命令、抢修调度命令。

（1）书面调度命令

1）书面命令发布前应由负责监护的运营调度员审核通过。审核内容应包含：书面命令内容正确，书面命令发布条件具备。

2）书面命令号应由 1 至 100 顺序循环使用，循环周期内应不漏号、跳号和重号。

3）书面命令发布前必须核实受令人，并应指定人员进行复诵。

4）下达至车辆段/场的书面命令，其受令处所应包含车辆段/场的运转值班室及信号楼。

5）书面命令无法当场传递给司机时，应补交司机。

6）书面命令用于列车进出场时，应明确出入场线及采用的行车闭塞方式。

7）施工计划中试车及开行其他车辆的书面命令，应明确动车列车性质；列车为电客列车时，应明确车体号；同一车辆段/场发出的不同单位施工列车时，应写明列车所属单位。

8）施工计划中试车及开行其他车辆的书面命令，列车应明确车次号。

9）施工列车车次号命名规则

——上行方向为双数，下行方向为单数。

——按顺序给予车次号，且起始时的车次在施工或试车完毕后以"1 对应 2，3 对应 4 的顺序"——对应折开车次。

——电客列车以试×次命名车次。

——工程车（轨道车、调机车）以轨×次命名车次。

——执行调车作业的列车以调×次命名车次。

——执行转线作业的列车以转×次命名车次。

10）书面命令的使用范围

——开行巡道车。

——限速命令。

——屏蔽（安全）门弃用/投用。

——手摇道岔变更折返模式。

——运营期间变更行车闭塞法。

——台风停运和变更交路。

——施工列车出入场。

——封闭区间。

——封锁区间。

——末班车后跟跑。

——列车转场。

——列车转线。

——多车试车演练。

——越出站界调车。

——出入场线禁用。

——人工类施工作业区段封锁。

——遇无线通信故障或无线录音设备故障时的口头命令。

——其他对运营产生影响的事件。

（2）口头调度命令

1）口头命令发令时应用语规范、口齿清晰、语速中等。

2）口头命令号按日由101至200顺序循环使用，循环周期内应不漏号、跳号和重号。口头命令一般按日循环。

3）发布口头命令时，应先告知受令者命令号；发令后，受令者应复诵，运营调度员确认受令者复诵正确。

4）口头命令使用范围

——列车切除ATP运行。

——列车以无ATP保护方式运行。

——列车切除安全相关旁路开关动车。

——载客通过。

——列车退行。

——列车清客。

——列车救援。

——列车反方向运行。

——列车单线双向运行。

——单列车临时限速。

——查找线路异物。

——人员进入区间。

——手摇道岔接发列车。

——控制中心计轴预复位。

——其他对运营产生影响的事件。

（3）抢修调度命令。下列情况时应发布抢修命令：
——发生爆炸、火灾等突发事件需设备单位至现场确认设备状态时。
——发生触网失电、断轨、列车脱轨、挤岔等必须中断部分线路运营时。
——道岔故障必须手摇接发列车时。
——中央重要设备故障，如 FAS、BAS、ATS、数据采集与监视控制系统（SCADA）、无线工作站无法正常工作时；有多个工作站的设备两台及以上同时无法使用时。
——所有列车在一个及以上区间内只能以无 ATP 保护方式运行，严重影响到列车的行车效率与行车安全时。
——车站全站照明失电、车辆段/停车场触网失电、正线采用大双边供电，且 5 min 内无法恢复时。
——区间积水且水位明显在不断上升时。
——发生其他可能对运营造成影响的情况时。

抢修命令号格式应为"线路号+命令号"，线路号对应所辖线路由 1 开始至 99，命令号由 01 至 99 循环使用，命令号循环期间应不漏号、跳号和重号。

3.1.6　车调联控作业

车调联控作业是日常行车作业的辅助手段，是改进和加强地铁行车安全管理的一项重要措施。规范车调联控作业，可确保行车安全，有效防止列车"冒进、挤岔、掉道"等行车安全事故的发生。

1. 术语及定义

（1）行车人员。行车人员是指地铁行车调度、车站值班员、信号楼值班员、列车司机、驻调司机各岗位作业人员。

（2）车调联控作业。车调联控作业是行车人员利用行车专用 800 兆无线对讲设备，确认行车要求、提示重要行车安全信息、确保行车安全的互控措施。

（3）呼叫人。呼叫人是指在车调联控工作中首先进行呼叫的一方。

（4）被呼叫人。被呼叫人是指在车调联控工作中被呼叫后进行复诵应答的一方。

（5）无 ATP 防护功能列车。无 ATP 防护功能列车是指以人工限制向前、人工限制向后、切除 ATP 方式运行的列车。

（6）前方车站。现有 A、B、C、D、E 五个车站。

1）如 C－D 为关系区间，C 站为 A→E 运行方向列车的前方车站，D 站为 E→A 运行方向列车的前方车站。

2）如 C-D（含 C 站）为关系区间，B 站为 A→E 运行方向列车的前方车站，D 站为 E→A 运行方向列车的前方车站。

3）如 C 站为 A→E 运行方向列车的授权终点站，B 站为前方车站；C 站为 E→A 运行方向列车的终点站，D 站为前方车站。

2．车调联控作业的适用范围

车调联控作业适用于由行车人员负责指挥列车运行的作业。在下列对行车安全有直接影响的作业时，行车人员必须进行车调联控作业：

——列车出库。

——列车出场。

——列车由出（入）场线进入正线。

——列车由出（入）场线回库。

——列车折返作业。

——引导信号或手信号接发车。

——取消、变更进路，关闭信号。

——无 ATP 防护功能列车运行前方信号未开放。

——无 ATP 防护功能列车授权运行。

——列车限速运行。

——运营期间人员下线作业。

——线路发生险情。

——电话闭塞法行车。

——列车冒进、挤岔、掉道、越过警冲标。

——运营列车切门控开门。

——列车调车作业。

——指路式行车。

——问路式行车。

3．车站车调联控作业程序及用语

（1）列车出库

1）适用范围。列车由车库停车股道运行出库。

2）联控时机

①作业准备完成。列车司机作业准备完成，由列车司机向信号楼值班员进行联控。

②出库信号开放。当出库信号办理妥当后，由信号楼值班员向列车司机进行联控。

3）联控岗位。列车司机、信号楼值班员。

4）标准用语

①作业准备完成

【呼叫人】列车司机：××道［××道×端］××次××号列车作业准备完毕。

【被呼叫人】信号楼值班员：××道［××道×端］××次××号列车作业准备完毕，信号楼明白。

②出库信号开放

【呼叫人】信号楼值班员：××道［××道×端］××次××号列车出库信号已开放。

【被呼叫人】列车司机：××道［××道×端］××次××号列车出库信号已开放，司机明白。

（2）列车出场

1）适用范围。列车出场至出场信号机前，出场信号机未开放。

2）联控时机。列车接近出场信号机前第一接近区段时，如出场信号机未开放，由信号楼值班员向列车司机进行联控。

3）联控岗位。列车司机、信号楼值班员。

4）标准用语

【呼叫人】信号楼值班员：出［入］场线××次××号列车，出场信号没有开放。

【被呼叫人】列车司机：出［入］场线××次××号列车，出场信号没有开放，司机明白。

（3）列车由出［入］场线进入正线

1）适用范围。列车由出［入］场线进入正线时，前方道岔防护信号未开放。

2）联控时机。列车接近道岔防护信号机前第一接近区段时，如道岔防护信号未开放，由行车调度［车站值班员］向列车司机进行联控。

3）联控岗位。列车司机、行车调度、车站值班员。在中控情况下，行车调度与列车司机进行联控作业；在站控情况下，车站值班员与列车司机进行联控作业。

4）标准用语

【呼叫人】行车调度［车站值班员］：××站出［入］场线××次列车，前方信号没有开放。

【被呼叫人】列车司机：××站出［入］场线××次列车，前方信号没有开放，司机明白。

（4）列车由出［入］场线回库

1）适用范围。列车由出［入］场线回库。

2）联控时机

①请求入场。列车由正线进入出［入］场线时，由列车司机向信号楼值班员进行联控。

②入场信号未开放。当入场信号未开放时，由信号楼值班员向列车司机进行联控。

③入场信号已开放。当入场信号办理妥当后，由信号楼值班员向列车司机进行联控。

3）联控岗位。列车司机、信号楼值班员。

4）标准用语

①请求入场

【呼叫人】列车司机：出［入］场线××次××号列车请求入场。

【被呼叫人】信号楼值班员：出［入］场线××次××号列车请求入场，信号楼明白。

②入场信号未开放

【呼叫人】信号楼值班员：出［入］场线××次××号列车，入场信号没有开放。

【被呼叫人】列车司机：出［入］场线××次××号列车，入场信号没有开放，司机明白。

③入场信号已开放

【呼叫人】信号楼值班员：出［入］场线××次××号列车××道［××道×端］停车。

【被呼叫人】列车司机：出［入］场线××次××号列车××道［××道×端］停车，司机明白。

（5）列车折返作业

1）适用范围

①无 ATP 防护功能列车办理进折返作业，折返信号未开放。

②列车办理进［出］折返作业。

③单司机办理折返作业。

2）联控时机

①无 ATP 防护功能列车进折返作业，折返信号未开放。列车接近折返信号机前第一接近区段，如折返信号未开放，由行车调度向列车司机进行联控。

②列车进［出］折返作业。列车办理进［出］折返作业前，由接［交］车司机与交［接］车司机通过司机室联络进行联控。进折返线时接车司机与交车司机进行联控。出折返线时交车司机与接车司机进行联控。

③单司机办理折返作业。单司机进行折返作业前，由驻调司机向列车司机进行联控。

3）联控岗位。行车调度、列车司机、驻调司机。

4）标准用语

①无 ATP 防护功能列车进折返作业，折返信号未开放

【呼叫人】行车调度：××次列车××站折返信号没有开放。

【被呼叫人】列车司机：××次列车××站折返信号没有开放，司机明白。

②列车进［出］折返作业

【呼叫人】接［交］车司机：确认折返信号及驾驶模式。

【被呼叫人】交［接］车司机：确认折返信号及驾驶模式，司机明白。

③单司机办理折返作业

【呼叫人】驻调司机：确认折返信号及驾驶模式。

【被呼叫人】列车司机：确认折返信号及驾驶模式，司机明白。

(6) 引导信号［手信号］接发车

1）适用范围。由于设备故障或其他原因，需以引导信号［手信号］方式接发列车。

2）联控时机。列车接近［发车］时，由车站值班员［信号楼值班员］向列车司机进行联控。

3）联控岗位。车站值班员、信号楼值班员、列车司机。

4）标准用语

①手信号接发车

【呼叫人】车站值班员［信号楼值班员］：××次列车，注意前方手信号。

【被呼叫人】列车司机：××次列车，注意前方手信号，司机明白。

②引导信号接发车

【呼叫人】车站值班员［信号楼值班员］：××次列车，注意进［出］站引导信号。

【被呼叫人】列车司机：××次列车，注意进［出］站引导信号，司机明白。

(7) 取消进路、关闭信号

1）适用范围。当人工进行取消进路或关闭信号操作时。

2）联控时机。行车调度［车站值班员］［信号楼值班员］在执行取消进路或关闭信号操作前进行联控作业。

3）联控岗位。列车司机、行车调度、车站值班员、信号楼值班员。在中控情况下，行车调度与列车司机进行联控作业；在站控情况下，车站值班员与列车司机进行联控作业；在车场时，信号楼值班员与列车司机进行联控作业。

4）标准用语

【呼叫人】行车调度［车站值班员］［信号楼值班员］：××站×行［××站××线］［××区间×行］××次列车，进路取消［信号关闭］，注意列车模式与信号。

【被呼叫人】列车司机：××站×行［××站××线］［××区间×行］××次列车，进路取消［信号关闭］，注意列车模式与信号，司机明白。

（8）无ATP防护功能列车运行前方信号未开放

1）适用范围。无ATP防护功能列车运行时，前方信号未开放。

2）联控时机。无ATP防护功能列车运行时，前方信号未开放，由行车调度向列车司机联控。

3）联控岗位。行车调度、列车司机。

4）标准用语

【呼叫人】行车调度：××站×行［××站××线］［××区间×行］××次列车，前方信号没有开放。

【被呼叫人】列车司机：××站×行［××站××线］［××区间×行］××次列车，前方信号没有开放，司机明白。

（9）无ATP防护功能列车授权运行

1）适用范围。无ATP防护功能列车得到调度授权运行。

2）联控时机。列车由调度授权运行终点的前方车站发车时，由驻调司机向列车司机进行联控。

3）联控岗位。驻调司机、列车司机。

4）标准用语

【呼叫人】驻调司机：××站×行××次列车，调度授权运行至××站［××站站外］。

【被呼叫人】列车司机：××站×行××次列车，调度授权运行至××站［××站站外］，司机明白。

（10）列车限速运行

1）适用范围

①某区段实施限速且信号系统无法设置限速指令，具备ATP防护功能列车，以手动驾驶方式通过限速区段。

②无ATP防护功能列车通过限速区段。

2）联控时机。列车在接近限速区段的前方车站［停车位置］发出时，由行车调度

［驻调司机］向列车司机进行联控。

3）联控岗位。行车调度、驻调司机、列车司机。无 ATP 防护功能列车通过限速区段，由行车调度向司机进行联控。某区段实施限速且信号系统无法设置限速指令，具备 ATP 防护功能列车，以手动驾驶方式通过限速区段，由驻调司机向列车司机进行联控。

4）标准用语

【呼叫人】行车调度［驻调司机］：××站×行［××站××线］［××区间×行］××次列车××至××百米标［××位置］限速××公里。

【被呼叫人】列车司机：××站×行［××站××线］［××区间×行］××次列车××至××百米标［××位置］限速××公里，司机明白。

（11）运营期间人员下线作业

1）适用范围。运营期间人员下线作业。

2）联控时机。列车进入人员下线区段前的前方车站，由该站车站值班员向列车司机进行联控。

3）联控岗位。车站值班员、列车司机。运营期间区间人员下线作业时，登记车站须告知下线作业区段范围内的所有车站及两端相邻车站相关人员下线作业信息。

4）标准用语

【呼叫人】车站值班员：××站×行列车，××区间××处有施工人员，注意运行。

【被呼叫人】列车司机：××站×行列车，××区间××处有施工人员，注意运行，司机明白。

（12）线路发生险情

1）适用范围。发生危及行车安全情况。

2）联控时机。发生危及行车安全情况时，行车调度［车站值班员］接报后向接近列车司机进行联控。

3）联控岗位。行车调度［车站值班员］、接近列车司机。

4）标准用语

【呼叫人】行车调度［车站值班员］：××线××处线路发生险情，上、下行接近列车立即停车。

【被呼叫人】接近列车司机：××线××处线路发生险情，上、下行接近列车立即停车，司机明白。

（13）电话闭塞法行车

1）适用范围。基本闭塞法停用，改用电话闭塞法行车时。

2）联控时机。列车司机收到路票发车前，由该站车站值班员向列车司机进行联控。

3）联控岗位。车站值班员、列车司机。

4）标准用语

【呼叫人】车站值班员：××站×行××次列车，路票已办理，列车运行至××站。

【被呼叫人】列车司机：××站×行××次列车，路票已办理，列车运行至××站，司机明白。

（14）列车冒进信号、挤岔、掉道、越过警冲标

1）适用范围。列车司机发现列车冒进信号、挤岔、掉道、越过警冲标。

2）联控时机。列车司机发现列车冒进信号、挤岔、掉道、越过警冲标时，由事发列车司机向接近列车司机进行联控。

3）联控岗位。事发列车司机、接近列车司机。

4）标准用语

【呼叫人】事发列车司机：××站×行［××区间×行］发生事故，妨碍邻线，上、下行接近列车立即停车。

【被呼叫人】接近列车司机：××站×行［××区间×行］发生事故，妨碍邻线，上、下行接近列车立即停车，司机明白。

（15）运营列车切门控开门

1）适用范围。运营列车在站停准、停稳后，司机须切除车门控制保护开门。

2）联控时机

①司机在使用切门控方式开门前，司机与行车调度进行联控。

②司机切除车门控制保护开门作业结束，恢复门控保护及驾驶模式前，司机与行车调度进行联控。

3）联控岗位。列车司机、行车调度。

4）标准用语

①司机在使用切门控方式开门前

【呼叫人】列车司机：××站×行××次列车切门控开门。

【被呼叫人】行车调度：××站×行××次列车切门控开门，确认正确开门侧。

②司机切除车门控制保护开门作业结束，恢复门控保护及驾驶模式前

【呼叫人】列车司机：××站×行××次列车恢复门控开关。

【被呼叫人】行车调度：××站×行××次列车恢复门控开关，确认正确驾驶模式。

（16）列车调车作业

1）适用范围

①运营期间正线手信号方式调车。

②运营结束后正线调车。

③场内调车。

2）联控时机。调车进路办理完毕后（如手信号方式调车，在显示调车手信号后），由进路办理方与列车司机进行联控作业。

3）联控岗位。列车司机、行车调度、车站值班员、信号楼值班员。

4）标准用语

【呼叫人】行车调度［车站值班员］［信号楼值班员］：××站×行［××场×道×端］××次［号］列车至×行［×道×端］信号已开放（手信号已显示）。

【被呼叫人】列车司机：××站×行［××场×道×端］××次［号］列车至×行［×道×端］信号已开放（手信号已显示）。

（17）指路式行车

1）适用范围

①Y形线路列车由共线段交汇点车站往非共线段运行时。

②大小交路线路列车由小交路折返点往大交路区段［折返线］运行时。

③当信号设备发生故障，需人工办理进路，且信号无法显示进路情况时执行指路式行车车调联控作业。

2）联控时机。共线段交汇点车站/小交路折返点车站列车发车进路正确办理妥当。

3）联控岗位。车站值班员、行车调度、列车司机。列车进路由人工办理时，由进路办理方与列车司机进行联控：中控时由行车调度进行联控，站控时由车站值班员进行联控。

4）标准用语

【呼叫人】行车调度［车站值班员］：××站×行××次列车，运行方向为××站。

【被呼叫人】列车司机：××站×行××次列车，运行方向为××站，司机明白。

联控用语中××站为相应列车开行的终点站站名，4号线列车为列车开行方向的下一站站名，小交路开往折返线列车为折返站站名。

（18）问路式行车

1）适用范围

①Y形线路列车由共线段交汇点车站往非共线段运行时。

②大小交路线路列车由小交路折返点往大交路区段［折返线］运行时。

③列车司机无法确定列车前方进路方向时。

2）联控时机。司机关门作业完成，确认发车安全条件具备。

3）联控岗位。车站值班员、行车调度、列车司机。列车进路由系统自动排列时，由列车司机与车站值班员进行联控。列车进路由人工办理时，由列车司机与进路办理方进行联控：中控时由列车司机与行车调度进行联控，站控时由列车司机与车站值班员进行联控。如连续多列次列车需进行问路式联控时，行车调度负责在执行作业首班车起及变更进路办理方时，主动通知全线列车司机当前问路式联控对象（进路办理方）；当单列次列车临时发起问路式联控时，由司机主动向行车调度确认当前问路式联控对象（进路办理方）。

4）标准用语

【呼叫人】列车司机：××站×行××次列车，运行方向为××站，道岔位置正确，发车条件具备，请求发车。

【被呼叫人】行车调度［车站值班员］：××站×行××次列车，运行方向为××站，进路正确，信号正确，允许发车。

联控用语中××站为相应列车开行的终点站站名，4号线列车为列车开行方向的下一站站名，小交路开往折返线列车为折返站站名。

4. 联控作业标准用语的相关规定

（1）呼叫人在呼叫被呼叫人时，须在标准用语前增加"××呼叫"，如"行调呼叫""司机呼叫""××站呼叫"等。

（2）［　］内的字根据实际情况选择使用。

（3）遇数字"0""1""2""7"须读"dong（洞）""yao（幺）""liang（两）""guai（拐）"。

3.2 停车场行车组织

3.2.1 停车场概述

1. 停车场的定义

所谓城市轨道交通停车场，是指用于列车停放、检修、调试或其他各类用途的基地，它包括各种线路和用房，通常每一条城市轨道交通线路至少设一个停车场（见图3—6）。

图 3—6　停车场

2. 停车场的组成

停车场总体上分为三个部分：咽喉部分、线路部分和车库部分。

（1）咽喉部分。咽喉部分是停车场的停车库与正线连接的地段，由出入段线和道岔组成。咽喉部分在规划中既要保证主要的行车安全，满足输送、接受能力的需要，又要保证必要的平行作业，还要努力缩短咽喉区的长度，尽量节省用地。

（2）线路部分。停车场的线路部分应包括出入段线、停车线、列检线、洗车线、牵出线、试车线、静调线、救援线和联络线等。线路的配置应满足各种生产功能的要求，避免列车或车辆在场内的迂回走行或互相干扰。因各种原因，有些小型车场未设置试车线、牵出线。

（3）车库部分。车库部分包括停车库、工程车库和检修库。停车库用于列车停放及日常检修保养。工程车库用于工程车辆停放及检查。检修库用于车辆维修。车库的规模，既与保有的列车数有关，也与车辆检修制度及检修修程有关。

3.2.2　停车场行车作业

1. 接发列车作业

（1）接发列车作业的指挥系统。接发列车作业的指挥系统由运营调度员、运转值班员及信号楼值班员（值班员岗位、信号员岗位）组成。

（2）接发列车的一般规定

1）停止影响接发列车的调车作业的规定

①原则上接发列车作业开始前 15 min 停止一切影响接发列车作业的调车作业。

②若遇非图定列车时，车场值班员（行车）接到运转值班员接发列车通知后，应立即停止一切影响接发列车作业的调车作业。

2）确认接车进路空闲的作业规定

①车场值班员（行车）应先检查《车场检修施工登记簿》，确认接车进路范围内无影响接发列车的施工作业。

②联锁设备正常时，车场值班员（行车）应通过相关联锁设备显示的进路空闲光带确认。联锁设备故障时，应通过人工方式确认进路空闲情况。

3）接发列车进路准备时机的作业规定

①接车时，不迟于列车到达前 5 min 办妥接车进路。

②发车时，不迟于列车出发前 2 min 办妥发车进路、开放信号。

4）确认接发列车进路的作业规定

①联锁设备正常时，车场值班员（行车）应通过相关联锁设备的显示进行确认。

②联锁设备故障时，车场值班员（行车）应布置胜任人员进行现场确认。

5）信号开闭时机和确认信号状态的作业规定

①接车时，不迟于列车到达前 5 min 开放入场信号。当列车越过入场信号机后，关闭信号。

②发车时，提前 2 min 开放出场信号。当列车越过出场信号机后，关闭信号。

6）确认信号状态的作业规则。联锁设备正常时，车场值班员（行车）应通过联锁设备的显示进行确认。

7）列车到发点记点的作业规定

①车场列车发点应以列车头部越出出场信号机为准。

②车场列车到点应以列车实际在场内相应接车股道停稳为准。

2. 调车作业

（1）调车作业计划管理。调车作业计划管理包括计划申请、计划审批、计划编制、计划下达及计划取消、变更。

1）计划申请。配合检修施工的调车作业需求或运营公司的调车作业需求，由申请单位的作业负责人向车场值班员（设备）提出申请。

2）计划审批。车场值班员（设备）确认设施设备条件，并批复，由车场值班员（行车）编制调车计划。计划审批确认事项：调动车辆的状态（包括动力车和非动力车）；参与调车作业司机对本站场的熟悉程度，必要时应派胜任人员随车引导；本次调车作业需经过线路的设施设备情况（包括线路施工情况、接触网情况等）。

3）计划编制。车场值班员（行车）必须根据调车申请方书面申请的相关内容编制调车计划，并规范填写《调车作业计划通知单》（见图3—7）。

调车作业计划通知单				
申请单位填写	申请单位		申请人	联系方式
^	调车需求及限制	填写内容：			
运转值班员填写	通知时间	年　月　日　时　分			
^	审核意见： 签名：			
^	调车作业计划			
^	股道	作业方式	辆数（股道）	备注
^				
^				
^				
^				
^				
^				
^				
^				
^	通知人		受理人	
^	通知时间	年　月　日　时　分			
^	执行时间	日　时　分至　时　分			
注意事项及备注				
完成时间		司机签名		

图3—7　《调车作业计划通知单》

①《调车作业计划通知单》调车作业计划填写说明

"股道"栏应按股道的功能、作用填写，填写规范见表3—4；

"作业方式"栏填写规范见表3—5；

"辆数（股道）"栏应填写车辆数目或者目标股道。

表3—4　　　　　　　　　"股道"栏填写规范

序号	填写内容（符号）	说明
1	检（+数字编号）	表示周月检线
2	定（+数字编号）	表示定修线
3	洗	表示洗车线
4	镟	表示镟轮库线
5	牵（+数字编号）	表示牵出线
6	库（+股道编号）A/B	表示停车库××道A端或B端
7	平	表示平板线
8	材	表示材料线

表3—5　　　　　　　　　作业方式填写规范

序号	填写内容（符号）	说明
1	+	表示"挂车"
2	-	表示"摘车"
3	→	表示"转至"
4	○	表示"机车转头"
5	◎	表示"车辆换端"
6	>	表示"折返"

"备注"栏可填写需要备注的事项，如出库、经由线路、待命、电动列车车号、工程列车型号等。

②调车作业计划编制规则。每个调车作业需求对应一个调车作业计划，严禁一个调车作业计划完成两个及以上的调车作业需求。在确保行车安全的前提下，应提高调车作业效率，以最少的作业钩数，最短的调车行程，完成相应的调车作业需求。

4）调车作业计划的下达。调车计划编制完毕，将《调车作业计划通知单》及时下达至车场值班员（行车）、调车负责人。若遇电动列车调动时，车场值班员（行车）必须将相关动车凭证（如相关列车车牌）一起交付调车负责人。调车完毕，将动车凭证交回车场值班员（行车）。车场值班员（行车）须确保所有参与调车作业的人员持有《调车作业计划通知单》。《调车作业计划通知单》下达方式分为书面传递和电话通知。设有传真设备可传真下达计划。以电话通知方式下达的计划，调车负责人在作业实施前必须与车场值班员（行车）核对该计划，确保计划内容一致。调车负责人接到调车作业计划后，应立即向其他调车人员传达、布置调车作业计划。工程列车作为动力车辆，调车负责人为调车员；电动列车作为动力车辆，调车负责人为电动列车司机。两名及以上电动列车司机参与调车作业，由车场值班员（行车）指定一名为调车负责人。

5）调车作业计划的取消、变更。严禁调车负责人及相关人员擅自变更计划。如需变更时，必须由调车负责人向车场值班员（行车）提出申请，经车场值班员（行车）同意后方可重新布置调车作业计划。车场值班员（行车）应根据计划申请方的要求及实际情况取消计划。计划取消前，车场值班员（行车）必须通知作业人员停止相关调车作业，并确保所有作业人员知晓。

（2）调车作业一般规定

1）场内调车作业规则

①接发列车作业开始前 15 min 必须停止一切影响接发列车作业的调车作业。

②车场值班员（行车）应合理编制调车作业计划，减少不必要的调车作业。

③调车作业人员必须严格按调车作业计划执行，严禁擅自更改调车作业计划。

④调车作业中，单机运行或连挂车辆牵引运行时，前方进路由列车司机负责确认；连挂车辆推进运行时，前方进路由调车指挥人负责确认，调车指挥人必须与司机做好联控作业，确保行车安全。

⑤车场值班员（行车）必须严格按调车作业计划排列进路、开放信号，严禁擅自取消、关闭已开放的进路和信号。

⑥车场值班员（行车）必须办理全进路调车，严禁办理短进路调车。原则上严禁办理分段进路，遇特殊情况需分段办理进路时，必须由远至近排列，且车场值班员（行车）须提前通知司机。

⑦列车司机必须严格按调车信号的显示要求进行调车作业。作业过程中，若遇信号显示不明，应立即停车。

⑧列车进入牵出线等折返线路后，必须在规定位置停车，同时与车场值班员（行车）确认停车位置。

⑨若采用"电话通知"方式布置调车作业计划，计划执行前调车指挥人必须与车场值班员（行车）核对调车作业计划内容，确保计划内容一致。

2）出入场线作为牵出线的调车作业规则

①出入场线作为牵出线的调车作业须向运营调度员报备。

②进行出入场线作为牵出线调车作业时，严禁列车越过入场信号机（场界）。

③列车接近入场信号机（场界）时（距离入场信号机/场界 10 m），限速 5 km/h。

④严禁在出入场线上停留列车。

⑤若遇出入场线设置在坡道时，应预留有效的安全距离，并做好防溜措施。

3）越出场界调车作业规则

①越出场界调车须经过运营调度员的准许。

②越出场界调车，须与领站办理越出场界调车手续，使用电话闭塞法封闭区间。调车作业完成后应按取消闭塞手续解除区间封闭。

4）压信号调车作业规则

①压信号调车时，由调车指挥人向信号楼值班员申请原路折返。

②信号楼值班员接到原路折返申请后，办妥返回进路（单锁道岔准备进路，开放返回进路中可开放的调车信号），然后指挥列车返回。

③列车返回过程中，在无信号区段，必须在每副道岔前停车确认道岔位置。

5）无线电调车作业指挥规则

①调车作业开始前，调车指挥人必须确认无线通信设备良好。

②使用无线通信设备指挥调车时，必须遵循"单一指挥"的原则。指挥列车的调车指令和用语必须由调车指挥人发出。若遇危及行车安全的情况时，其他调车人员有权随时发出停车信号或叫停列车。

③列车司机收到停车信号或叫停列车命令后必须立即停车，停车后相关人员应立即报告原因。原因未明了、危险未解除，调车指挥人不得指示动车。

④使用无线通信设备指挥调车时，必须及时正确、用语标准、吐字清晰，不得用无线通信设备做与工作无关的事情。

⑤无线通信设备故障时，必须立即停止调车作业，待故障修复或更换无线通信设备后，方可恢复调车作业。紧急情况下可采用其他安全的通信方式（移动电话）将列车调至指定位置。

（3）调车作业组织。调车作业流程如图3—8所示。

3．试车作业

（1）试车线主要行车标志及定义

1）终端红牌。试车线两端尽头已设置阻挡信号机的，则阻挡信号机作为试车线终端；若试车线两端尽头无阻挡信号机，则应在试车线两端尽头挡车器（固定阻挡）前侧的线路中央安装终端红牌，作为试车线的终端。终端红牌，按集团《试车线行车标志通用技术要求》的标准安装。

2）列车停车位置标。用于无ATP保护列车在试车线试验的停车对位，按集团《试车线行车标志通用技术要求》的标准安装；虚拟列车停车位置标，用于ATP保护列车在试车线试验的停车对位，按信号系统的技术标准安装。

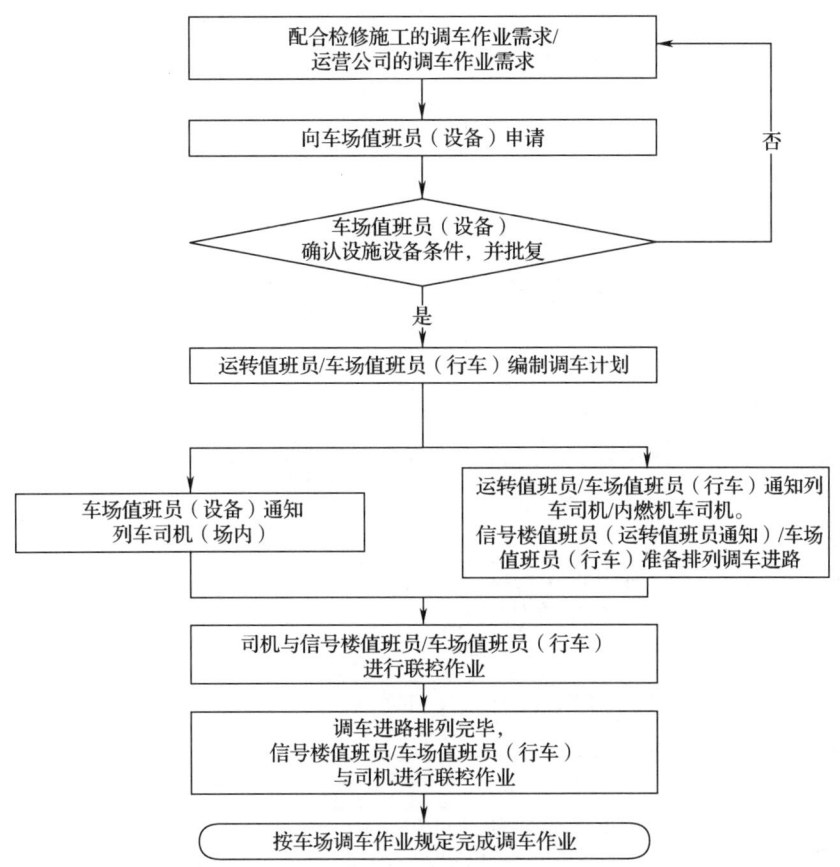

图 3—8　调车作业流程

3）试车线距离预告标。试车线距离预告标在试车线两端分别设立，用于提示试车司机试验列车距试车线终端"列车停车位置标"的距离，按集团《试车线行车标志通用技术要求》的标准安装。

①预告标 1（一条杠）：设置于距试车线终端的"列车停车位置标"100 m 处。

②预告标 2（二条杠）：设置于距试车线终端的"列车停车位置标"200 m 处。

③预告标 3（三条杠）：设置于距试车线终端的"列车停车位置标"300 m 处。

（2）试车作业流程。试车作业流程如图 3—9 所示。

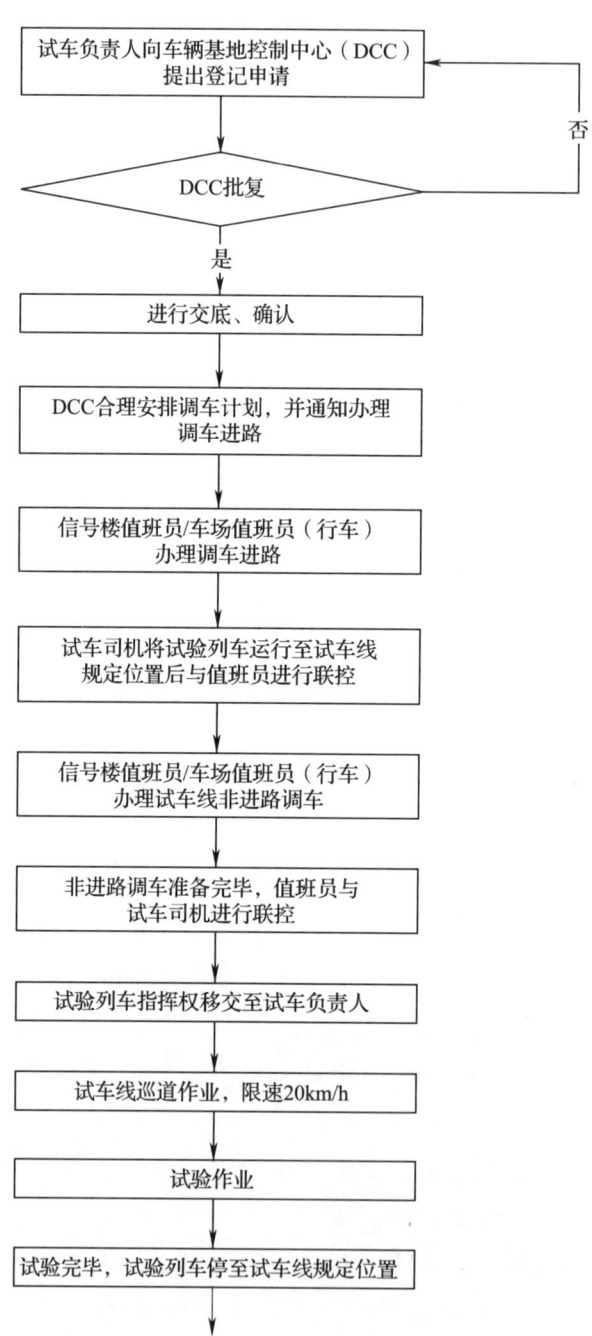

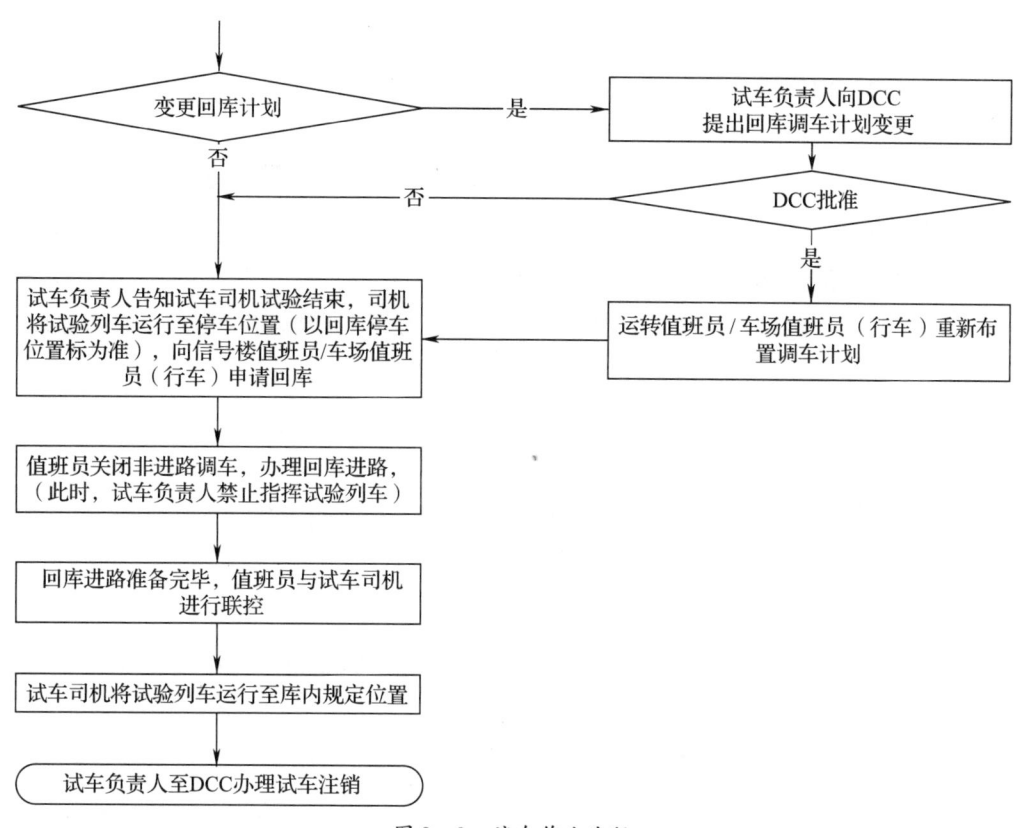

图 3—9 试车作业流程

3.2.3 停车场施工作业管理

1. 停车场的区域

（1）停车场线路区域管界。线路两侧以隔离护栏、围墙为界线，无隔离护栏、围墙的，则以轨道中心线两侧 3 m 为界；终端以线路尽头为界线。检修库（线）、镟轮库、洗车库、内燃机车库的内外线路，以联锁分界点的调车信号机为界。联锁分界点的调车信号机外方一侧线路区域由维保车辆管理，内方一侧线路区域由运营公司管理。维保车辆管理线路区域内信号、联锁设备施工检修过程中，对运营公司所辖区域行车设备正常使用造成影响的，应同时报运营公司登记管理。并列布置多个场/段的基地，原则上以联锁分界点为界。出入段线以入场信号机为界，转换轨纳入正线轨行区管理。入场信号机外方一侧线路区域纳入正线轨行区管理，内方一侧线路区域由运营公司管理。

（2）停车场生产、生活用房管界。段场内除停车场线路区域管界的区域称之为停车场生产、生活用房管界。其中，检修库（线）、镟轮库、洗车库、内燃机车库的库内线路区域由车辆公司负责管理；除检修库（线）、镟轮库、洗车库、内燃机车库的库内线路区域外，其他线路区域由运营公司乘务部负责管理；信号楼、设备用房、生产管理用房（库）、办公用房等建筑物内由实际使用单位负责管理；公共区域由物资和后勤公司负责管理。

2. 停车场施工的分类

停车场施工包括线路区域封锁施工、线路区域不封锁施工、车上检修作业以及生产、生活用房等建筑物内施工等。

技能要求

ATC 设备操作——中心故障的处置

操作背景

上海火车站发生中心故障，中央发现无法对 ATC 设备进行操作，如图 3—10 所示，红光带表示列车。

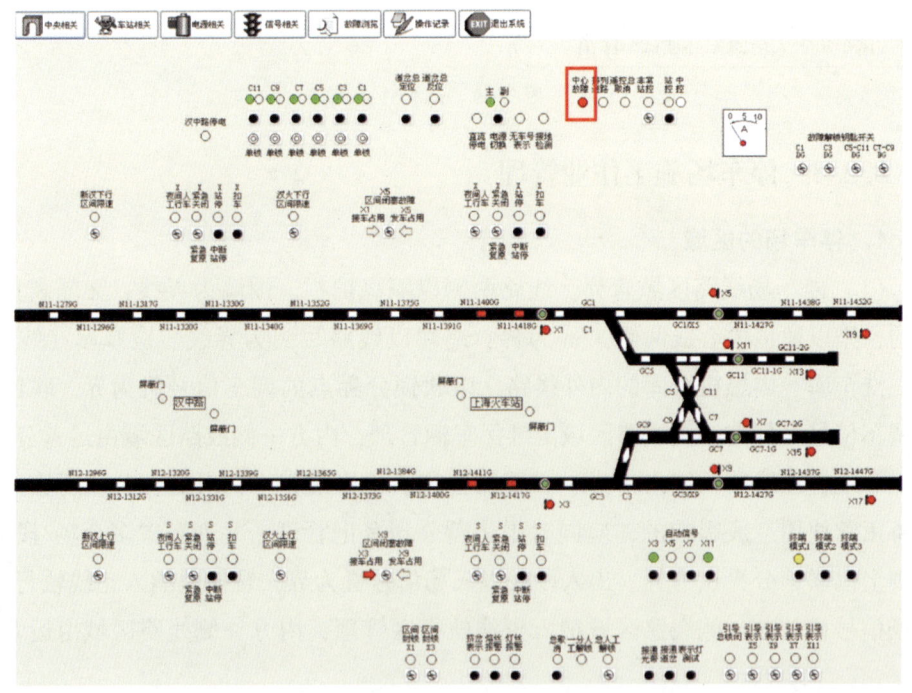

图 3—10　中心故障

操作步骤

步骤 1　当出现紧急情况时中央故障灯亮（红色）、电铃鸣响，上海火车站进行紧急站控操作，值班员转动非常站控钥匙（非自复式），中央故障红灯亮、电铃停鸣、非常站控红灯亮、站控黄灯稳定，如图 3—11 所示。

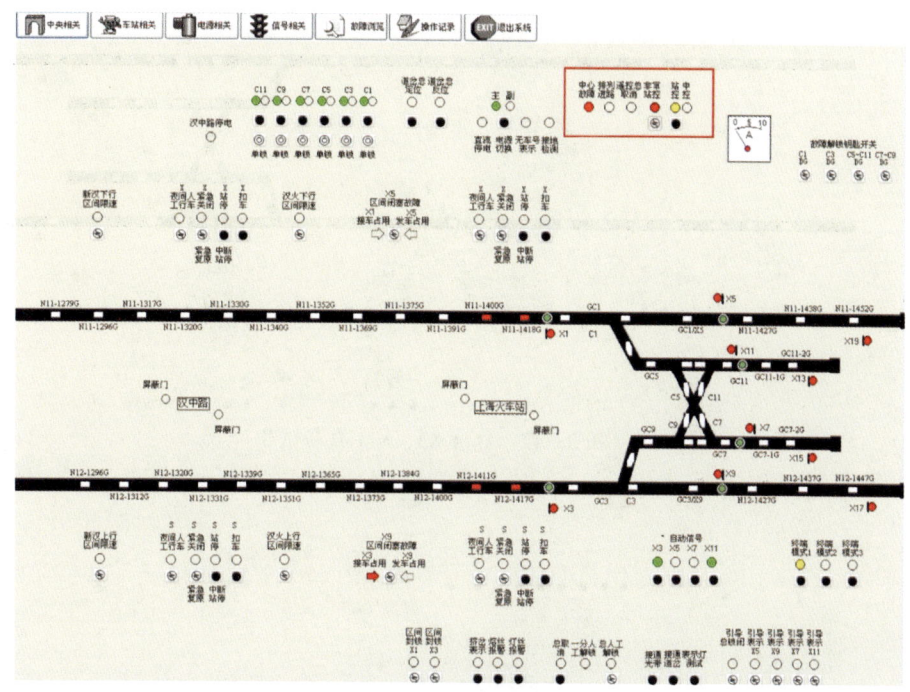

图 3—11　紧急站控

步骤 2　同时按下总取消及 X3、X11 的自动信号按钮，取消 X3、X11 自动信号功能，如图 3—12 所示。

步骤 3　先后按压始端 X3 信号机及终端 X11 信号机按钮，手动排列上行接车进路，如图 3—13 所示。

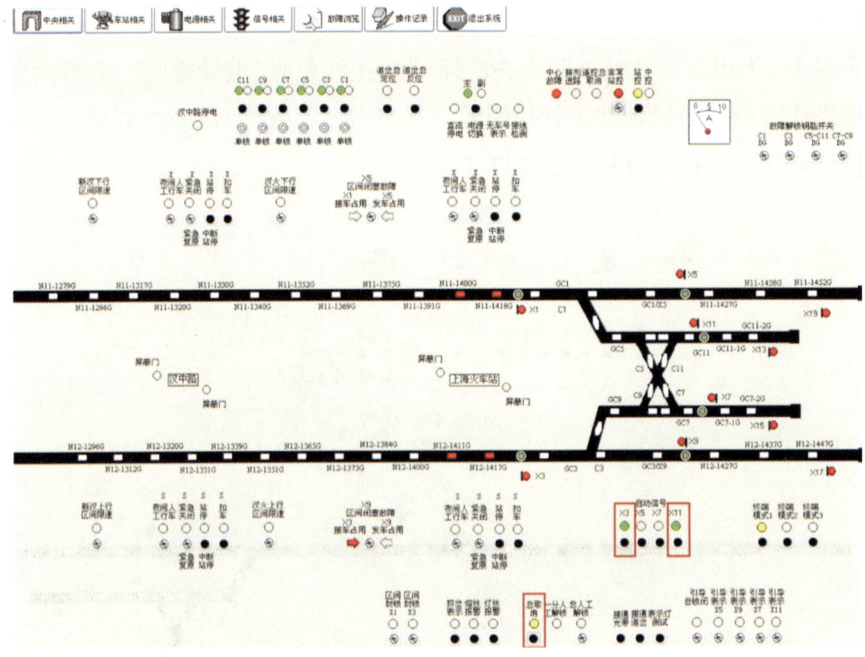

图 3—12 取消 X3、X11 自动信号

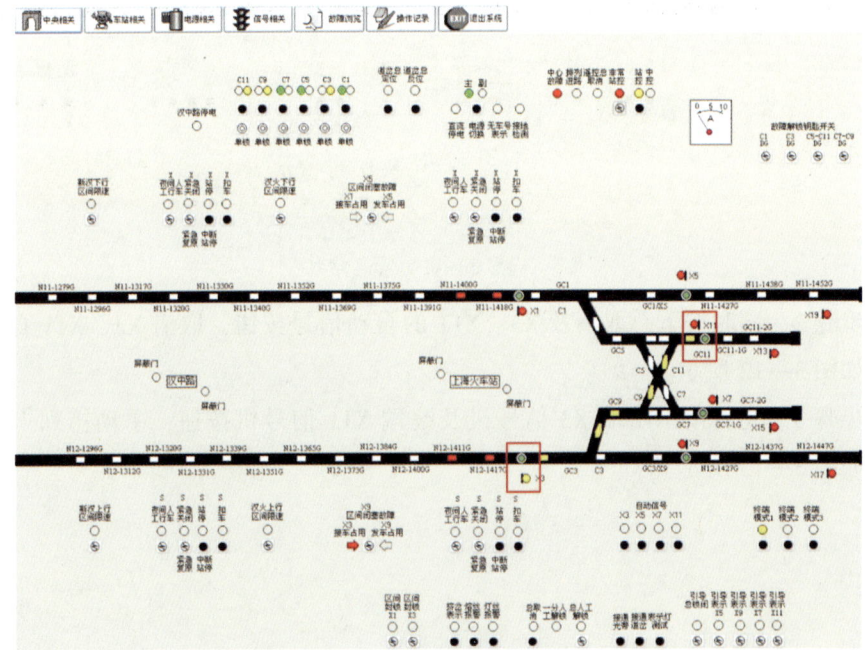

图 3—13 排列上行接车进路

步骤 4 先后按压始端 X11、末端 X1 按钮排列下行发车进路,如图 3—14 所示。

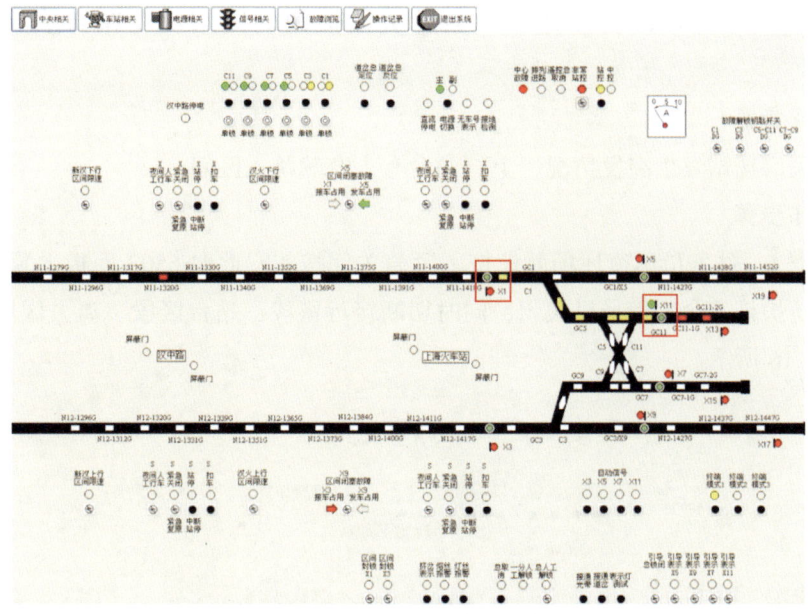

图 3—14 排列下行发车进路

步骤 5 中心故障消除后，中心故障灯灭、电铃鸣响，值班员将非常站控钥匙复位，电铃停鸣、非常站控灯灭、站控黄灯稳定、遥控白灯闪烁。中央根据需要，确认车站控制状态，如图 3—15 所示。

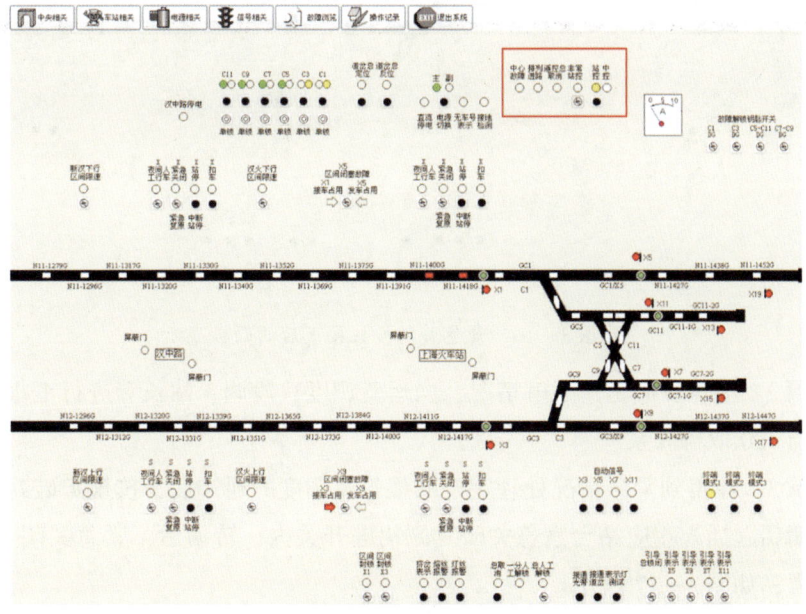

图 3—15 取消紧急站控

ATC 设备操作——紧急关闭按钮的使用及复原方法

操作背景

人民广场站发生突发情况，上行站台有人突然跳入区间。

操作步骤

步骤1　站务员迅速现场就地按下紧急关闭按钮，此时 6502 面板上紧急关闭红灯点亮，防护该站台的信号机关闭，同时切断接近区段、站台区段、离去区段的速度码，如图 3—16 所示。

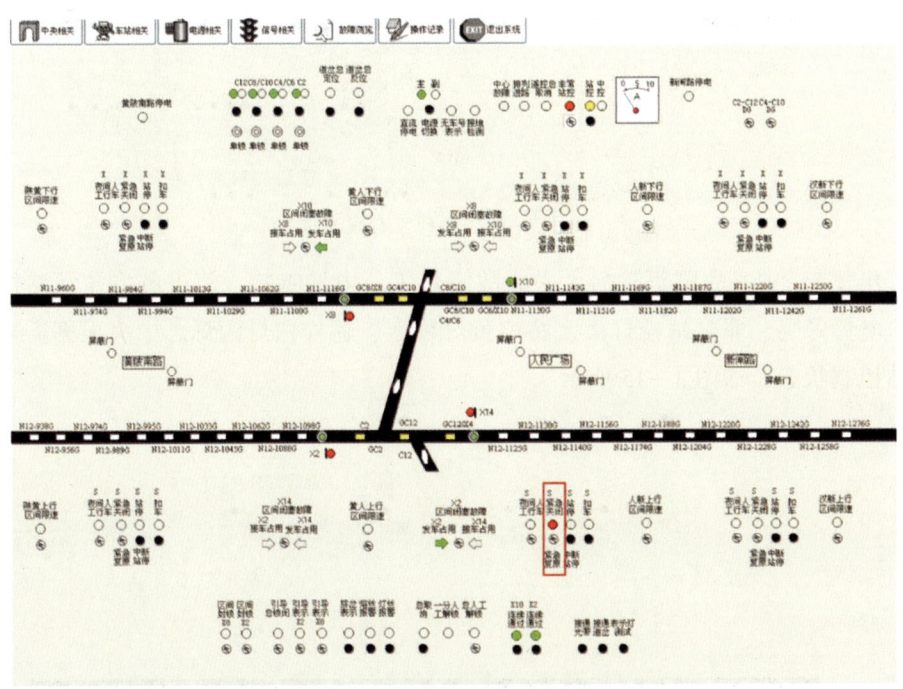

图 3—16　紧急关闭按钮按下后的面板显示

步骤2　值班员应迅速了解情况，向运营调度、段调、站长等进行汇报，有必要的话及时与 120 取得联系。

步骤3　在得到紧急情况处理完毕的报告及调度的通知后，按规定破封，将相应的紧急关闭钥匙插入相应站台紧急关闭复原钥匙开关内，转动后，紧急关闭表示灯灭灯，恢复正常，如图 3—17 所示。

步骤4　点击 X2 信号机按钮，重开信号，如图 3—18 所示。

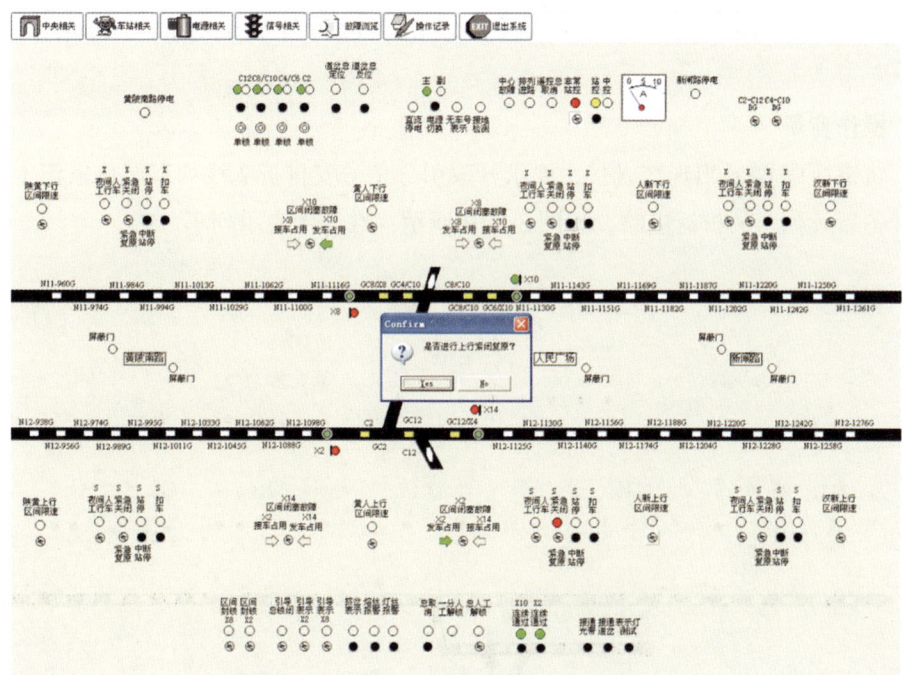

图 3—17 转动紧急关闭钥匙

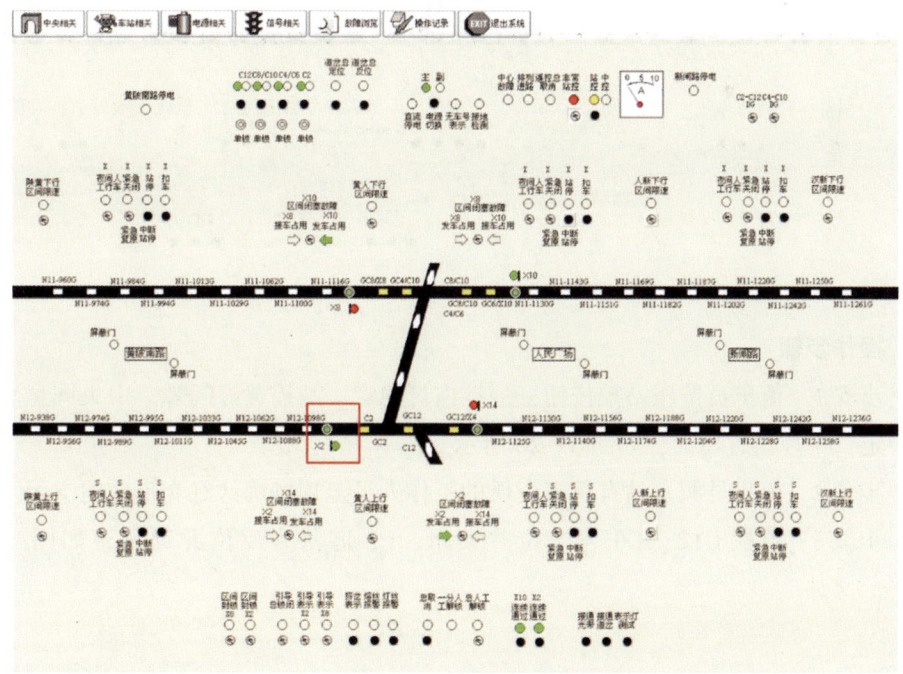

图 3—18 信号重开

ATC 设备操作——在 ATC 设备上进行开放引导信号的操作

操作背景

轨道区段 GC6 出现红光带,要求开放引导信号安排折 2 线列车至徐家汇上行站台,并准备后续列车的折返进路,如图 3—19 所示,红光带表示列车。

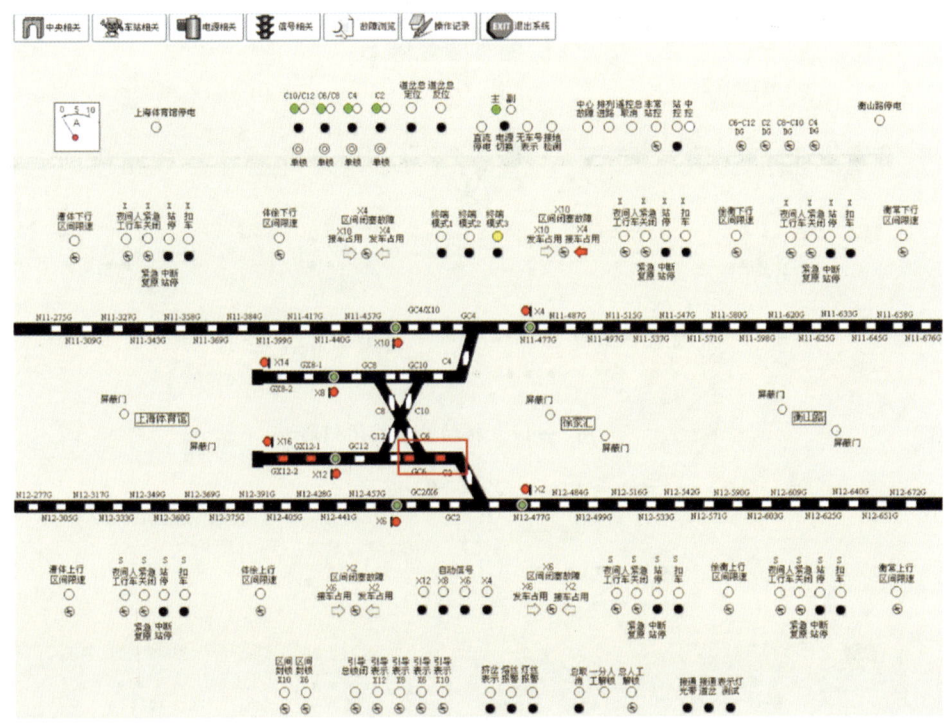

图 3—19　轨道区段 GC6 出现红光带

操作步骤

步骤 1　值班员按压站控按钮,遥控白灯稳定、站控黄灯闪烁。中央同意后站控黄灯稳定,中控白灯熄灭,如图 3—20 所示。

步骤 2　值班员派车站有行车资质的工作人员至现场确认红光带区间空闲。

步骤 3　单操 C12、C6 为定位并锁闭,C2 道岔为反位并锁闭,如图 3—21 所示。

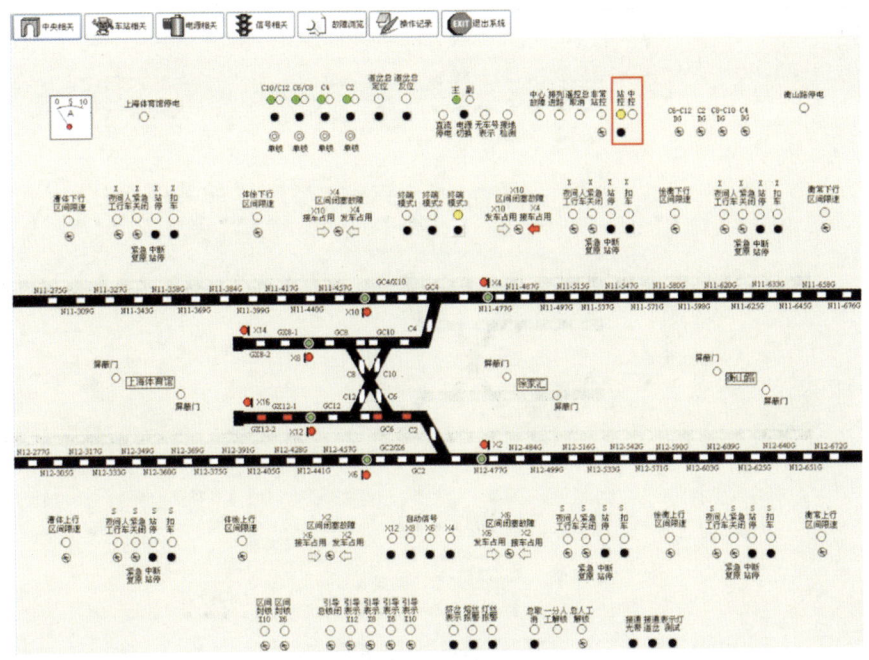

图 3—20 中控转站控

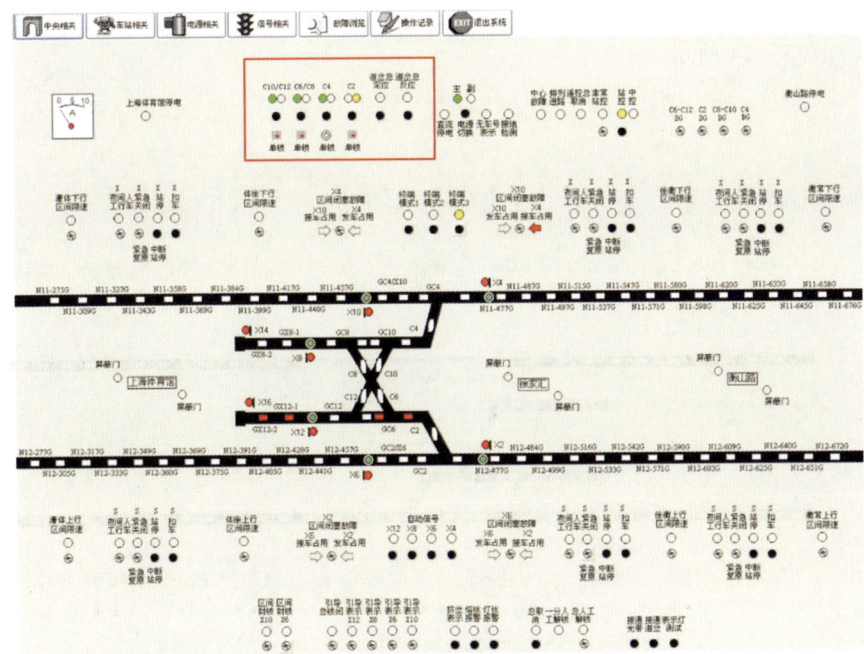

图 3—21 将道岔单操至相应位置并锁闭

步骤 4 接通光带进行线路测试，如图 3—22 所示。

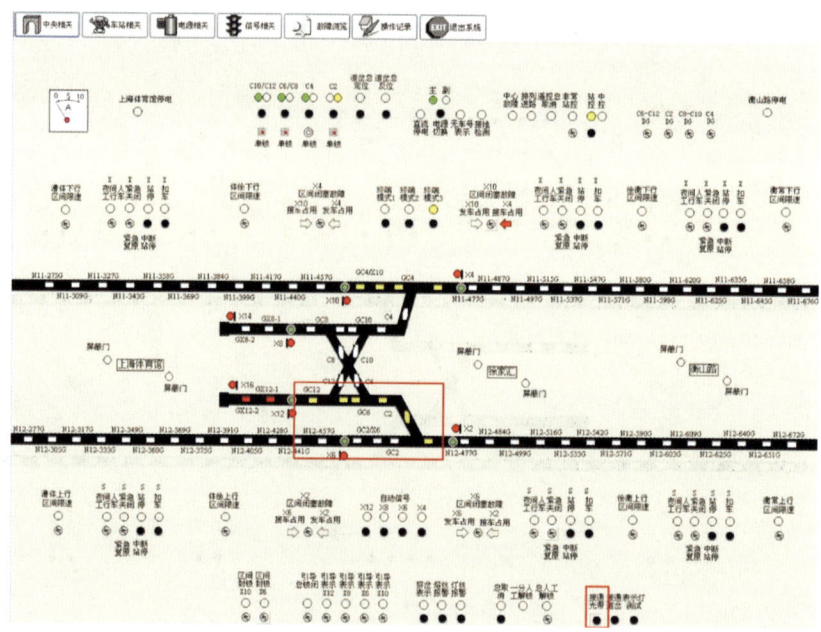

图 3—22 接通光带测试

步骤 5 转动 X12 信号机的引导信号钥匙开关，开放 X12 的引导信号功能，如图 3—23、图 3—24 所示。

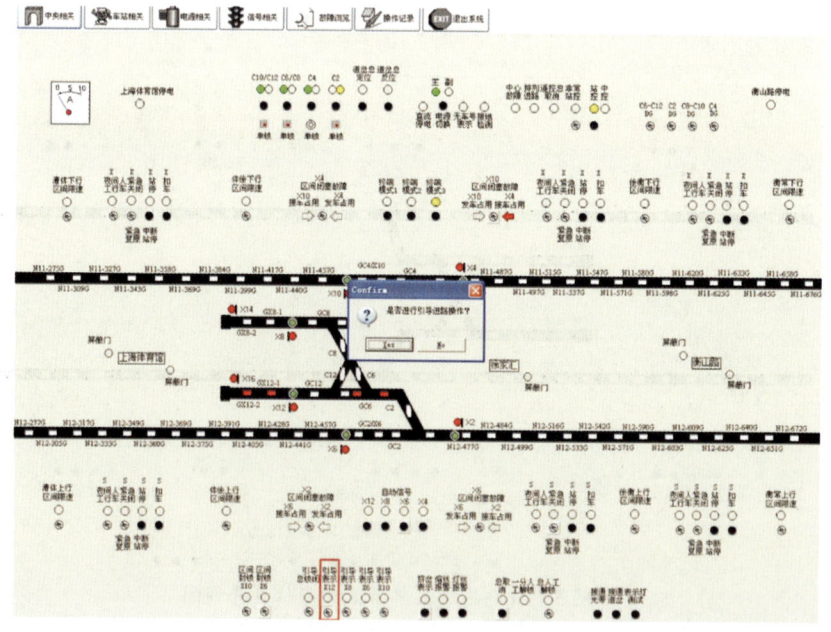

图 3—23 转动引导信号钥匙开关

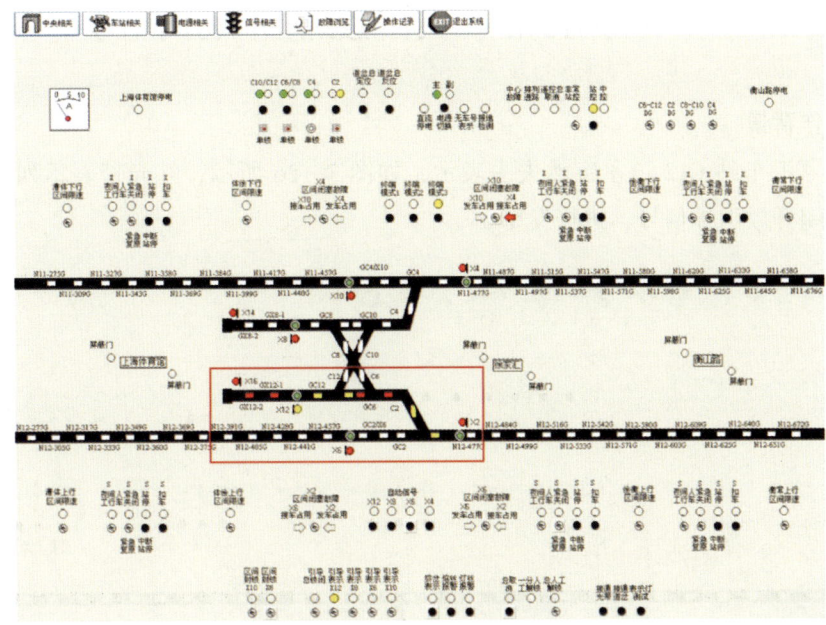

图 3—24 引导信号开放

步骤6 待确认列车出清区段后,值班员按压总取消接按钮及 X12 信号机按钮,解除引导信号,如图 3—25 所示。

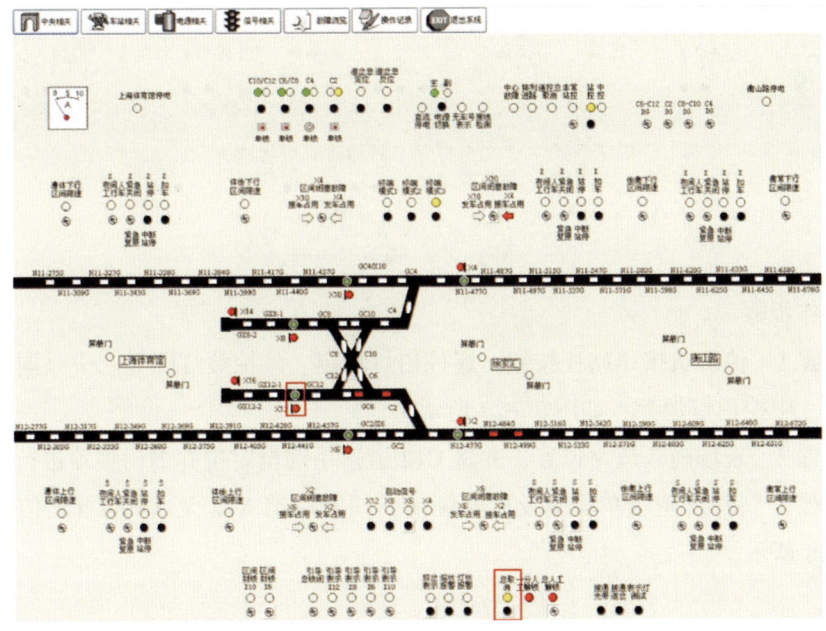

图 3—25 取消引导信号

ATC 设备操作——引导总锁闭开放引导信号

操作背景

徐家汇车站 C12 道岔突然失去表示，如图 3—26 所示，红光带表示列车。利用引导总锁闭开放引导信号，进行发车。

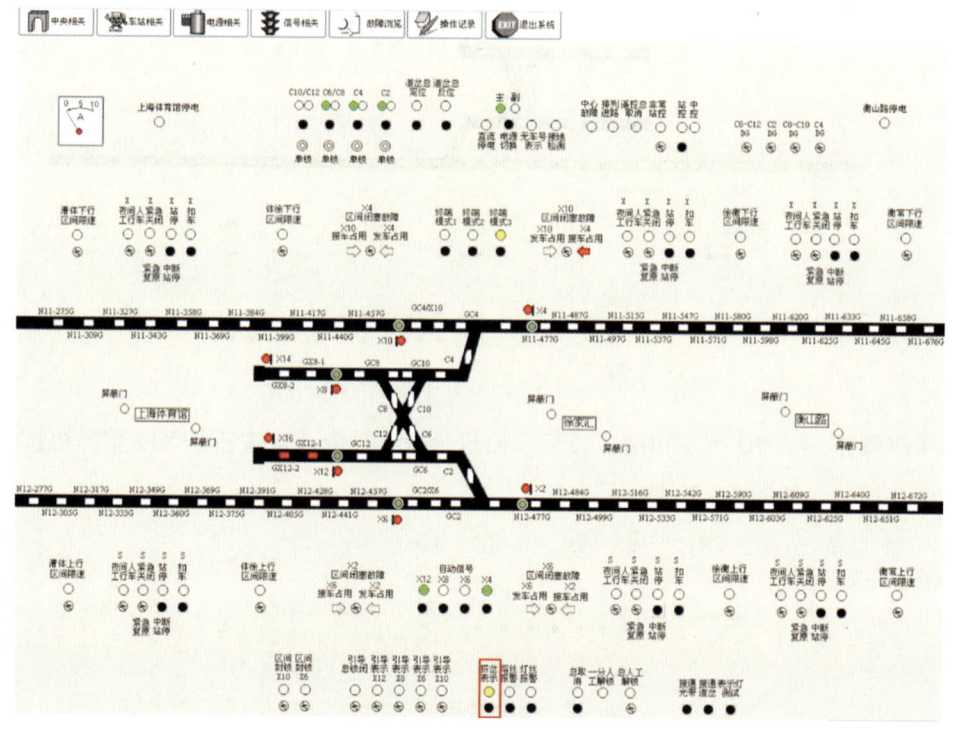

图 3—26　面板显示情况

操作步骤

步骤 1　值班员按压站控按钮，遥控白灯稳定、站控黄灯闪烁。中央同意后站控黄灯稳定，中控白灯熄灭，如图 3—27 所示。

步骤 2　现场确认道岔位置，并将 C12 道岔手摇至定位并加钩锁器进行锁闭。

步骤 3　将 C2 道岔单操至反位并锁闭，同时取消 X12 及 X4 的自动信号功能，如图 3—28 所示。

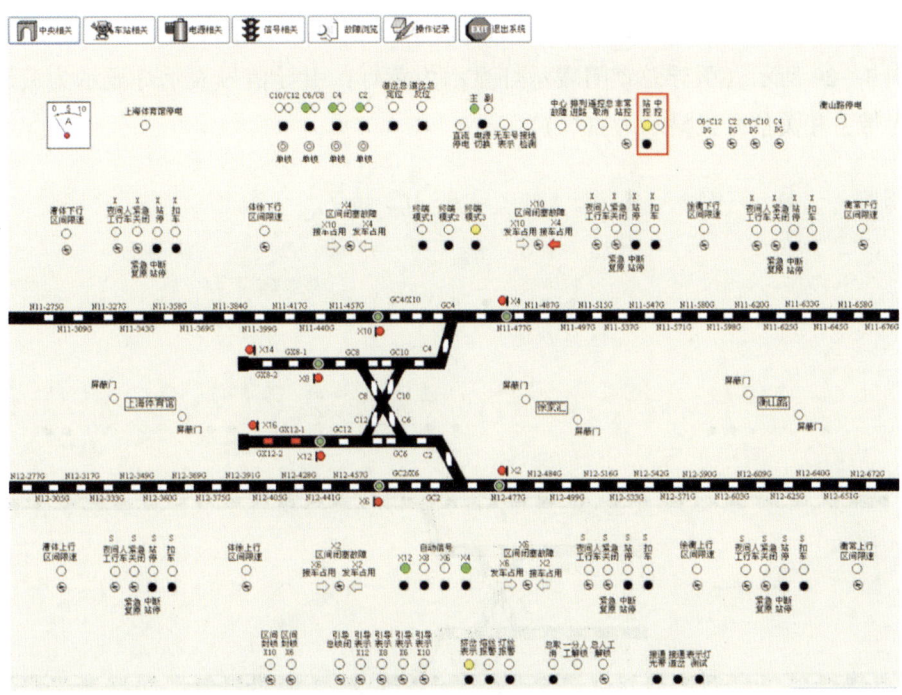

图 3—27 中控转站控

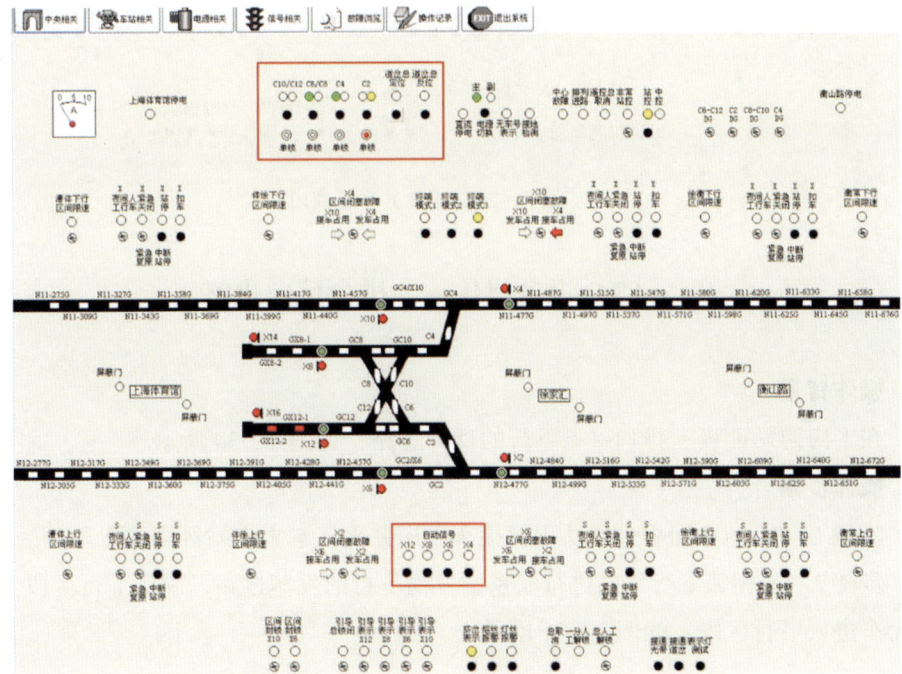

图 3—28 全进路准备

步骤4 转动引导总锁闭钥匙并且转动 X12 信号机引导表示钥匙后引导信号开放，如图 3—29 所示（引导总锁闭表示灯显示为黄灯，引导信号表示灯显示为黄灯，进路无光带，相关信号机显示为白灯）。

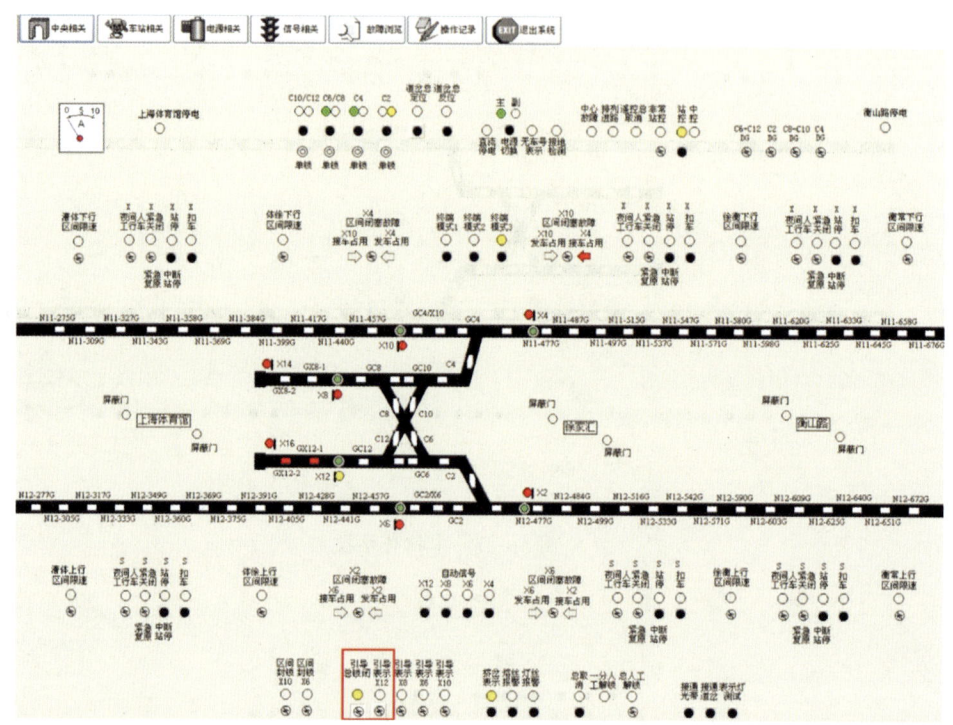

图 3—29 开放引导总锁闭

ATC 设备操作——排列反向进路

操作背景

在上海南站面板上排列一条下行的反向进路，如图 3—30 所示。

操作步骤

步骤1 在 ATC 面板上确认下行接车占用并确认本集中站区段内无车。

步骤2 与相邻下行车站进行联系，取消下行的发车进路，确认下行区段无车并确保无车进入下行区段，如图 3—31 所示。

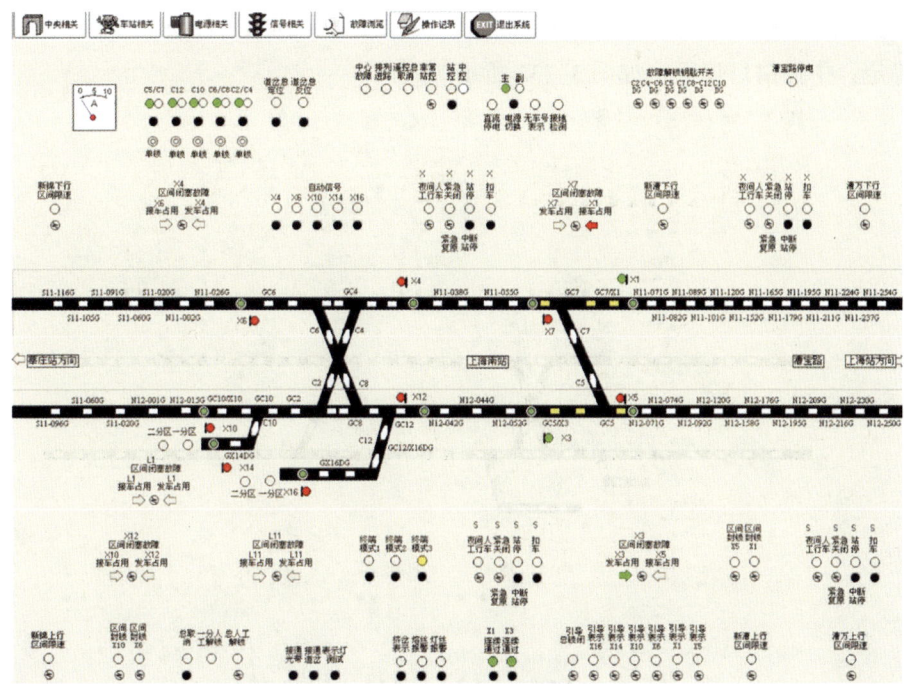

图 3—30　上海南站面板

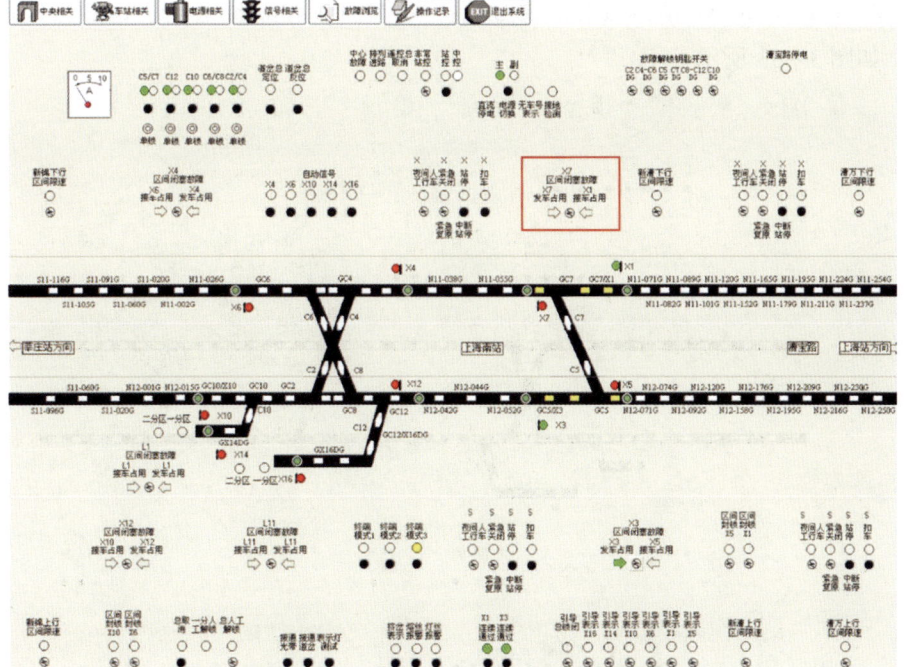

图 3—31　与邻站联系后上海南站的面板情况

步骤3 值班员按压站控按钮,遥控白灯稳定、站控黄灯闪烁。中央同意后站控黄灯稳定,中控白灯熄灭,如图3—32所示。

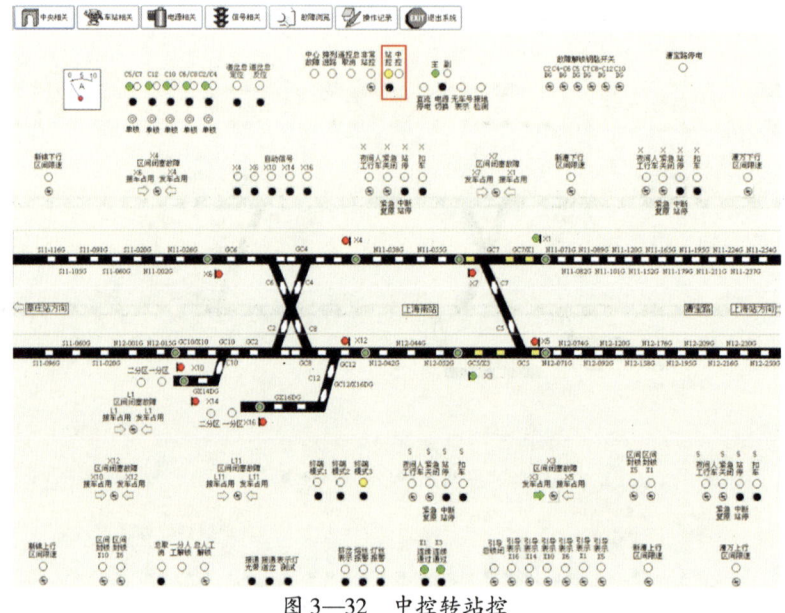

图3—32 中控转站控

步骤4 取消X1信号机的连续通过功能,并按压总取消及X1信号机按钮取消进路,如图3—33所示。

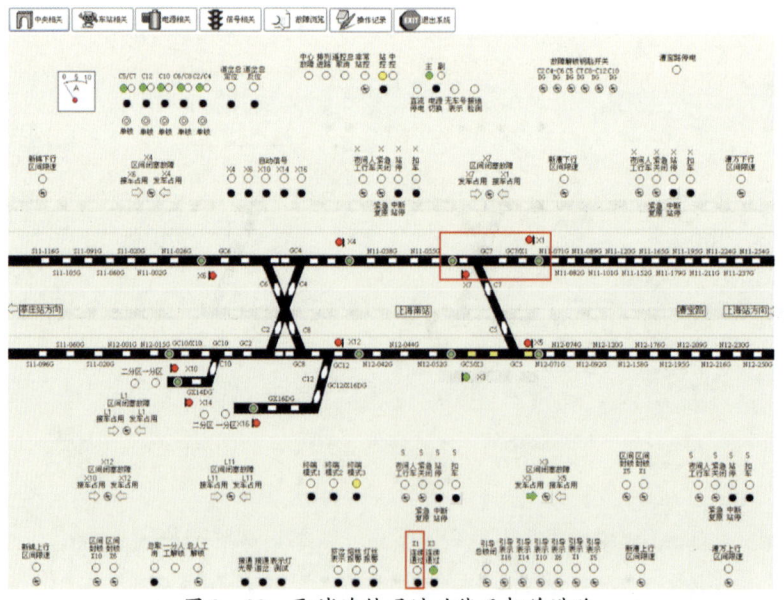

图3—33 取消连续通过功能及相关进路

步骤5　按压 X7（始端信号机按钮）、X1（终端信号机按钮），排列反向进路，如图 3—34 所示。

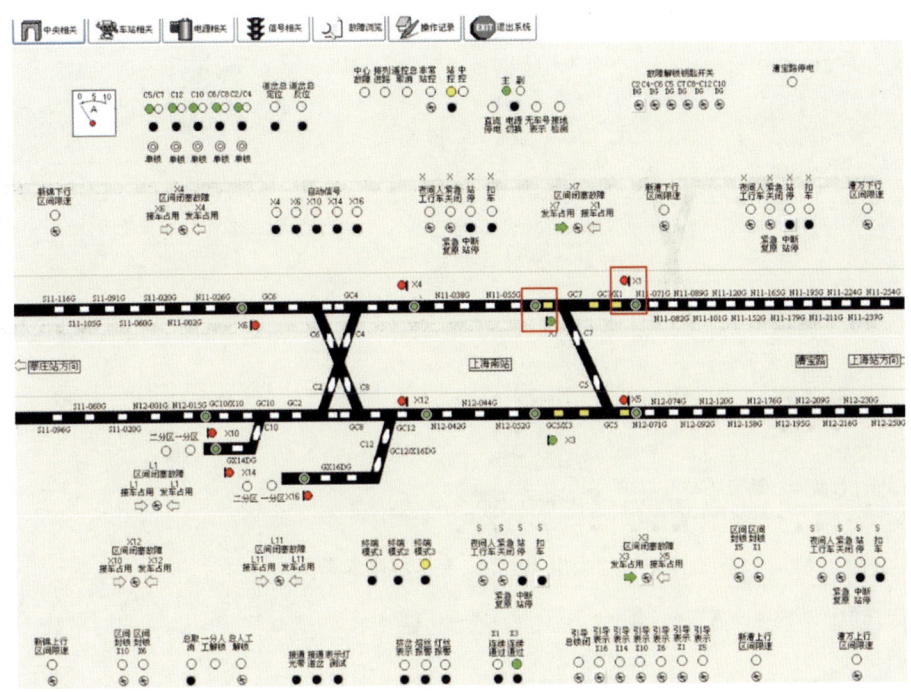

图 3—34　排列反向进路

ATC 设备操作——终端模式转换

操作背景

莘庄站折 3 线 10596 次按时刻表触发折返线至上行站台进路后，列车故障无法动车，如图 3—35 所示，红光带表示列车。行调通知上海火车站车站值班员进行行车组织，确保后续列车能在尽量少人工操作下运行至莘庄站上行。

操作步骤

步骤1　值班员按压站控按钮，遥控白灯稳定、站控黄灯闪烁。中央同意后站控黄灯稳定，中控白灯熄灭，如图 3—36 所示。

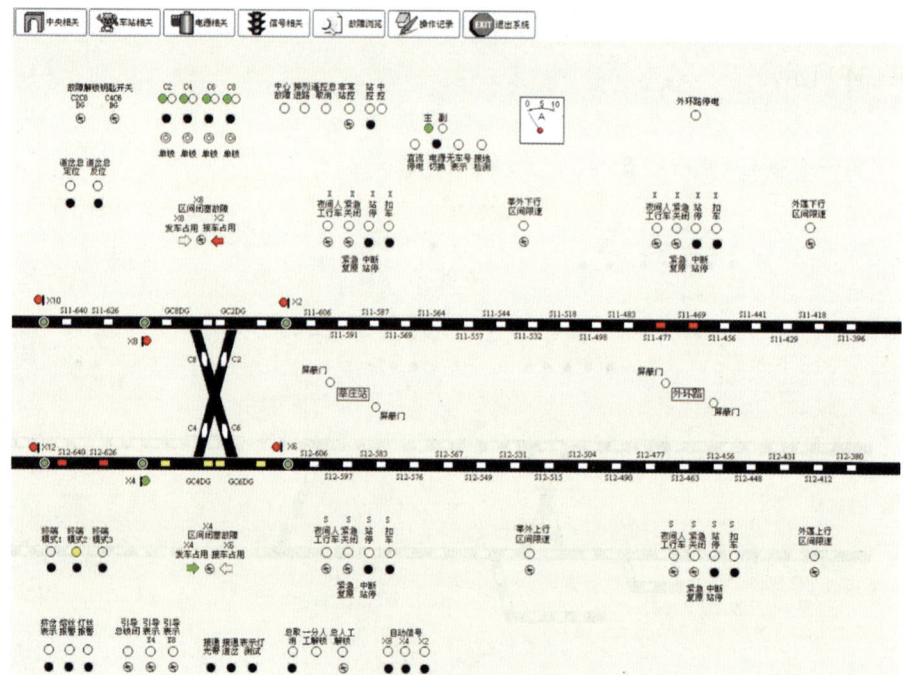

图 3—35 莘庄站面板显示

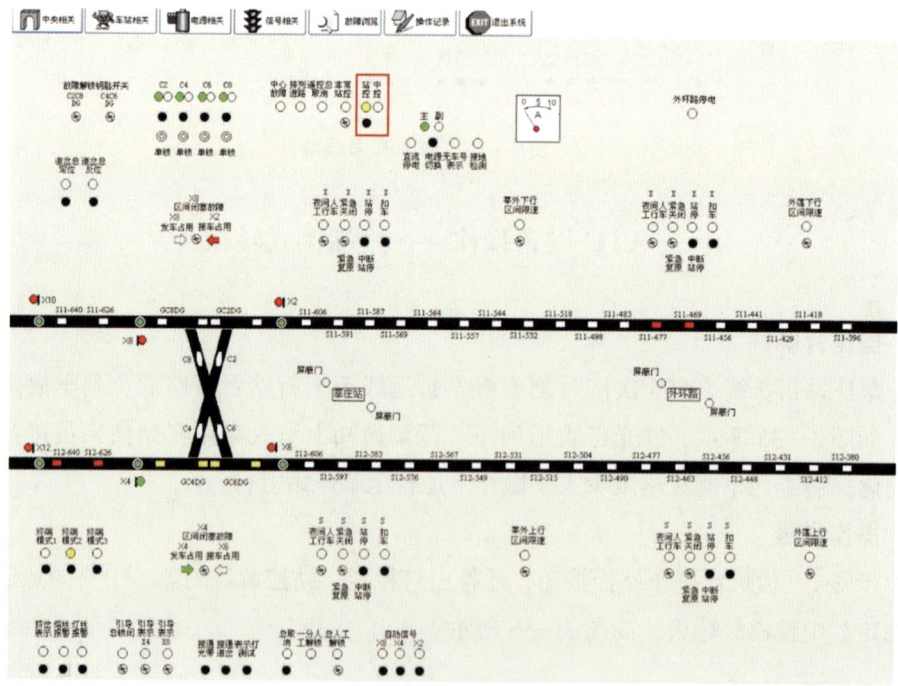

图 3—36 中控转站控

步骤2　值班员同时按压总人工解锁及 X4 信号机按钮解除发车进路，如图 3—37 所示。

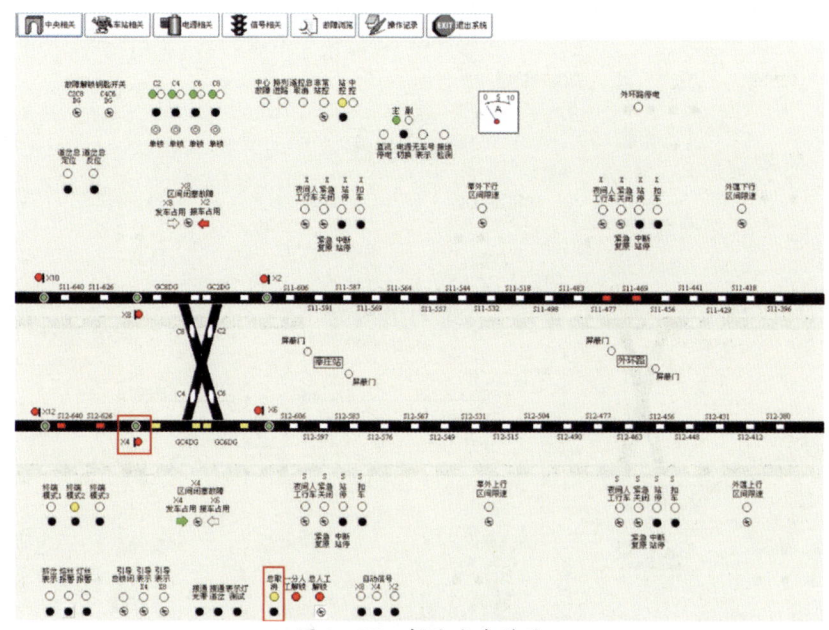

图 3—37　解除发车进路

步骤3　值班员按压终端模式 1 按钮改变终端模式，如图 3—38 所示。

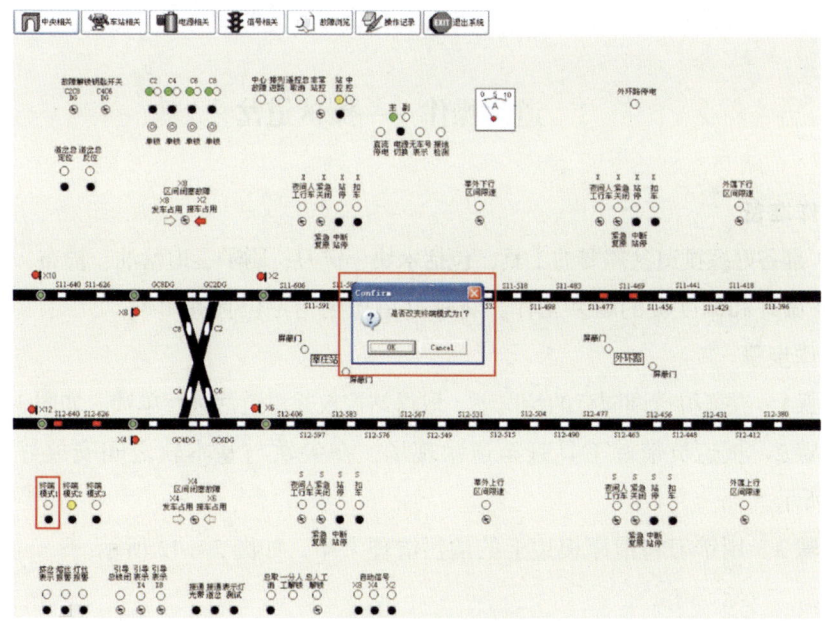

图 3—38　改变终端模式

步骤4 将 X2 信号机设置为自动信号机，如图 3—39 所示。

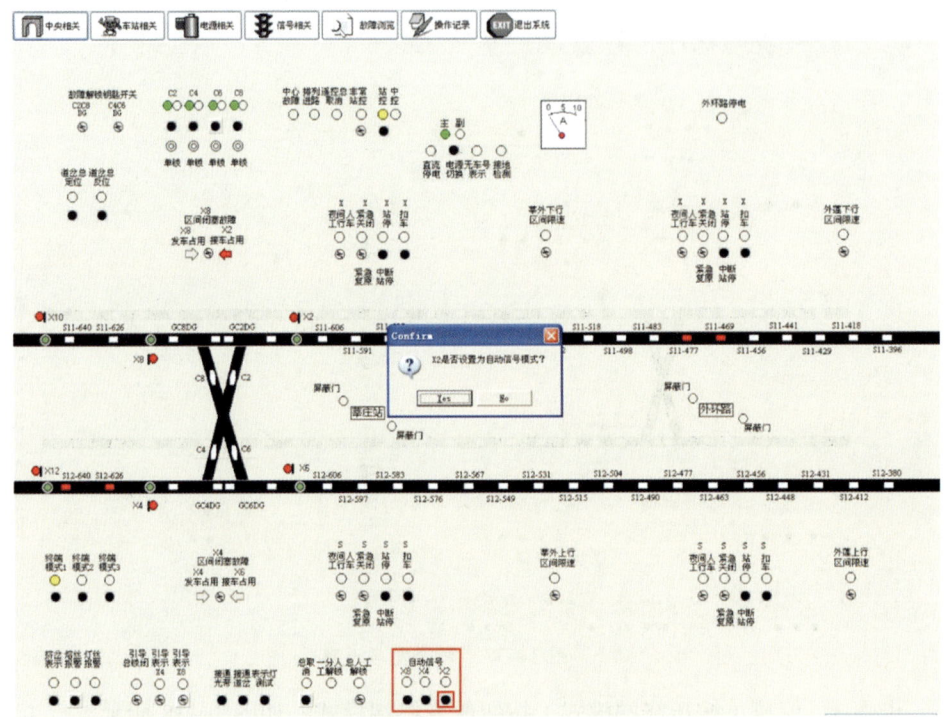

图 3—39 设置 X2 自动信号

道岔操作——擦拭道岔

操作准备

1. 准备好擦拭道岔需要的工具，包括木块、铲刀、刷子、道岔油、棉布、铁砂皮等。
2. 做好和调度员的联系工作，将道岔单操至指定位置并单锁。

操作步骤

步骤1 在征得行调同意的情况下，取得站控权并对道岔进行单锁，如图 3—40 所示。

步骤2 扳道员带好工具赶至道岔现场，在尖轨与基本轨之间安放好垫木，如图 3—41 所示。

步骤3 用铲刀将滑床板边上的油污清理干净，如图 3—42 所示。

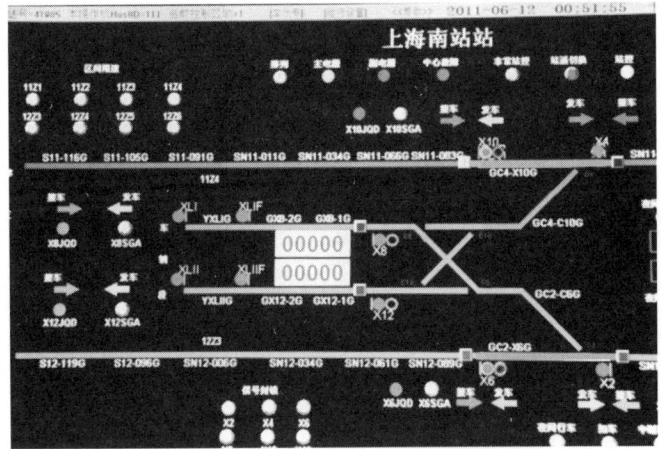

图 3—40 道岔单操并单锁

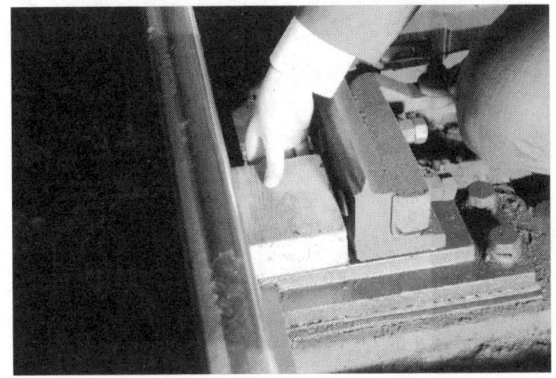

图 3—41 安放垫木

图 3—42 清理污渍

步骤4 用棉布将滑床板上的油污擦干净,如图3—43所示。

图3—43 擦拭滑床板

步骤5 用铁砂皮对滑床板进行打磨,如图3—44所示。

图3—44 打磨滑床板

步骤6 用棉布对滑床板进行清洁。

步骤7 用油壶在滑床板上注上少许道岔油,如图3—45所示。

图3—45 注上少许道岔油

步骤 8　用刷子把油均匀涂开，如图 3—46 所示。

图 3—46　把油均匀涂开

步骤 9　最后取出垫木，整理好工具，离开道岔现场。

步骤 10　行车值班员对道岔进行来回单操，确保充分润滑，如图 3—47 所示。

图 3—47　道岔单操测试

步骤 11　行车值班员对道岔试排进路（单操），如图 3—48 所示。

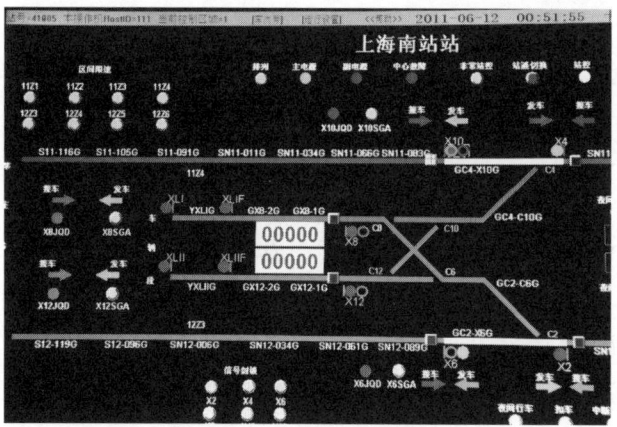

图 3—48　排列进路

步骤12　道岔试验正常后汇报行调交权。

道岔操作——手摇道岔

操作准备

1. 准备好手摇道岔需要的工具，包括套筒、手摇柄、锁头、钥匙、对讲机、信号旗（信号灯）、钩锁器等。

2. 做好和调度员的联系，做好施工准备工作。

操作步骤

步骤1　扳道员携带套筒、手摇柄、锁头及钥匙、对讲机至现场。

步骤2　根据值班员的指令对所需准备进路上的所有道岔位置进行确认。

步骤3　根据行车值班员命令，将所需布置进路上的所有道岔手摇至正确位置，如图3—49所示。

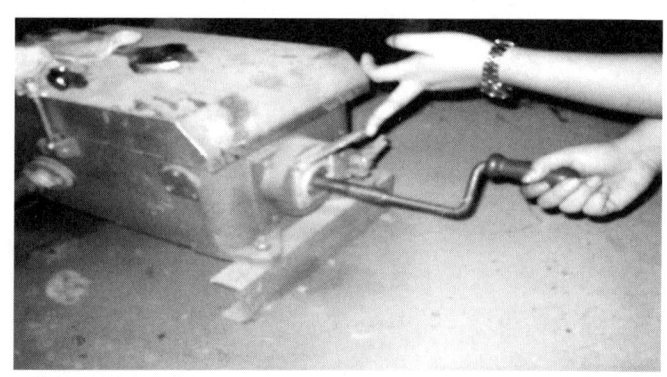

图3—49　手摇道岔

步骤4　听到电动转辙机箱内动接点与静接点接触后发出的"咔嚓"声表示道岔已手摇到位。

步骤5　确认尖轨与基本轨密贴。

步骤6　给手摇到位的道岔加装钩锁器，如图3—50所示。

步骤7　在信号显示地点，面向来车方向，按规定显示调车手信号，确认列车整列到达后，向行车值班员汇报。

图 3—50 加装钩锁器

车站施工管理——延时施工

操作步骤

步骤 1　正常施工开始前保留施工负责人的联系方式。

步骤 2　当正常施工即将结束 20 min 前,通过施工负责人的联系方式,联系施工负责人了解现场施工情况,是否需要延时施工(因特殊情况不能按时完工时,施工负责人应在原定施工截止时间前 20 min 与调度员联系)。

步骤 3　值班员得知施工需要延长的可能性后,主动与 OCC 取得联系,告知施工进度情况,先备案。通知施工负责人联系 OCC,向 OCC 申请延时施工并及时将联系结果告知车站。

步骤 4　调度批准后在值班员在不注销既有施工的基础上完成延时施工的登记。

步骤 5　登记结束后方可延长作业时间,值班员及调度员应做好施工延长的标注。

注意事项

施工的延长不能影响其他施工的进行以及当日的正常运营,若可能导致当日运营受到影响的,施工负责人应向调度员申请原施工注销,并同步提出抢修申请,调度员应及时发布抢修令。

车站施工管理——异地注销施工

操作步骤

步骤1 当班值班员在施工开始前核实当日本站所有施工是否存在异地注销车站。

步骤2 确认有异地注销车站，并且本站为登记站后，详细阅读"施工详细说明"内容。

步骤3 了解本次施工的负责人、施工范围、施工内容、是否需要停电等施工信息。

步骤4 当班值班员在确认当日施工有异地注销车站后，在施工负责人到达车控室后，进行情况询问，再次确认该施工是否需要异地注销。

步骤5 确认现场具备施工登记要点条件。

步骤6 施工负责人应在施工登记时向登记站值班员说明施工注销地点。

步骤7 登记站值班员将异地注销施工申请汇报行调，在得到施工同意令号后，办理施工登记手续。

步骤8 施工登记站值班员在该施工满足施工条件后，通知注销站车站值班员，两站均须做好施工登记记录。

步骤9 施工注销后，注销站值班员应立即将施工注销情况和注销号通知登记站值班员。

注意事项

1. 异地注销站必须为实际施工区段内的车站。
2. OCC登记的施工不得异地注销。

车站施工管理——多点作业施工

操作步骤

步骤1 当班值班员在施工开始前核实当日本站所有施工是否存在多点施工。

步骤2 确认有多点施工，并且本站为主登记站后，详细阅读"施工详细说明"内容。

步骤3 了解本次施工的负责人、施工范围、施工内容、是否需要停电等施工信息。

步骤4 在施工负责人到达车控室后，进行情况询问，再次确认该施工是否需要多点施工。

步骤5 施工负责人在主登记站申请施工登记时，必须明确告知主登记站车站值班员其余作业点的位置、作业点负责人姓名、作业人数等。

步骤6 确认现场具备施工登记要点条件

——同一施工计划原则上最多允许存在5个作业点，且施工的登记、注销手续必须在同一地点办理，不允许异地注销施工。同一施工计划超过5个作业点需经运管中心审批同意。

——遇多点入轨施工，需在每个入轨站增设作业点负责人，施工负责人所在的施工登记站称为主登记站。

步骤7 主登记站值班员在核实其余作业点负责人都到达并登记后，向行调申请施工。行调同意施工的施工令号下发后，由主登记站车站值班员将该施工的所有内容和同意施工令号通知作业点所在车站的值班员，允许作业点负责人进行施工登记。

步骤8 作业点施工结束后，作业点负责人至作业点登记车站办理作业点施工注销手续，并向施工负责人汇报施工完成情况。作业点所在车站值班员及时将作业点完成情况通知主登记站车站值班员。

步骤9 施工负责人在确认所有作业点施工全部完成，具备施工注销条件后，方可向主登记站车站值班员申请施工注销。主登记站车站值班员确认该施工所含的所有作业点施工全部注销后，方可允许其办理施工注销。

车站施工管理——运营阶段故障抢修施工

操作步骤

步骤1 值班员对故障现场先期查看和预判，及时进行先期处置，并及时向OCC汇报现场信息及情况。

步骤2 派人在故障发生点监护，若是轨行区则派人在站台端头门边监护。

步骤3 将ATS控制权转换为站控。

步骤4 根据调度命令执行降级模式维持运营或中断运营相关措施。

步骤5 准备好移动照明及无线对讲系统。

步骤6 设立站台抢修临时进入点。

步骤7　确认应急抢修点相关设置物品齐全。

步骤8　向OCC核实确认施工负责人身份。

步骤9　进行办理抢修作业的登记。

步骤10　协助配合做好抢修现场列车接近的防护工作。

步骤11　根据抢修作业单位要求，配合做好相应的设施设备操作。

步骤12　撤除站台抢修临时进入点。

步骤13　在确定"工完场清"后，注销抢修施工。

车站施工管理——停电施工

操作步骤

步骤1　当班值班员在施工开始前核实当日本站所有施工是否存在停电施工（施工过程中距离接触网小于1 m的或可能存在小于1 m的，必须申请接触网停电；工程车编组顶部距离接触网小于30 cm的，必须申请接触网停电）。

步骤2　确认有停电施工后，详细阅读"施工详细说明"内容。

步骤3　了解本次施工的负责人、施工范围、施工内容、停电范围等施工信息。

步骤4　在施工负责人到达车控室后，进行情况询问，再次确认该施工是否需要停电施工。

步骤5　需停电施工时，值班员先与调度员取得联系，告知施工内容及停电范围。

步骤6　在调度员确认相关区段的触网已停电完毕，发布施工令号后值班员在施工登记簿上填写施工令号，并向施工负责人明确本项施工所在线路区域触网供电情况。

步骤7　施工负责人在确认调度员施工登记号已下发后，安排接触网/接触轨验电、挂设接地线等工作。

步骤8　施工负责人在确认施工所需的接触网/接触轨验电、挂设接地线等安全措施全部完成后，开始施工。

步骤9　施工作业过程中发生跳闸短路现象，应保护现场，并立即撤离施工人员。

步骤10　施工负责人在确认接地线已拆除后，方可至车控室办理施工注销手续。值班员在对"工完场清"情况进行核实后，向调度申请施工注销。

车站施工管理——动车施工

操作步骤

步骤1　当班值班员在施工开始前核实当日本站是否有动车施工。

步骤2　确认有动车施工后，详细阅读"施工详细说明"内容。

步骤3　了解本次施工的负责人、施工范围、施工内容、列车开行方式等施工信息。

步骤4　施工开始前确认 ATS 控制权限、所辖区域道岔定反位情况、是否具备动车施工条件。

步骤5　确认动车施工所需要的路票、调度命令单、空白台账是否充足，各类通信系统是否完好可用。

步骤6　值班员在接到列车运行的调度命令后，应确认运营计划，确认无影响列车运行的施工，对列车运行条件有异议应立即向调度员提出。

步骤7　出入库值班员做好列车的出库作业准备，动车的开行须根据调度命令要求，可采用自动闭塞法、电话闭塞法两种方式，相关行车人员应严格按照《动车组织方案表》以及集团相关行车规定的作业要求执行。

步骤8　动车到达施工登记站后，施工负责人至车控室办理施工登记手续。

步骤9　施工过程中，若需变更既有进路，施工负责人或作业点负责人至车控室向车站值班员提出进路变更作业配合要求。

步骤10　车站值班员负责准备运行所需的进路，确保道岔位置开通正确且锁闭，双方在车站日志上对进路办理作业进行签字确认，变更一次，申请一次，签认一次。

步骤11　施工结束，司机按施工负责人指令将列车运行至指定地点。在确认"工完场清"后施工负责人进行施工注销。

理论知识复习题

一、判断题（将判断结果填入括号中，正确的填"√"，错误的填"×"）

1. 注销号码需填写在《设备故障检修施工登记簿》中的"施工结果"一栏内的右上角。　　　　　　　　　　　　　　　　　　　　　　　　　　（　　）

2. 当信号开放时，可采用区段解锁方式解锁进路。　　　　　　　（　　）

3. 当已开放信号关闭后，行车值班员可以都用重复开放信号操作重新开放信号。（ ）

4. 采用一分钟人工解锁方式取消进路时，只有当信号关闭后，一分钟人工解锁表示灯才会点亮绿灯。（ ）

5. 车站内进行动火作业，施工区域附近没有消防设施，行车值班员借手提式灭火器给施工方，并用证件抵押或出具借条。（ ）

二、单项选择题（选择一个正确的答案，将相应的字母填入题内的括号中）

1. 在车站进行动火作业，施工方操作人员必须具备（ ）及相关操作证。
   A. 操作单　　　　B. 调度命令　　　C. 介绍信　　　　D. 动火证

2. 运营时间内对行车设备进行抢修时，作业负责人在规定时刻终了前恢复正常行车条件，办理（ ）手续。
   A. 注销　　　　　B. 登记　　　　　C. 抢修　　　　　D. 申请

3. 列车出发后，发车站向接车站通报发车车次、时分，并向（ ）报点。
   A. 分公司生产调度　　　　　　　　B. 行车调度员
   C. 值班站长　　　　　　　　　　　D. 站长

4. 采用引导进路锁闭方式开放引导信号时，行车值班员应确认该信号机内方第（ ）轨道区段的情况。
   A. 四　　　　　　B. 三　　　　　　C. 二　　　　　　D. 一

5. 列车通过采用引导进路锁闭方式办理了进路后，行车值班员采用（ ）方式取消该进路。
   A. 正常取消进路　　　　　　　　　B. 区段解锁
   C. 一分钟人工解锁　　　　　　　　D. 紧急关闭复原

理论知识复习题答案

一、判断题

1. √　　2. ×　　3. ×　　4. ×　　5. √

二、单项选择题

1. D　　2. A　　3. B　　4. D　　5. C

操作技能复习题

【ATC 设备操作】

引导总锁闭开放引导信号(试题代码:1.2.4;考核时间:15 min)

根据所给道岔示意图,假设 C11 道岔突然失去表示,如图 3—51 所示。

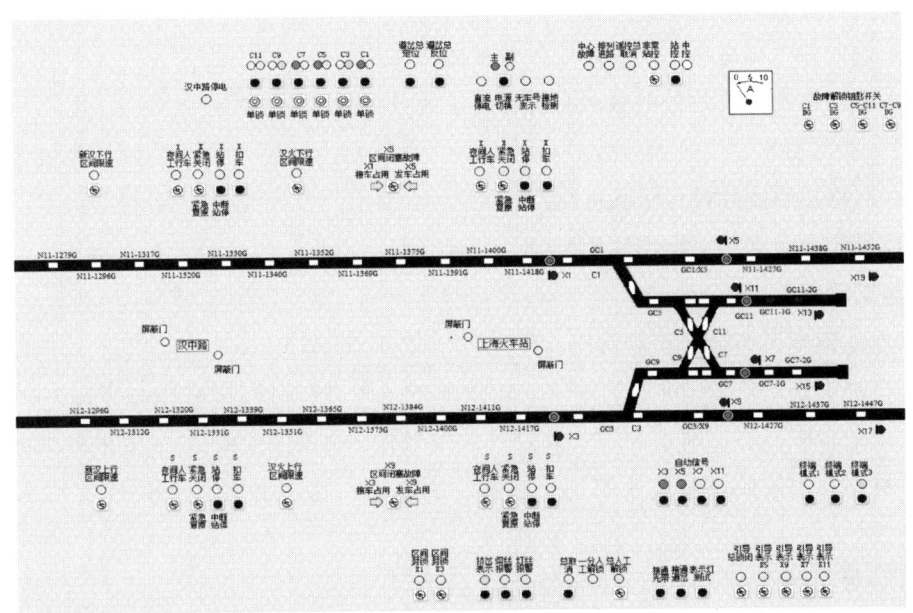

图 3—51 上海火车站面板图

(1)操作条件

1)在 ATC 面板(6502 仿真软件)上进行操作。

2)ATC 面板处于日常运营状态,其中红光带为列车。

3)ATC 面板的其他操作由考评员配合。

(2)操作内容

1)利用 ATC 面板上相关操作,安排上海火车站折 3 线列车确认引导信号至上海火车站下行站。

2)列车到达下行站台后,安排后续列车进行折返。

(3)操作要求

1)严格按照实际操作步骤进行。

2）操作中要注意各种面板现象。

3）操作中遵守相关操作注意事项。

【道岔操作】

手摇道岔的操作过程（试题代码：1.3.1；考核时间：10 min）

（1）操作条件

车站道岔失表情况下，车站到现场进行手摇作业。

（2）操作内容

1）请回答手摇道岔一次作业流程并具体操作。

2）请回答调车手信号的显示时机和显示地点。

（3）操作要求

1）严格按照实际操作步骤进行。

2）操作中遵守相关操作注意事项。

【施工管理】

异地注销施工纠错（试题代码：1.4.2；考核时间：15 min）

某日供电公司负责人张三需在 A–M 站上行区间进行触网检修作业，表3—6 为该施工的填记台账，施工地点为 A–M 站，A 站登记，M 站注销。A 站值班员李四与 M 站值班员王五均按照正常施工填记了台账，阴影底纹为 A 站填记，白底底纹为 M 站填记。

（1）操作条件

1）ATC 面板处于日常运营状态。

2）车站值班员在车控室正常工作。

（2）操作内容

1）请确认该项施工的性质。

2）请判断表格中的延时施工办理和填写是否有不正确的地方，请指出并说明理由并纠正。

3）请说明异地注销施工的规定。

（3）操作要求

1）严格按照实际操作步骤进行。

2）操作中遵守相关操作注意事项。

表 3—6　　触网检修作业施工台账

年/月/日	施工登记内容										施工注销内容					
	施工单位	施工负责人	施工内容（故障内容）	到达时间	施工地点 起	施工地点 止	施工时间 起	施工时间 止	停电范围 起	停电范围 止	异地注销车站	同意施工令号	车站值班员签认	注销/修复时间	注销人签名	施工（故障修复）结果	注销施工令号	车站值班员签认	备注
2012年9月22日	供电公司	张三	触网检查	23:10	A 上行 M 上行	A 上行 M 上行	23:15	次日3:00	A 上行 M 上行	A 上行 M 上行		003	李四	次日2:50	张三	工完场清	004	李四	
2012年9月22日	供电公司	张三	触网检查	23:10	A 上行 M 上行	A 上行 M 上行	23:15	次日3:00	A 上行 M 上行	A 上行 M 上行		003	王五	次日2:50	张三	工完场清	004	王五	

第 4 章

运营安全管理

完成本章的学习后,您能够:

- ☑ 了解安全的定义
- ☑ 了解安全管理的目的和要求
- ☑ 了解城市轨道交通事故等级
- ☑ 熟悉城市轨道交通事故的调查流程
- ☑ 熟悉各类行车事故的防范措施
- ☑ 熟悉应急处置预案的编制原则
- ☑ 掌握各类突发事件的处置预案
- ☑ 能够熟练地进行各类突发事件的应急处置

知识要求

4.1 安全管理

4.1.1 安全管理体系

1. 安全的定义

安全与危险是相对的概念，它们是人们对生产生活中是否可能遭受健康损害和人身伤亡的综合认识，按照系统安全工程的认识论，无论是安全还是危险都是相对的。

城市轨道交通安全，即在城市轨道交通运行或生产过程中不发生行车、客运人身伤亡，火灾爆炸，设备设施事故等。

2. 安全系统的构成

一般认为，人、设备、工具、制度、环境是构成安全管理体系的五大要素。

在这个系统中，某个环节出现问题，哪怕是微小的事故隐患，都可能引发事故，甚至使整个运营系统陷于瘫痪。

3. 安全生产管理的概念、原则与目标

（1）安全生产管理的概念。安全生产管理是指针对人们生产过程的安全问题，运用有效的资源，发挥人们的智慧，通过人们的努力，进行有关决策、计划、组织和控制等活动，实现生产过程中人与机器设备、物料、环境的和谐，达到安全生产的目标。安全生产管理包括安全生产法制管理、行政管理、监督检查、工艺技术管理、设备设施管理、作业环境和条件管理等。

城市轨道交通安全管理是生产管理的重要组成部分。

（2）安全生产管理原则。安全生产管理原则是从生产管理的共性出发，对生产管理中安全工作的实质内容进行科学分析、综合抽象与概括所得出的安全生产管理规律。因此，安全生产管理原则是指在生产管理原理的基础上，指导安全生产活动的通用规则，在具体生产过程中一般以标准、规定、规则、规范、工艺要求、管理制度等形式体现，并要求员工严格执行。

（3）安全生产管理的目标。安全生产管理的目标是减少和控制危害，减少和控制事故，尽量避免生产过程中由于事故造成的人身伤害、财产损失、环境污染以及其他损失。

4．安全评价

安全评价是检验企业安全管理的重要指标。2007年，国家安全生产监督管理总局批准颁发了《安全评价通则》（AQ8001—2007）、《安全预评价导则》（AQ8002—2007）、《安全验收评价导则》（AQ8003—2007）。根据上述标准，安全评价是指以实现安全为目的，应用安全系统工程原理和方法，辨识与分析工程、系统、生产经营活动中的危险、有害因素，预测发生事故或造成职业危害的可能性及其严重程度，提出科学、合理、可行的安全对策措施建议，做出评价结论的活动。安全评价可针对一个特定对象，也可针对一定区域范围。

安全评价按照实施阶段不同分为三类：安全预评价、安全验收评价、安全现状评价。

（1）安全预评价。在项目建设前，根据建设可行性研究报告的内容，应用安全评价的原理和方法对系统（工程、项目）中存在的危险、有害因素及其危害性进行预测性评价。分析和预测该建设项目存在的危险、有害因素的种类和程度，提出合理可行的安全对策措施和建议，用以指导建设项目的初步设计。

（2）安全验收评价。就是在建设项目竣工试生产运行正常后，通过对建设项目的设施、设备装置实际运行状况及管理状况的安全评价，查找该建设项目投产后存在的危险、有害因素，确定其程度并提出合理可行的对策措施和建议。

（3）安全现状评价。就是针对某一个生产经营单位总体或局部生产经营活动的安全现状进行的安全评价，查找存在的危险、有害因素并确定其程度，提出合理可行的安全对策措施及建议。

5. 安全管理的主要措施

城市轨道交通安全管理的内容主要包括运营安全管理、设备安全、防火安全及治安安全工作。这些都要依法贯彻"预防为主"的工作方针，并落实安全工作责任制。具体措施有：建立各类安全工作规章制度和操作规程、开展安全工作的宣传教育和职业技能培训、落实各类设施设备的维护保养、加强现场安全检查、及时整改各类不安全的隐患、签订各类安全工作责任书或协议、落实安全生产责任制、明确权利和义务等。

6. 运营安全的重要性

城市轨道交通的安全性要远远高于其他交通方式，但仍应重视安全防范工作。安全防范工作没有做好，轻则扰乱运营生产秩序，重则设备受损，甚至危及乘客的生命财产安全，给社会带来重大损失。从企业角度来讲，安全是实现效益的保证，抓好了安全，运营生产才不致因事故而中断，才能保证生产过程的连续性，不断提高生产的效率和效益；从社会角度讲，城市轨道交通的运营安全涉及城市各行各业的活动，涉及千家万户的日常生活，因而直接关系到城市社会经济的发展，有时甚至涉及政治的稳定。可以说，安全是城市轨道交通运营管理的头等大事，运营必须安全，只有安全才能保障运营。

"安全第一、预防为主"是城市轨道交通企业永恒的主题。尤其要注重以下三点：

（1）安全是头等大事。安全是城市轨道交通运营的头等大事，直接关系到乘客的生命安全和设备的使用安全。

（2）安全是效益的保证。安全是实现城市轨道交通运营效益的保证，没有运营的安全，就没有人敢乘坐轨道交通，更遑论运营效益。

（3）安全受法律约束。安全管理受到城市轨道交通运营管理的法律约束，因此受到城市轨道交通行业的普遍重视。

4.1.2 安全系统工程

运营安全是一项系统工程，因此应该从系统工程的角度考虑安全问题。

1. 系统构成

安全系统涉及的范围极广，几乎和轨道交通系统的所有硬、软件相关，它由人、设备、工作条件以及管理等基本要素构成。

2. 安全性工程及其研究

所有有关安全方面的工作一般称之为安全工程或安全性工程，内容包括了如安全生产、安全管理、安全技术、安全保障体系、劳动保护、事故应急救援及事故调查处理等，牵涉系统安全的各个方面。对这些工作的制定一系列计划、安排、实施、检查等方案或规章制度可以统称为安全性工程大纲，如我国航空航天业制定有《系统安全性通用大纲》（GJB 900—1990）。

在安全性研究的所有内容中，最基本的是安全性分析和安全性评价。目前国内外研究及应用的较成熟的安全性分析和评价方法或理论主要有初步危害分析、事故树分析、事件树分析、因果分析图法、安全检查表法、事故致因理论、安全行为论、综合安全评价、安全管理体系评估法等。这些理论或方法主要可归纳为两大类：一类为分析类，即发现隐患，识别危险性，寻找原因；另一类为评价类，即确定危险程度或安全程度。而评价又可分为两类：一类是系统内部各危险行为或状态的分析评价，确定出各种不安全行为或状态的危险程度高低，给安全管理工作提供参考；另一类是比较评价，即确定影响系统安全性各个因素的重要程度和好坏程度，用于安全性评比。

3. 轨道交通系统的安全性工程

我国目前对安全性研究对象较多的是煤矿、电厂、化工厂等生产型企业，关心的重点是工作人员的人身伤害和职业卫生。而对于轨道交通系统，属于服务型企业，关心的重点是乘客的旅行安全，所以以上提及的有些具体的研究内容和方法并不完全适用。针对轨道交通系统的特点，安全性工程及其研究的内容可以用如图4—1所示的框图表示。

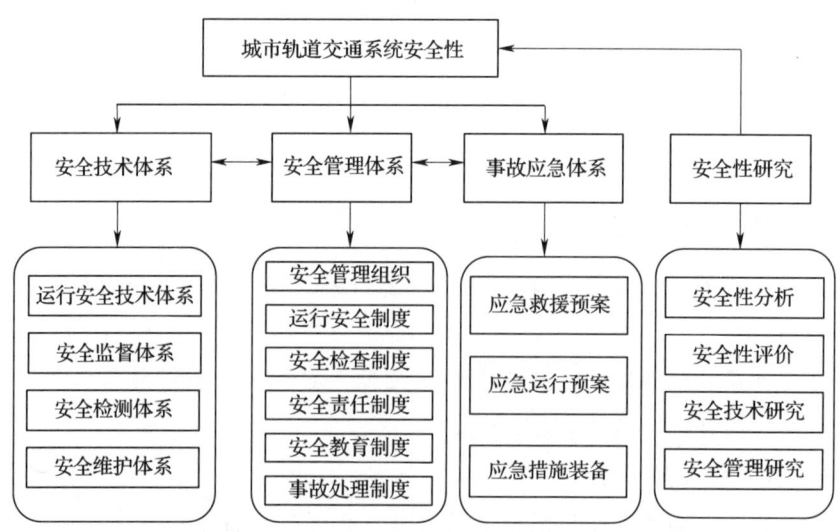

图4—1　城市轨道交通系统安全性体系

4.2 运营事故调查处理规则

4.2.1 事故分级

依据国家《生产安全事故报告和调查处理条例》(国务院第493号令)及《上海市处置城市轨道交通运营事故应急预案》规定,事故分为特别重大事故、重大事故、较大事故和一般事故四级。

1. 特别重大轨道交通运营事故的定义

符合下列情况之一的,为特别重大轨道交通运营事故:

(1) 事件突然发生、事态非常复杂、事件后果涉及全市范围,对公共安全、政治稳定和社会经济秩序造成特别严重的危害或威胁。

(2) 导致30人以上死亡(含失踪)或者危及50人以上生命安全。

(3) 造成100人以上重伤(含急性中毒)。

(4) 事故直接经济损失1亿元以上。

(5) 造成1条已(试)运营区段单向中断运营36 h以上,或者双向中断运营24 h以上。

(6) 造成2条以上已(试)运营线路同时中断24 h以上。

(7) 超出本市应急处置能力的、需要国家有关部门处置的突发事件。

2. 重大轨道交通运营事故的定义

符合下列情况之一的,为重大轨道交通运营事故:

(1) 事件突然发生、事态复杂、事件后果涉及数个区县,对公共安全、政治稳定和社会经济秩序造成重大危害或威胁。

(2) 导致10~29人死亡(含失踪)或者危及30~49人生命安全。

(3) 造成50~99人重伤(含急性中毒)。

(4) 事故直接经济损失5 000万元以上,1亿元以下。

(5) 造成1条已(试)运营区段单向中断运营16 h以上,或者双向中断运营12 h以上。

(6) 造成2条以上已(试)运营线路同时中断12 h以上。

3. 较大轨道交通运营事故的定义

符合下列情况之一的，为较大轨道交通运营事故：

（1）事件突然发生、事态较为复杂、事件后果在较大区域范围内对公共安全、政治稳定和社会经济秩序造成较大危害或威胁。

（2）导致3~9人死亡（含失踪）或者危及10~29人生命安全。

（3）造成10~49人重伤（含急性中毒）。

（4）事故直接经济损失1 000万元以上，5 000万元以下。

（5）造成1条已（试）运营区段单向中断运营10 h以上，或者双向中断运营6 h以上。

（6）造成2条以上已（试）运营线路同时中断运营6 h以上。

4. 一般轨道交通运营事故的定义

符合下列情况之一的，为一般轨道交通运营事故：

（1）事件突然发生、事态相对简单、事件后果仅在一定范围内对公共安全、政治稳定和社会经济秩序造成较大危害或威胁。

（2）导致1~2人死亡（含失踪）或者危及10人以下生命安全。

（3）造成1~10人重伤（含急性中毒）。

（4）事故直接经济损失5万元以上，1 000万元以下。

一般事故分为一般A类事故、一般B类事故、一般C类事故，同时根据轨道交通运营实际，设列一般D类事故、一般E类事故。

（1）一般A类事故。运营过程中发生人员伤亡、财产损失、影响正常行车达到下列情况之一的，为一般A类事故。

A1：造成2人死亡，或者3人以上10人以下重伤。

A2：造成500万元以上1 000万元以下直接经济损失。

A3：造成1条已（试运营）区段单向中断运营5 h以上，或者双向中断运营3 h以上。

（2）一般B类事故。运营过程中发生人员伤亡、财产损失、影响正常行车达到下列情况之一，后果不及一般A类事故的，为一般B类事故。

B1：造成1人死亡，或者2人重伤。

B2：造成300万元以上500万元以下直接经济损失。

B3：造成1条已（试）运营区段单向中断运营3 h以上5 h以下，或者1条已（试）运营区段双向中断运营2 h以上3 h以下。

（3）一般 C 类事故。运营过程中发生人员受伤（无人员死亡）、财产损失、影响正常行车达到下列情况之一的，为一般 C 类事故。

C1：造成 1 人重伤。

C2：造成 5 万元以上 300 万元以下直接经济损失。

C3：造成已（试）运营线路严重晚点 2 h 以上。

（4）一般 D 类事故。运营过程中达到下列情况之一，未构成一般 C 类及以上事故的，为一般 D 类事故。

D1：运营时段正线列车冲突。

D2：运营时段正线列车脱轨。

D3：运营时段正线列车挤岔。

D4：运营时段正线列车分离。

D5：运营时段正线列车撞轧侵限物。

D6：运营时段正线接触网断线、倒杆或塌网。

D7：运营时段正线钢轨断裂。

D8：电客列车带电进入停电区。

D9：运营时段正线列车制动失效。

D10：接触网错送、漏停电。

D11：运营列车夹人动车。

D12：运营时段正线车辆断轴、车轮崩裂、走行部零部件脱落。

D13：列车信号（包括车载信号）错误升级显示。

D14：因设备故障、操作不当等直接导致运营列车最多晚点 60 min 以上。

D15：未准备好进路接发列车。

D16：运营时段正线列车冒进信号或越过警冲标。

D17：向占用线接入列车。

D18：未办或错办电话闭塞发出列车。

D19：载客列车开错图定运行方向。

D20：向占用区间发出列车。

D21：运营时段正线擅自切除列车自动保护装置。

D22：载客列车停站错开车门、未关闭车门且未采取相应的防护措施动车、运行中开启车门。

D23：无调度命令施工、超范围施工、超范围维修作业。

D24：电客列车错误进入无接触网线路。

（5）一般 E 类事故。运营过程中达到下列情况之一，未构成一般 D 类及以上事故的，为一般 E 类事故。

E1：车场线路及非运营时段正线列车车辆冲突。

E2：车场线路及非运营时段正线列车车辆脱轨。

E3：车场线路及非运营时段正线列车车辆挤岔。

E4：车场线路及非运营时段正线列车车辆分离。

E5：列车车辆碰擦侵限物。

E6：擅自发车、开车、停车、退行、错办通过、错误通过或漏办全列车乘降。

E7：运营列车夹物动车，造成运营后果的。

E8：运营时段正线列车抱闸运行并造成运营后果的。

E9：列车车辆未撤除防溜装置动车。

E10：车场线路及非运营时段正线列车冒进信号。

E11：错挂、漏挂、错撤、漏撤接地保护装置。

E12：司机操作不当或设备故障造成自动开车司机漏乘。

E13：施工、检修、清扫设备耽误列车。

E14：漏发、错发、漏传、错传调度命令耽误列车。

E15：错误操纵、使用行车设备耽误列车。

E16：错办或未及时办理信号耽误列车。

E17：错办行车凭证发车。

E18：调车作业冒进调车信号或越过警冲标。

E19：作业人员违反作业纪律、劳动纪律耽误列车。

E20：因设备故障、操作不当等直接导致运营列车最多晚点 30 min 以上。

4.2.2　事故报告

1. 事故报告的规定

事故发生后，现场人员应严格保护现场，保留原始记录；若因运营恢复需要，无法有效保护，应在第一时间由现场人员自行取证，取证的样本应确保能真实反映实际情况，不得人为破坏、伪造现场，不得毁灭、篡改原始记录。

事故发生后，现场有关人员应立即向行车调度员及邻近车站、相关负责人报告。发生一般 C 类及以上事故，网络运营协调与应急指挥室（COCC）接到报告后，应当立即向集团相关领导报告,并按规定向市府及相关部门报告。紧急情况下,事故现场有关人员可以越级上报事故情况,不得隐瞒不报、迟报、谎报或拖延不报。

2. 事故报告的主要内容

(1) 事故概况,包括事故发生的时间、地点、简要经过、区间(上、下行、百米标)、线路条件、事故相关单位和人员等。

(2) 事故造成的伤亡人数、救助情况,是否涉及境外人员伤亡。

(3) 行车设备损坏程度等情况。

(4) 事故造成对运营的影响程度及救援要求。

(5) 事故原因的初步判断、事故发生后采取的措施及事故的控制情况。

(6) 应当报告的其他情况。

4.2.3 事故调查

发生一般C类及以上事故,按照《生产安全事故报告和调查处理条例》(国务院493号令)和《上海市处置城市轨道交通运营事故应急预案》规定调查处理,集团相关部门积极配合开展事故调查工作。若有上级部门授权,则按照本规则执行。

发生一般D类、一般E类事故由集团运营安全监察室组织相关部门进行调查处理。

1. 事故调查的程序

(1) 成立事故调查组。

(2) 事故的现场处理。

(3) 物证收集。

(4) 事故事实材料的收集。

(5) 证人材料的收集。

(6) 现场摄影、摄像。

(7) 事故现场示意图绘制。

(8) 事故原因分析。

(9) 事故调查报告编写。

(10) 事故调查结案归档。

2. 事故调查报告书的内容

事故调查组应当依据事故的调查材料分析事故原因,提出处理意见,并编写事故调查报告书。事故调查报告书应包括以下内容:

(1) 事故概况。
(2) 事故造成的人员伤亡和直接经济损失。
(3) 事故发生的原因和性质。
(4) 事故责任的认定以及对事故责任者的处理建议。
(5) 事故防范和整改措施建议。
(6) 与事故有关的证明材料。
(7) 事故调查组成员名单。
(8) 运营事故认定书的内容

3. 运营事故认定书的内容

(1) 事故发生的原因和事故的性质。
(2) 事故造成的人员伤亡和直接经济损失。
(3) 事故责任的认定。
(4) 对有关责任单位及人员处理决定或建议。

4.2.4 责任认定

1. 责任认定的分类

事故责任分为全部责任、主要责任、同等责任和次要责任。
(1) 全部责任。负有事故损失及不良影响100%的责任。
(2) 主要责任。负有事故损失及不良影响70%的责任。
(3) 同等责任。负有事故损失及不良影响相同比例的责任。
(4) 次要责任。负有事故损失及不良影响30%的责任。

事故涉及只有一个主体单位，则事故责任由该主体单位全部承担。若事故涉及两个以上主体单位，则按照事故起因及最终构成的事故等级，确定相应的责任。

2. 因产品质量不良造成事故

因产品质量不良造成事故，属设计、制造、采购、检修等单位的责任的，定相关单位责任；应采用经行政许可或强制认证的产品而采用其他产品的，追究采用单位责任；采购不合格或不达标产品的，追究采购单位责任；产品入库或进场检验管理问题引起的，追究相关单位责任。

3. 因运营线路委外施工中发生责任事故

运营线路委外施工中发生责任事故，由设备管理单位或施工项目管理单位追究委外单位、供应商等相关单位责任。属管理不善的，定设备管理单位或施工项目管理单位责任。

4. 在质保期内因质量问题发生责任事故

已经竣工验收的设施设备,在质保期内,因质量问题发生责任事故,确属工程建设、设计、施工、监理等单位责任的,列上述相关单位责任,并由设施设备管理单位(或合同规定单位)按相关协议追究相关委外单位、供应商责任;在质保期外及无质保期发生的责任事故,属设施设备设计或质量缺陷的,列相关单位责任。属管理不善的,定设施设备管理单位责任。

5. 自然灾害原因导致的事故

自然灾害原因导致的事故,因防范措施不到位,定责任事故,确属不可抗力原因导致的事故,定非责任事故。若因处置不当造成次生事故,追究相关单位和人员的责任。

6. 涉嫌人为破坏造成的事故

涉嫌人为破坏造成的事故,在公安机关确认前,定发生单位责任事故;经公安机关确认属人为破坏原因造成的,定发生单位非责任事故。

4.2.5 事故损失认定和分析

事故相关单位要如实统计、申报事故直接经济损失,制作明细表,经事故调查组确认,在《上海轨道交通运营事故认定书》中认定。

1. 列入事故直接经济损失的费用

(1) 轨道交通车辆、线路、桥隧、通信、信号、供电、信息、安全、给水等设备设施的损失费用。报废设备按报废设备账面净值计算,或按照市场重置价计算;破损设备设施按修复费用计算,或按照市场重置价计算。

(2) 事故中死亡和受伤人员的处理、处置、医治费用(不含人身保险赔偿费用)。

(3) 事故应急处置救援费用。

(4) 其他与事故直接有关的费用。

负有事故责任的单位,按照其承担事故责任的比例,分别承担相应的经济损失费用。涉及多家责任单位承担损失费用时,事故调查组可以根据责任程度依次确定损失承担比例。

2. 事故统计分析

事故的统计应按照事故类别、等级、性质、原因、部门责任等项目分别进行统计。统计报告应坚持及时、准确、真实、完整的原则。

责任事故件数按责任比例统计在责任单位。非责任事故和待定责事故件数统计在发生单位。负同等责任或追究同等责任的，在总数中不重复统计件数。

运营单位需建立《运营安全事故登记簿》《运营安全历年事故统计簿》和《运营安全事故分析会记录簿》，每月将事故统计分析情况上报集团运营安全监察室。

4.3 应急预案

4.3.1 应急预案的编制原则

1. 总则

为了预防和减少突发事件的发生，控制、减轻和消除突发事件引起的严重危害，规范突发事件应对活动，保护人民生命财产安全，维护轨道交通运营安全，需制定《地铁运营处置突发事件总体预案》。

2. 编制要求

（1）以人为本，减少危害。把保障市民乘客生命财产安全作为应急处置工作的出发点，最大限度地减少突发轨道交通事故造成的人员伤亡和财产损失，控制社会影响，尽快恢复正常秩序。

（2）安全第一，预防为主。把预防作为应对突发轨道交通事故的中心环节和主要任务，建立责任体系，完善工作机制，加强安全防范，强化检查督促，开展宣传教育，防止和减少突发轨道交通事故的发生。

（3）统一指挥，快速反应。对轨道交通突发事件，实行统一指挥，各单位要按照本预案要求快速反应，积极投入抢险救灾工作。

（4）各司其职、配合协同。各相关单位要按照各自的职责分工开展各项工作，配合协同，共同搞好应急处置工作。

3. 适用范围

预案适用于本市轨道交通各类突发事件的应急处置。主要是指突然发生造成或者可能造成轨道交通区域（包括车站、列车内和区间线路）重大伤亡、财产损失及恐怖暴力危及公共安全的紧急事件。根据突发事件的发生过程、性质和机理，突发事件主要分为以下三类：

（1）各类安全事故：列车脱轨、冲突、颠覆、突发停电、大客流爆满、道床伤亡等。

（2）公共安全事件：火灾、投毒、爆炸、公共卫生以及恐怖袭击事件等。

（3）自然灾害事件：大风、大雾、大雪、暴雨、霜冻、高温、雷击、地震等。

4.3.2 车站突发大客流处置预案

1．编制目的

为了快速、果断地处置运营中发生的大客流爆满事件，维护地铁运营稳定和正常的秩序，确保地铁运行与乘客人身安全，特制定本处置车站突发大客流处置预案。

2．适用范围

车站突发大客流处置预案适用于轨道交通路网内由于各种非政治性因素致使地铁车站在某一单位时间内候车、停留的乘客超过了该站设计许可的客流容量，并有继续增加的趋势，对此如不采取紧急措施将极有可能发生人员伤亡事故或意外的事件。

3．预案事件分级

根据路网线路运能，依据大客流可能造成的危害程度、波及范围、影响大小、行车中断时间、人员伤亡及财产损失等情况，划分为Ⅰ级、Ⅱ级、Ⅲ级三个等级。

Ⅰ级：是指路网内两条以上线路发生站台、站厅和出入口都较为拥挤，预计持续超过 30 min 以上，地铁运营秩序受到严重影响，可能造成人员伤亡、财产损失等后果，并需通过外部力量来疏导支援的突发大客流。

Ⅱ级：是指路网内单一线路发生站台、站厅都较为拥挤，地铁运营秩序受到一定影响，以地铁公司为主能够处置的突发大客流。

Ⅲ级：是指某一车站站台较拥挤，地铁运营秩序未受到较严重影响，通过车站及邻站支援能够处置的突发大客流。

4．处置原则

在处置大客流爆满事件时应遵循"确保安全、统一指挥、措施有效、合理引导、及时疏散"的原则。

5．现场处置分工

（1）网络运营协调与应急指挥室（COCC）

1）COCC 当班人员接报后，通过 CCTV、ATS 大屏及生产调度汇报核实现场大客流情况信息，确认预警等级，启动应急处置预案。

2）COCC 依据大客流可能造成的危害程度、波及范围、影响大小、行车中断时间、人员伤亡及财产损失等级,提前做出预警报告,采取应对措施。

3)通过短信平台及时发布相关短信,做好信息汇报,按要求报申通集团、运营公司、维保中心相关分管运营的领导,并报轨道公安。

4)通过 CCTV、ATS 大屏及车站汇报监控换乘枢纽站的客流变化,疏导换乘站可能集中到达的大客流,必要时下达关闭相关换乘通道的指令,及时向路网车站广播、乘客信息系统发布地铁客流预警信息,广播告示乘客,诱导乘客换乘路网其他线路或地面交通出行。

5)依据大客流可能造成的危害程度、行车中断时间,关闭事发区段车站自动售票机(TVM)、半自动售票机(BOM)、闸机(GATE),关闭自动扶梯,换乘枢纽站联络通道临时限流(或停止单向换乘),换乘枢纽站联络通道关闭(或停止双向换乘)。

6)适时关闭事发区段车站,停止客运服务,根据影响程度,运营中断 30 min 以上,及时采取"公交保障预案",并对该方案的具体实施进行监督、协调,及时有效疏散拥堵线路车站乘客。

7)通过 CCTV、ATS 大屏及车站汇报监控事发线路的运营调整,协调相邻线路 OCC,采取相应的运营调整措施,必要时要求相关的线路增加或减少运力,维持全路网正常运营秩序。

8)协调、监督事发线路、车站运营调整方案,下达事发线路、车站乘客疏散方案的执行指令,视情况而定下达封站、AFC 系统降级模式等指令。

9)通知公安指挥室,说明事态,请求公安人员前往突发大客流线路和车站,维持乘客乘车秩序。

(2)相关运营单位

1)突发大客流爆满事件发生时,相应各级分管领导必须赶赴事发线路或车站,遵循"确保安全、统一指挥、措施有效、合理引导、及时疏散"的原则,合理疏导,尽快排除拥堵,恢复正常运营。

2)做到"一化解、二疏导、三封堵",对经常性的或可预见的客流爆满采用增加运力的办法解决;对突发的或超出预见的客流爆满要加强客流组织工作,做到有序进站,有序上车;对暴涨的客流,一时难以疏导时,经请示同意后可采取必要的封站或限流措施。

3)对于大型活动(如大型展览会、大型体育比赛、大型文艺演出、重大集会、重大节日)和发布了恶劣天气预警等引发的客流爆满,各分公司、OCC 提前做好准备,制定专门的运输方案和客流组织方案,并提前安民告示,COCC 及时通报大型活动的信息，力争做到提前准备。

4）及时调整运营方案，增加列车密度，应根据实际情况及时组织备用车上线投入运营，缓解重点车站客流压力，及时运送乘客。

5）发生客流爆满事件，OCC 应尽快加强与现场沟通，迅速做出反应，确定恢复运营的方案，协调、指挥各单位各部门行车和客运组织工作，并向 COCC 申请启动公交配合预案。

6）应对重点车站进行重点监控，根据实际情况适当延长列车在该站的停站时间，尽快疏运车站客流，对可能造成的大间隔及早采取疏导措施。

7）采取大客流乘客疏散和限流措施时，为争取乘客的理解与配合，必须加强现场宣传广播工作，车站、列车广播要内容一致，保持同步，防止事态进一步扩大。广播应做到连续、及时、正确。

8）维护好进出站秩序，避免进、出站客流产生交叉、堵塞通道及发生踩踏事件。加强站台巡视，做好宣传，维护站台乘客的安全。

9）当地铁车站突发大客流时，应及时启动空调系统，增加通风量，保证大客流情况下，车站的空气质量良好。

10）若客流太大，严重超越地铁运输能力，由 COCC 下达关闭车站的命令，车站做好关闭车站工作。需要市有关部门联合处置时，由 COCC 进行联系协调。

11）在准备采取限流或疏散等措施时，要将情况通报公安机关，得到公安机关的支持，确保所采取的措施能够顺利完成。

6. 信息报告内容

（1）事件发生时间、地点、影响程度等。

（2）突发大客流形成原因、规模、已采取的措施。

（3）事件发生的后续跟进措施。

（4）相关线路或区域的客运组织，包括停止和恢复售票时间、退票情况及赠票发放情况等。

（5）其他必须说明的内容及要求。

（6）报告人单位、姓名、岗位。

4.3.3 正线车站大面积停电处置预案

1. 编制目的

当地铁车站发生大面积停电故障时，为确保乘客和设备的安全，编制正线车站大

面积停电处置预案。

2. 适用范围

正线车站大面积停电处置预案适用于轨道交通路网内各线发生大面积停电故障时的抢修维护工作和运营管理。

3. 预案分级

根据各种因素致使地铁供电设备设施发生故障，造成车站停电，并影响地铁运营的情况，将该预案划分为Ⅰ级、Ⅱ级、Ⅲ级三个等级。

Ⅰ级：6个及以上车站同时发生停电；全线触网供电中断或停电时间超过120 min以上。

Ⅱ级：3个及以上车站同时发生停电；3个及其以上供电区段触网供电中断或停电时间超过90 min以上。

Ⅲ级：1个及以上车站同时发生停电；2个及其以下供电区段触网供电中断或停电时间超过30 min以上。

4. 处置原则

（1）按"以人为本，服务乘客，快速处置，尽快恢复供电，减少事故对地铁运营造成的影响"为原则。

（2）预防为主，防救结合。重点做好日常的预防工作，防止发生停电事故。应尽可能地采用正常运行方式，在一般情况下避免采用应急运行方式。

（3）处置供电系统突然停电事件事故要求判断准确、反应快速、措施稳妥；在停电故障未排除前，尽可能利用现有电源采用应急供电方式，缩短停电时间，尽快恢复运营。

5. 现场处置分工

（1）网络运营协调与应急指挥室（COCC）

1）接报后，核实现场情况信息，确认预警等级，启动应急处置预案。

2）及时发布相关短信，做好信息汇报，按要求报申通集团、运营公司、维保中心相关分管运营的领导，并报轨道公安分局、交通局。

3）依据正线车站大面积停电事件造成的危害程度、影响范围、行车中断时间、人员伤亡及财产损失等级，提出事发车站乘客疏散、事发线路停运请求。

4）根据抢险救灾指挥小组事发车站乘客疏散、故障区段停运指令，向事发线路OCC、客分公司、维保中心发布乘客疏散抢险命令，下达乘客疏散车站封站、AFC系统降级模式等指令。

5）协调、监督事发线路 OCC、客分公司运营调整方案和维保中心抢险救灾方案。对乘客疏散现场实施监控，联系事发线路 OCC，了解采取的相应调整手段，协调、监督运营调整重点及原则。协调相邻线路 OCC，采取相应的运营调整措施，必要时要求相关的线路增加或减少运力，维持全路网正常运营秩序。

6）协调、监督事发线路 OCC 发布抢险救援命令，督促维保中心通号、供电分公司、运营公司工务、后勤分公司（或现代轻轨）按抢险救援命令快速响应，通过 GPS 监督各专业分公司工程救险车赶赴事发线路、车站。

7）根据影响程度，适时运营中断 30 min 以上，及时采取"公交保障预案"并对该方案的具体实施进行监督、协调。及时有效疏散拥堵线路车站乘客。

8）关注换乘枢纽站的客流变化，疏导换乘站可能滞留或集中到达的大客流。

9）负责地铁各部门与公安、消防、新闻、卫生等部门的组织协调。按灾情变化，联系上级抢险指挥部，说明地铁灾情，请求外部支援。

（2）相关运营单位

1）当发生事故时，必须在 5 min 内进行信息上报，相应领导必须及时赶赴现场，配合进行客流疏导工作。

2）发生大面积停电时，应判明现场情况，确认紧急照明和导向是否正常启用，并在站长的指挥下，积极开展疏导乘客工作；关闭正在操作的设备，切断电源开关后，设法与外界取得联系，协助车站和乘务人员共同开展疏导乘客工作。

3）行调、电调、环调、变电所等关键岗位值班人员，应坚守岗位，确保地铁设备、设施和人员的安全，并采取一切可能措施减少停电损失；同时着手调查，收集管辖范围内人员、设备、设施停电影响情况，排查事故原因，并速将险情及初步救援方案向 COCC 汇报。

4）负责调整电力系统运行方式，指挥和协调大面积停电应急处置的现场指挥工作，确定应急供电方案、疏散乘客方案、线路运营方案，并组织实施，并尽一切方法限制事故的扩大，在最短时间内恢复车站的全部或部分供电，将停电对地铁运营可能造成的影响降低到最小限度，尽量减小停电影响范围。

5）车站无应急照明或应急照明投入运行 15 min 后，如车站能见度足以保证乘客进出站安全，所有列车正常在该车站停车进行上下客作业；如车站能见度不足以保证乘客进出站安全，调度员通知全线该车站关闭，停电车站做好关闭车站的公告，所有列车通过该车站。

6）如停电车站为两端终点站，除车站关闭外，所有列车终点站分别为终点站前一站，列车在此两站清客完毕后，列车继续运行至终端站进行折返作业，出发列车始发站分别调整为终点站前一站。

7）车站确认车站各类设备的运行情况，确认 FAS、BAS 和 AFC 系统是否能正常工作，要求车站及相关专业维护人员做好巡视检查工作。

8）车站启用紧急照明，及时做好车站广播工作，组织车站工作人员对现场情况进行疏导工作，打开专用通道和消防疏散通道门疏散乘客，巡查各部位如升降电梯中是否有人员被困等，需要关站时清站后关闭车站，并负责发放致歉信。

(3) 维保中心

1）维修人员接到抢修指令后 20 min 内赶赴现场，投入应急抢修处理工作。

2）根据故障现象迅速判断可能产生的原因，并对系统进行排查和修复，如涉及其他专业，联系相关专业支援，直至确定故障具体原因并进行处理，排除故障恢复系统。

3）随时掌握抢修发展情况，对抢修全过程做到及时了解，发现问题及时向 COCC 报告。

4）事件处理完毕 2 h 内完成《事件专报》进行汇总，确认该事件造成的影响，上报 COCC。

6．信息报告内容

（1）事故发生的时间、对运营的影响程度。

（2）事故发生的后续跟进措施。

（3）事故处理的进展。

（4）其他必须说明的内容及要求。

4.3.4　道床伤亡事件处置预案

轨道交通道床伤亡事故是指地铁运营时段内，发生列车撞、轧而导致的人员伤亡的事故。

1．编制目的

为快速、及时处置轨道交通道床伤亡事故，迅速恢复列车运行，确保线路畅通，特制定道床伤亡事件处置预案。

2．适用范围

道床伤亡事件处置预案适用于轨道交通路网范围内各线突发道床伤亡事故的应急处理。

3．处置原则

（1）属地管辖，各负其责；优先抢救伤者，尽快恢复运营。

（2）运营时段的道床伤亡事故，处置时间原则上不超过 20 min。

4．现场处置分工

（1）网络运营协调与应急指挥室（COCC）

1）接报后，立即对情况进行核实，了解影响范围、造成后果，判断事故等级，并启动应急预案。

2）通过短信平台进行信息发布，并按要求电话报申通集团、运营公司、维保中心相关分管运营的领导，同时告知轨道公安。

3）监督事发线路 OCC 的处理情况及调整手段，下达重点调整原则，同时协调相邻线路 OCC，采取相应的运营调整措施，维持全路网正常运营秩序，及时有效疏散拥堵线路车站乘客。

4）关注换乘枢纽站的客流变化，疏导换乘站可能滞留或集中到达的大客流。

（2）相关运营单位

1）根据实际情况封锁相应区段，交事发车站现场指挥处置，并保持沟通，调整列车运营。

2）道床伤亡事故的现场处置以车站为主，负责车站前期的处置工作，事发站站长即为事故前期处置责任人，全权负责事故前期现场处置工作。

3）负责抢救伤者，疏散围观乘客，组织车站协助地铁公安保护现场和维持现场秩序，协调相关部门工作，并组织人员做好客运组织工作。

4）确认道床伤亡者的位置和伤情等情况，按公安取证要求照相固定事发现场、痕迹、伤亡者、遗留物等，组织人员迅速将道床伤亡者移至站台指定地点。若在移动有困难的情况下，可将道床伤亡者移至安全位置。确认全部工作人员撤离线路后，通知司机移动列车，组织进行清客作业。待列车驶离后再移动道床伤亡者至站台，配合 120 急救。

5）车站确认伤（亡）者抬离线路（遗留物收集完毕），线路空闲后，迅速出清现场，报 OCC 请求恢复运营。

6）协助地铁公安分局警务人员做好调查、取证工作。

7）在处置过程中对需要上级有关部门或市有关单位支援和处理的，报 COCC 协调解决。

8）在事件发生和处置过程中，现场任何其他工作人员不得发布信息、接受媒体采访，由集团办公室统一安排。

5. 信息报告内容

（1）事发时间、地点，采取的措施。

（2）报告人姓名、单位、部门、工种（职务）。

（3）事件概况，包括伤（亡）者身份或外貌特征、伤势情况、送往何医院、收集旁证材料情况及恢复运行时间等。

（4）相关车站的客运组织，包括停止和恢复售票时间、退票情况及赠票发放情况等。

4.3.5 列车倾覆、脱轨、冲突事故处置预案

1. 编制目的

为提高应对地铁列车倾覆、脱轨、冲突事故以及列车故障的应急处置能力，明确各相关单位、岗位的职责及处置程序，确保快速、及时处置地铁列车倾覆、脱轨、冲突事故以及列车故障，尽快恢复地铁正常运营，编制列车倾覆、脱轨、冲突事故处置预案。

2. 适用范围

列车倾覆、脱轨、冲突事故处置预案适用于轨道交通路网内各线路运营时段内列车倾覆、脱轨、冲突事故，适用于在运营过程中发生列车故障（可被救援移动）需要进行救援的应急处理。

3. 预案事件分级

Ⅰ级：路网运营线路上非载客列车或载客列车发生的地铁列车倾覆、脱轨、冲突事故。

Ⅱ级：路网非运营线路上非载客列车发生的地铁列车倾覆、脱轨、冲突事故。

4. 处置原则

处置列车事故遵循"先抢救伤者，及时恢复运行，后处理事故"的原则。处理列车故障救援时，要遵循"属地负责、救人优先、先通后复"的原则，尽快开通线路。

5. 现场处置分工

（1）网络运营协调与应急指挥室（COCC）

1）接报后，核实现场信息，判明事态影响程度，并下达有关预案启动的指令。

2）进行信息发布，并按要求电话报申通集团、运营公司、维保中心相关分管运营

的领导，同时告知轨道公安。

3）根据事发线路现场实际情况下达路网内整体运营调整方案，重点布置枢纽站的客运组织。

4）通知公安指挥室，说明事态，请求警力前往事发车站或线路，配合车站处置，维持乘客乘车秩序。

5）向路网发布应急信息，及时向路网车站广播、乘客信息系统发布地铁预警信息，广播告示乘客，说明该事件影响的线路或区段，引导乘客换乘路网其他线路或地面交通出行，提示乘客优化路网内的出行路径。

6）根据事故（故障）情况及时向交通局、轨道公安及相关部门请求支援，运营中断 30 min 以上，及时采取"公交保障预案"，并对该方案的具体实施进行监督、协调。及时有效疏散拥堵线路车站乘客。

（2）相关运营单位

1）当接到灾情报告后，应立即按信息报告流程进行汇报，根据公司抢险救灾指挥小组指令，发布抢险命令，迅速做出反应，确定救援及运营调整方案。

2）负责现场处置的指挥协调，组织人员疏散和伤员救助，随时与 COCC 保持联络，上报最新进展情况。

3）现场指挥、处置小组成员到达现场前，在车站由值班站长、在车辆段基地由信号楼调度员、在区间由司机担任现场第一处置负责人。

4）做好与轨道公安、消防、医疗等外单位的协调与配合。

5）通知事发列车、车站在轨道公安协助下做好紧急疏散和救护工作（在高架或地面区间发生时，行调需对邻线采取防护措施，以便乘客疏散）。

6）通过运行调整，竭力减小事故影响范围，并严禁无关列车进入事发现场，防止事态扩大。

7）发生列车倾覆、脱轨、冲突事故以及列车故障时应将该段线路以及该线路两端的区间进行封锁，如影响邻线的车辆通行，也应将邻线的线路进行封锁，严禁除救援列车之外的机车车辆驶入。监护、落实列车调整措施，做好重点监控，以确保救援安全。

8）根据 COCC 发布的命令，组织事故（故障）现场调查取证、抢修、请求支援，协调各专业之间的工作，尽快出清线路、申请开通。

（3）维修保障中心（简称维保中心）

1）下属车辆救援队、设备设施救援队伍接到命令后，5 min 内出发，携带相关工具、配件在 20 min 内赶赴现场。由带队负责人根据现场指挥的命令安排实施救援工作。

2）各救援队伍服从现场指挥统一安排，参加救援工作。救援行动过程中，各救援队伍及时向现场指挥部报告新发现的情况和需要解决的重大问题。

3）通信保障。事故处置期间，负责确保通信系统的畅通，充分发挥专用电话（调度电话、隧道电话、站间行车电话）和无线通信系统的作用，并制定应急保障方案，确保调度指令、事故信息等上通下达。

4）供电保障。在遇事故导致供电线路局部受损情况下，应及时调整供电运行方式，保证事故现场的照明和动力用电。

6. 信息报告内容

（1）事故发生时间、地点、影响程度等。
（2）事故原因、规模、已采取的措施。
（3）事故发生的后续跟进措施。
（4）事故处理的进展。
（5）其他必须说明的内容及要求。
（6）报告人单位、姓名、岗位。

4.3.6 列车故障救援处置预案

1. 处置原则

（1）列车救援应竭力遵循"正向救援、尽快恢复正线运营"的原则。
（2）列车救援中，各岗位必须紧密配合，快速高效，原则上救援过程不得超过 30 min。

2. 现场处置分工

（1）网络运营协调与应急指挥室（COCC）

1）接报后，核实现场情况信息，确认预警等级，启动应急处置预案。
2）通过短信平台及时发布相关短信，做好信息汇报，按要求报申通集团、运营公司、维报中心相关分管运营的领导。
3）对列车故障救援现场实施监控，联系事发线路 OCC，了解采取的相应调整手段，协调、监督运营调整重点及原则。
4）监控相邻线路的运营调整，协调相邻线路 OCC，采取相应的运营调整措施，必要时要求相关的线路增加或减少运力。维持全路网正常运营秩序。

5）如故障列车因设备故障需处理方可救援动车的，立即通知维保中心赶赴现场抢修，并对过程进行监督、协调。

6）关注换乘枢纽站的客流变化，疏导换乘站可能滞留或集中到达的大客流。

7）根据影响程度，运营中断 30 min 以上，及时采取"公交保障预案"，并对该方案的具体实施进行监督、协调。及时有效疏散拥堵线路车站乘客。

8）通知公安指挥室，说明事态，请求公安人员前往列车故障救援线路和车站，配合车站处置，维持乘客乘车秩序。

（2）相关运营单位

1）事发线路客运单位必须在事故发生 5 min 内将情况报 COCC。

2）应立即布置故障车和相关救援列车在就近车站清客；如故障车在区间内，则等救援列车与故障车连挂后，运行到就近车站清客。2 min 内，无法完全清客完毕立即汇报行调，在得到行调同意后进行广播可关门开车，并在救援完毕（进行折返线或回库）前所在站台再次清客，并做好乘客安抚工作。

3）对救援流程全权负责，确保救援过程中人员、线路设备的安全。

4）列车按照救援规定速度进行正向牵引或推进运行至目的地。

5）告知全线各站列车救援情况，适时限流。

6）加强广播宣传，引导乘客。有乘客滞留车厢时，安排站务员跟车。

7）在事件发生和处置过程中，现场任何其他工作人员不得发布信息，接受媒体采访，由集团办公室统一安排。

（3）维修保障中心

1）因车辆车载、车辆设备故障，救援列车无法自行恢复动车或无法保障安全退出正线运行，相关抢修人员必须在 20 min 内赶赴现场进行处理。

2）必须及时将处置情况报 COCC。

3）事件处理完毕 2 h 内完成《事件专报》进行汇总，确认该事件造成的影响，上报 COCC。

3. 特殊情况下列车故障救援作业程序

救援列车在接近故障列车的行进过程中，应严格按照行调下达的救援命令执行。救援列车司机以"切除 ATP"方式、限速 20 km/h 运行至"距离故障列车尾车位置 100 m"处停车，后以限速 10 km/h 运行至距离故障列车"一车"处停车，确认故障列车连挂端头灯点亮后，继续以低于 5 km/h 的速度运行至距离故障列车"1 m"处再次停车，下车检查确认故障列车及救援列车的车钩状态，并通过无线手台与故障列车司机联系，确认连挂条件。如故障列车无法进行气路或电路连接，故障列车司机应向救援列车司机明确提出。其余作业程序按列车故障救援作业程序执行。

4．列车故障救援突发情况的应急处置

（1）救援连挂列车推进运行时，如遇通信中断等突发情况（故障列车司机无法与救援列车司机联系），故障列车司机应立刻将模式开关放至"向后"位，连续鸣笛警示救援列车司机，救援列车司机应立即采取紧急制动措施。救援连挂列车停车后，司机应立即向行调汇报情况，待重新建立有效通信联络后，方可再次启动列车。

（2）救援连挂列车推进运行时，如连挂车辆发生脱钩，救援列车司机立即停车，并告知故障列车司机采取相应的停车措施后，向行调汇报；救援连挂列车牵引运行时，如连挂车辆发生脱钩，故障列车司机立即采取相应的停车措施，待列车停稳后告知救援列车司机停车，同时向行调汇报。

（3）行调或车站值班员在连挂列车开行过程中，应指定专人进行监控，确保运行前方一站一区间空闲。若发生信号设备故障等情况，连挂列车推进、牵引救援运行限速 20 km/h。

5．其他相关规定

（1）本标准关于列车救援其他未规定的事项，按《行车组织规则》和《行车管理办法》相关规定执行。

（2）故障列车/救援列车司机通讯以列车司机室联络广播为主进行联系确认。若故障列车/救援列车司机无法使用司机室联络进行通信，则应使用列车无线车载台进行联系确认。行调发布救援命令后，应做好列车无线车载台的派接工作。

（3）行调发布的救援命令应明确故障列车迫停地点，其中包括首尾车位置。

（4）OCC 调度大厅的驻勤指导司机负责协助、指导故障列车司机的应急排故作业，同时做好整个列车救援过程的盯控、联控作业。

（5）若出现故障列车在故障救援准备作业施加停放制动与救援列车连挂后，救援列车的停放制动被自动施加的现象，则故障列车司机应采取保留 1~2 节车空气制动截断塞门的形式防止列车溜车，待列车缓解停放制动，并连挂试拉完毕后，缓解剩余车辆的空气制动。

（6）列车故障救援连挂完毕后，救援连挂列车应切除 ATP 运行，列车运行按列车切除 ATP 的有关规定执行。

（7）自行调发布列车故障救援命令起，故障列车不应动车，如发现故障排除可以恢复运行，应报告行调，得到行调允许后取消救援恢复运行。

（8）发生列车故障救援，行调应确保后续第一列车在车站进行扣车。

（9）若需内燃机车担当救援任务，内燃机车司机应提前准备好转换车钩。

（10）各单位应认真组织有关人员熟悉作业环节和步骤。在列车救援过程中，行调采用任务制的发令方式，但应确保发令准确有效、方案明了。

（11）行调应做好救援组织关键环节重点监控工作。

（12）各单位应严格按照"上海地铁电动列车救援作业时间分解表"（见图4—2）细化各自的作业环节，做到作业环节平行作业，减少整个救援时间。

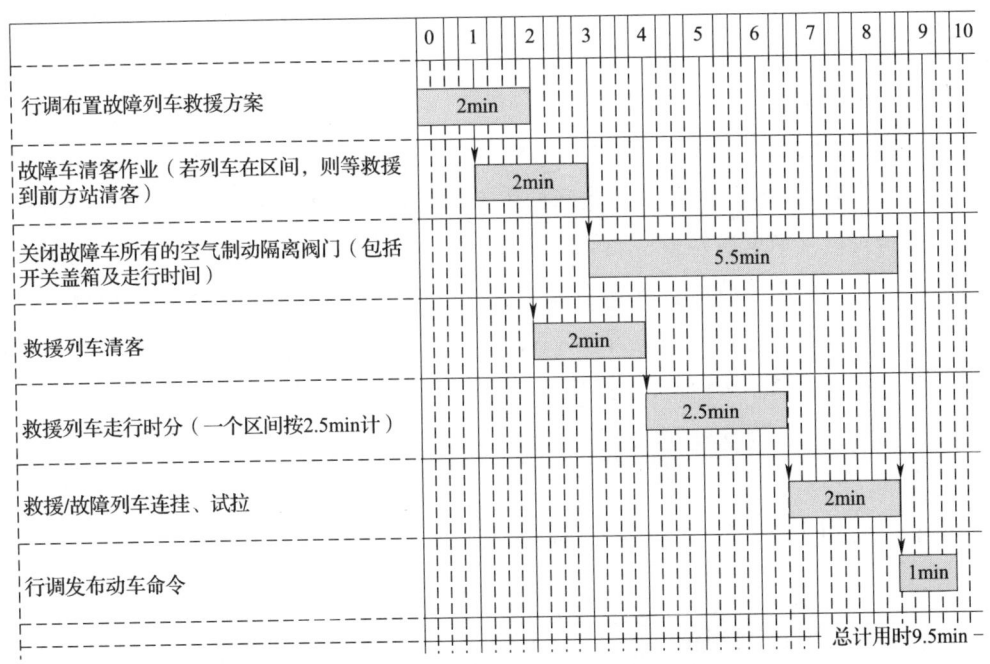

图4—2 上海地铁电动列车救援作业时间分解表

（13）维保车辆分公司应加强列车车钩状态及列车停车制动功能和列车通讯广播设备的检查保养工作，确保相关设施状态良好。维保工务分公司应加强线路标志标识的检查维护工作，确保设施齐全、标识清晰。

4.3.7 列车挤岔应急处置预案

列车直向通过道岔时，由于道岔位置不正确，尖轨未能与基本轨密贴，车轮碾压时，将尖轨与基本轨挤开的过程，称为列车挤岔。此时道岔既不在正位，也不在反位，呈四开状态，极易导致列车出轨和倾覆。

1. 编制目的

为提高应对地铁列车挤岔事故以及列车故障的应急处置能力，确保快速、及时处置地铁列车挤岔事故以及列车故障，尽快恢复地铁正常运营，特制定列车挤岔应急处置预案。

2. 适用范围

列车挤岔事故处置预案适用于轨道交通路网内各线路运营时段内列车挤岔事故，适用于在运营过程中发生列车故障（可被救援移动）需要进行救援的应急处理。

3. 处置原则

能排进路不单操道岔；能单操道岔不手摇；优先考虑现场道岔既有位置，减少手摇工作量及进路准备时间。

4. 现场处置分工

调度员应首先通知车站值班员先来回单操测试，若经单操后恢复表示，通知通号、工务人员派人运营结束后检修；若仍无表示，应确认定反位是否都无表示，同时指派扳道员带好工具至现场待命，准备手摇作业；另一位置有表示，调度员应尽量改变折返进路，利用该道岔有表示的位置接发列车；如定反位均失去表示，则令车站将该道岔手摇至使用位置加装钩锁器，通过手信号进行折返作业（见图4—3）。

4.4　常见行车安全事故案例分析

4.4.1　人车冲突事故

1. 事故概况

18:33　23411次0205#车在龙阳路上行进站，司机报上行进站第4、5节车厢处有人跳下站台，列车已越过，现已停车。同时车站紧急关闭按钮被激活。行调令龙阳路站站控，按人车冲突预案处理，并对相关列车进行调整，通知上海地铁第二运营有限公司（二运）调度，报COCC、公安指挥室。

18:34　行调通知全线车站及列车司机龙阳路站上行发生人车冲突，预计产生10 min晚点，要求车站及司机做好广播。

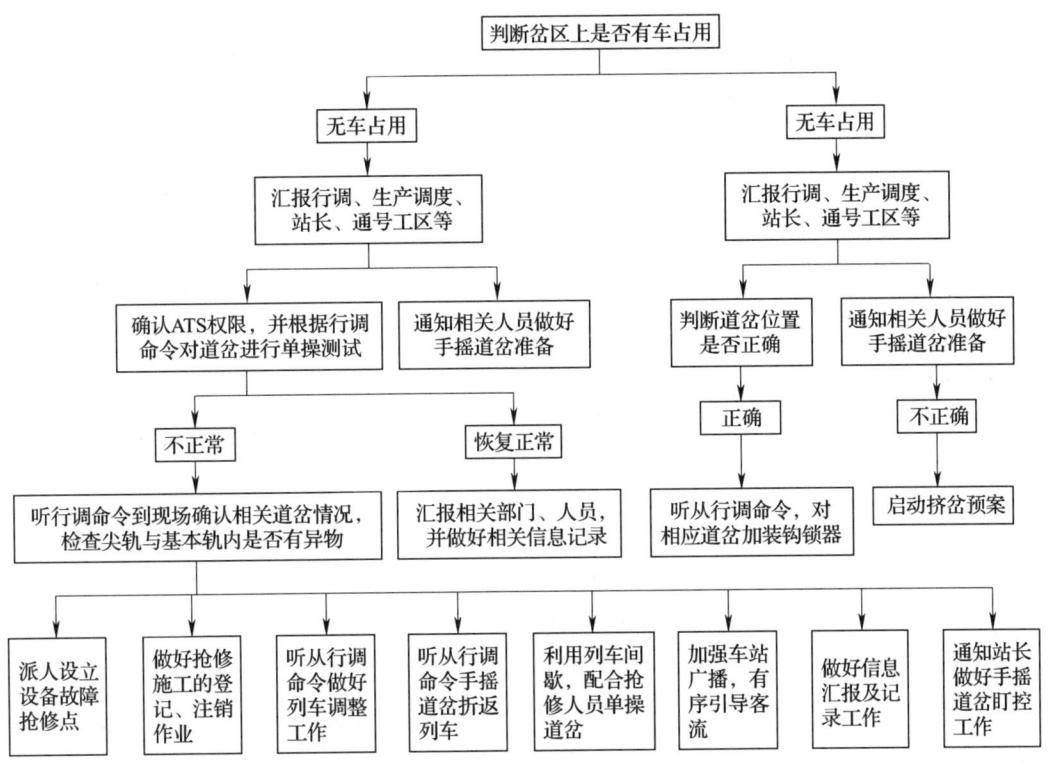

图 4—3 挤岔现场处置分工及操作流程

18:36，18:43 行调令上海科技馆上行 21011 次 0211#车、22701 次 0251#车上海科技馆上行清客后进行折返，通知 COCC、公安指挥室。

18:40 行调通知全线车站及列车司机龙阳路站上行发生人车冲突，预计产生 15 min 晚点，要求车站及司机做好广播。

18:43 23411 次 0205#车司机报车站要求列车退行，行调令司机按车站现场负责人命令动车，抓紧退行。

18:48 龙阳路站行车值班员报人车冲突处理完毕，无须二次下线，紧急关闭按钮已复位，列车具备动车条件，行调令 0205#车凭码进站对位。

18:51 0205#车龙阳路上行出站。

18:49 行调通知 COCC、轨道交通公安指挥室、全线车站及列车司机，龙阳路站上行人车冲突处理完毕，全线运营恢复正常。

18:49 行调安排世纪公园上行 21401 次 0233#车 ATP 手动至龙阳路上行站外停车，确认线路安全后手动进站对位上下客。

18：55　行调安排23411次0205#车运行至广兰路后退出运营，空车至龙阳路下行折返回龙阳车库，通知龙阳运转及车站、司机。19：15 该车回库检查。

19：06，19：16　行调安排上海科技馆0211#车、0251#车投入下行载客运行。

19：20　龙阳路站行车值班员来电报侵限乘客为一女性，从上行站台第2节第3节位置自行跳下，未死亡，现已送医救治。

最大晚点：造成龙阳路上行18 min。

2. 原因分析

18：33，23411次0205#车在龙阳路上行报进站时有人跳下站台，列车已越过，现已停车，此时车站紧急关闭已激活。行调及时将后续列车扣于后方车站，令龙阳路站站控做好事件处置完毕紧急关闭复位的准备，并要求车站按人车冲突预案进行处置，同时通知全线车站及司机事件预计晚点。调度前期处置措施及时、合理，符合预案要求。

18：36，18：43，行调令21011次0211#车、22701次0251#车上海科技馆上行清客后进行折返，同时事发列车前行列车及下行列车调度通过适时扣车继续维持运行。调整措施缓解了上行列车拥堵情况，及时疏导了下行晚高峰客流，调整措施合理、有效，但上海科技馆上行有1列车因未确认发车表示器进入上海科技馆站至世纪公园站上行区间，造成迫停时间较长。

18：34—18：47，调度多次与龙阳路站确认处置情况，均回复正在处理中。18：43，事发列车23411次0205#车司机报车站要求列车退行，行调令司机按车站现场负责人指挥动车。18：48，龙阳路站行车值班员报人车冲突处理完毕，无须二次下线，紧急关闭按钮复位，全线恢复运行。调度盯控及时、处置正确，恢复运营后仍安排后续第1列列车在站外停车确认安全后进站，符合预案要求。

3. 防范措施

（1）人车冲突事件，调度必须第一时间将后续第1列列车扣于后方车站，以便在确保安全前提下，事发列车根据车站处置要求配合退行处置。

（2）突发事件期间，应尽量维持非事发点继续运营，减少对运营影响。

4.4.2　信号设备故障

1. 事故概况

10：20　中央ATS显示全线区域控制器（ZC）、计算机联锁（PMI）跳红，所有列车显示非通信。与全线集中站确认ATS与中央显示一致，行调令全线列车凭速度码运行至前方车站，停站列车开门待命。

10:21 中央ATS显示全线信号机均灭灯，进路消失，列车小车标记逐列消失，紫光带占用消失，行调对全线列车进行定位，并向维保驻勤及上海地铁第四运营有限公司（四运）发布抢修令，并通知全线车站加强广播做好客流组织。

10:22 中央ATS显示全线（除芦恒路外）ZC、PMI恢复正常，小车标记恢复正常显示，全线信号机显示红灯，列车车次号及运行线均丢失，行调核对运行图并对全线列车逐列分配大小交路运行线/班次。

10:23—10:25 中央ATS显示芦恒路区域ZC红色（PMI正常），区域内信号机均灭灯，小车标记有（芦恒路上行0863#车、浦江镇下行0810#车），无紫光带占用，江月路上行安全门显示打开状态。行调对该ZC转换后备模式失败（只能初始化、不能点确认）。

10:24—10:28 行调与车站核对列车位置正确（芦恒路上行0863#车、浦江镇下行0810#车），芦恒路1/3#岔处于定位预留，江月路上行安全门显示打开状态但现场为关闭状态。

10:26—10:30 令芦恒路车站紧急站控成功后转后备模式，期间中央ATS显示芦恒路PMI绿色（车站回复该站PMI无绿色显示）。

10:30 芦恒路回复后备模式转换成功。行调令车站对故障区段内列车分配运行线，并令故障区域列车RMF方式动车建立模式。（浦江镇下行0810#车以RMF方式越过出站红灯信号机，后续信号机均正常开放，RMF方式运行至凌兆新村下行后建立ATPM模式；芦恒路上行0863#车以RMF方式越过出站红灯信号机，后续信号机均正常开放，RMF方式运行至联航路上行后建立ATPM模式。）

10:58 凌兆新村下行0810#车ATPM模式正常发车。

10:59 经通号处理后，芦恒路区域恢复正常，区域控制权转成中控后，令该区域内列车停站待命，并将芦恒路区域ZC转换CBTC模式（10:59—11:02显示STANDBY）。

11:02 联航路上行0863#车ATPM模式正常发车。

11:02 芦恒路区域转换CBTC模式成功，全线恢复正常，行调对相关列车进行换表调整。

故障期间运营调整：

10:20—11:00 行调安排东体上行4列大交路列车（832次、808次、826次、820次）清客后折返至下行载客运行。

10:49　安排中华艺术宫上行0826#车清客后运行至耀华路存车线停运。

10:50—11:10　行调安排沈杜备车0845#车、东体备车0848#车投入正线载客运营。

2．原因分析

（1）本次故障处置中，调度以中央ATS显示芦恒路ZC跳红，在中央操作对芦恒路采取后备模式不成功时，在未与车站确认故障状态下，而简单地按车站ZC故障的故障处置，要求车站站控并转后备模式，故障判断错误，处置不当。

（2）10:27芦恒路站与中央通信恢复，PMI跳绿，10:30调度发现该现象，由于不掌握相关作业要求，导致故障不能及时恢复，从中暴露出对调度业务管理重视不足，对新增的功能操作掌握欠缺。在事后的抽查中也发现部分调度员对该现象的操作并未完全掌握。

（3）10:30　芦恒路车站转后备后，列车以RMF方式动车寻码建立模式，但实际列车一直不能建立洗车模式，调度员对这种不正常现象没有引起足够重视，未分析不能建立洗车模式的原因（系统模式后备，设备MAU状态正常，列车处于通信列车），仅以RMF模式一直运行出故障区域。

（4）本次故障下，调度对非正常行车的安全卡控到位，但是时间控制上仍存在较多提高，如故障区段10:30即已转至后备，已准备列车RMF动车建立模式，而实际为10:35方动车。调度在故障处置期间，在确保安全的前提下，还是需要尽量平行作业，一定程度的提高作业效率。

（5）本次故障中，调度能及时通过上行收车、大交路列车清客小交路折返，减少列车拥堵，下行备车投用提高运能等运营调整措施，基本确保了非故障区段的运营次序，调整措施基本合理。

3．防范措施

（1）调度在故障状态下（尤其是中央失表的情况），与现场的要素确认要详细，以利于对故障的判断及相应的正确处置。

（2）建议控制中心加强调度员对于信号操作手册、操作限制、操作说明的学习和培训，要有记录、有考核，确保每个作业人员真正掌握。

（3）建议调度强化故障状态时非正常现象的处置，要分析原因，确认故障的要及时报修。

（4）建议调度指挥部门与维保通号、车站等行车作业岗位进行沟通，开展一次常见信号故障（如ZC跳红、PMI故障、计轴受扰等）应急处置演练，加强各岗位作业人员对于常见故障的现象、报警的信息有直观的认识，并实际操作设备，在学习中熟悉作业流程，在演练中发现问题、解决问题，提高应急处置能力。

4.4.3 列车故障救援

1. 事故概况

16:16　14796次0125#车在锦江乐园下行司机报列车"2 kg"无法缓解，关门灯亮，面板无故障显示，行调令其进入5 min排故，并对相关列车进行扣车，通知驻勤，报COCC。

16:20　行调与14796次0125#车司机确认是否需要进入第2个5 min排故，其回复需继续处理。行调令该车进入第2个5 min排故，同时告知全线车站预计晚点10 min，通知公安。

16:20　运营信息通报（黄牌）：目前1号线锦江乐园往莘庄方向发生故障，预计影响10 min，立即执行黄牌2信息。

16:24　行调询问14796次0125#车司机排故情况，其回复已采取紧急牵引方式动车。

16:25　行调发现14796次0125#车区间运行较慢，询问其动车方式及运行速度，其回复目前以紧急牵引方式动车，但限速15 km/h，行调令其确认收到的速度码及有无其他故障，通知驻勤及驻调司机。

16:25—16:29　期间行调多次呼叫14796次0125#车司机均无法联系。

16:30　0125#车司机报现列车"3 kg"不缓，迫停区间，行调令后续锦江乐园下行10396次0150#车清客。

16:31　14796次0125#车司机报经处理已动车，但仍限速15 km/h，行调令其至莲花路下行清客。

16:32　锦江乐园下行0150#车司机报清客完毕，行调令其空车运行至无码处待命。

16:33　行调告知全线车站及司机因列车故障预计晚点15 min。

16:35　行调通过中央CCTV发现14796次0125#车在莲花路下行进站处迫停，行调令其做好救援准备（后该车自行动车）。

16:36　14796次0125#车至莲花路下行开门清客。

16:37　0125#车清客完毕后做救援准备，行调令后续0150#车救援前行0125#车。

16:39　运营信息通报（黄牌）：目前1号线锦江乐园往莘庄方向发生故障，预计影响15 min，立即执行黄牌2信息。

16:40　故障连挂车司机报连挂试拉完毕。经授权，行调布置救援连挂车反向牵引经锦江乐园后出入库线回梅陇车库。

16:50　该车运行回梅陇车库。

17:10　运营信息通报（黄牌）：目前1号线已恢复正常，现撤销黄牌2信息。

期间调整：

16:24　行调安排上海火车站11896次改开11801次载客至上海南站。

16:33　行调令上海南站下行15296次0135#车清客折返，16:35该车清客完毕。16:46该车投入上行载客运行。

16:44　行调令徐家汇下行10996次0155#车清客折返，16:46该车清客完毕。17:00该车投入上行载客运行。

16:50　行调令上海火车站备车0116#空车至徐家汇折返。16:58该车投入上行载客运行。

16:56　行调令上海南站下行13896次0109#车清客折返，16:58该车清客完毕。17:02该车投入上行载客运行。

最大晚点：莲花路下行25 min。

2．原因分析

（1）16:16，14796次0125#车在锦江乐园下行"2 kg"无法缓解，行调令其进入5 min排故，并对相关列车进行扣车。16:20经司机处理无效，进入第2个5 min排故时间。本过程中，调度员严格执行故障排故"5+5"节点流程，符合列车排故处置要求；但在列车故障处置过程中，调度员未及时对故障点后续列车在上海南站下行实施有效扣车，导致上海南站至锦江乐园站下行区间迫停2列车，存在不足。

（2）16:24该车采取紧急牵引方式动车。16:25因该车区间运行较慢，再次询问司机动车方式及运行速度，其回复列车以紧急牵引方式动车，但限速15 km/h。16:25至16:29期间多次呼叫故障车司机均无法联系。16:30该车司机报列车3 kg不缓，迫停区间，行调令后续锦江乐园下行10396次0150#车清客。本过程中，调度员对故障车动车方式及运行状态盯控到位，但在列车区间迫停情况下未对列车故障现象进行再次确认，且未根据运行限速现象及时与司机明确是否具备载客运营条件，在多次联系司机未果情况下，未能及时、果断下达救援命令。

（3）16:31经司机处理故障车动车，但仍限速15 km/h，令其至莲花路下行清客。16:35该车在莲花路下行进站处迫停，行调令其做好救援准备（后该车自行动车）。16:36该车至莲花路下行开门清客，后做救援准备。16:40故障连挂车试拉完毕，经授权布置救援连挂车反向牵引经锦江乐园后出入库线回梅陇车库。本过程中，列车救援命令发布及救援列车牵引反向回库前，严格执行调度专人盯控及授权，符合《上海地铁非正常行车作业管理办法（试行）》要求；但在发布救援命令环节有待提高，不符合《运营调度书面命令及口头命令的发布规定》发令格式要求。

（4）期间调整：16:24安排上海火车站11896次改开11801次载客至上海南站。16:33、16:56分别安排上海南站下行0135#车、0109#车清客折返后投入上行运营。16:44安排徐家汇下行0155#车清客折返后投入上行运营。16:50安排上海火车站备车0116#空车至徐家汇折返，后投入上行运营。本过程中，调度员调整以扣车、下行小交路运行及下行部分列车清客折返至上行载客运行，来缓解下行列车拥堵及上行客流压力，调整措施合理；但对于上海南站下行列车的清客时机把握有待进一步提高。

3. 防范措施

（1）在发生突发情况后，调度员前期扣车处置必须到位，严禁出现故障点后续列车进入区间迫停。本例中，调度员对故障影响预判不足，并对后续列车扣车不及时，导致上海南站下行2列车进入区间迫停，存在一定的安全隐患；同时对于列车长时间迫停于区间时，调度必须令司机加强客室广播。

（2）列车救援处置过程中，调度员必须严格按照《上海地铁非正常行车作业管理办法（试行）》执行，同时对救援连挂列车必须专人盯控，严格执行授权流程；本案例中救援列车经锦江乐园后出入库线反向回库，必须经（副）总调度长授权。

（3）当下行列车故障导致莘庄始发列车严重缺车，调度员应判断故障影响时间，合理使用莘庄站故障点前行列车，确保莘庄始发站按列车按间隔进行发车，并将故障信息及发车间隔及时告知车站，便于客运组织。

（4）调度员对于故障列车的排故处置必须严格按照"5+5"的时间节点，当排故处置完毕后列车动车时，调度员应及时与司机确认动车方式、是否具备运营条件，根据司机回复果断下达救援命令；且在发布清客、救援等命令时，调度员必须严格按照《运营调度书面命令及口头命令的发布规定》要求进行发布。

（5）值班调度长必须对班组分工明确，各岗位调度员按分工各负其责，同时对于非故障区段内列车扣车、调整等调度业务能力需进一步提高，将故障影响控制在一定范围内。

4.4.4 列车挤岔事故

1. 事故概况

16:05　107302 次 0504#车从文井路上行正常发车,闵开上行折 2 线防护进路(系统自动)排列,闵开折 1 线停有正常运营列车 105001 次 0508#车、折 2 线停有晚高峰备车 0506#车。(此时 5 号线全线处于站控状态。)

16:07　107302 次 0504#车运营至闵行开发区站上行停站进行下客作业,防护进路自动取消。

16:08　闵行开发区站折 2 线晚高峰备车 109001 次 0506#车按计划投入运营(计划图定),X1305 折返信号正常开放(系统自动排列)。

16:09　109001 次 0506#车至闵行开发区站下行停稳,进路解锁。

16:10　闵开站值班员报闵行开发区站 1301#、1305#道岔出现红光带,ATS 显示 1305#道岔挤岔及道岔故障。同时,行调发现 CATS 工作站显示 1301#、1305#道岔红光带,1305#道岔失表,折 2 线占用,车次号在折 2 线。

16:11　行调令闵行开发区站值班员确认现场线路占用情况以及道岔状态,通知专业驻勤,报 COCC。COCC 接报后向集团范围发布信息,并通报轨交总队。

16:12　行调对全线列车采取扣车措施。

16:13—16:15　行调通过 CCTV 观察到上行岔区有列车占用,呼叫 107302 次 0504#车司机,该司机一直没有回复。后行调与驻调司机不断尝试与司机通信,一直没有回应。

16:16　闵行开发区站值班员报闵行开发区 1301#、1305#道岔区段有列车迫停。行调令闵行开发区站现场确认列车与道岔关系。

16:18　COCC 对外向官网发布运营延误信息,对内发布延误晚点黄牌信息。

16:19　闵行开发区站值班员报经确认列车已经迫停于 1305#道岔区段,行调令车站确认道岔状态。

16:20　行调发布向维保工务、通号发布抢修令,预计全线有 15 min 的晚点。

16:21—16:37　行调对全线列车进行调整,通知全线车站视情况及时启动三级大客流预案。

16:25—16:29　COCC 报建交委、交港局上海地铁 5 号线因信号设备故障造成发车班次延长,并向 TOS、官网更新信息,向 FM105.7、移动电视发布列车延误信息。

16:30　COCC 向交港局申请启动金平路站至闵行开发区站公交预案,双向各 5 辆,并布置上海地铁第一运营有限公司（一运）、颛桥 OCC 落实，加强客运组织。

16：33　闵行开发区站值班员报上行 0504#车进折 2 线过程中发生挤岔，有一节车厢已经脱轨，1305#道岔处于四开状态，行调向维保车辆发布抢修令。COCC 接报后于 16：35 启动五级预警，并向集团内部发布信息，要求轨交总队给予警力支援。

16：34　通号抢修人员已到达闵行开发区站。

16：37　行调布置全线司机和车站 5 号线运行交路为莘庄站至金平路站小交路运行，闵行开发区站至金平路站区段列车单线双向运行，要求车站加强客运组织工作及金平路、闵行开发区站的安全卡控。COCC 接报后向集团通报运营交路及现场各单位负责人。

16：37—18：42　行调对全线列车运行交路进行调整。

16：41　工务抢修人员已到达闵行开发区站。

16：59　供电抢修人员已到达闵行开发区站。

17：08　车辆抢修人员已到达闵行开发区站。

17：15　COCC 接维保调度报现场确认 0504#车第二节车厢两个转向架已落轨。预计抢修需 1.5 h。COCC 立即通报上级领导，并要求一运公司及轨道公安继续加强客运组织工作。

17：24　金平路站、闵行开发区站短驳车辆到位，上客后驶离车站开往目的地。

17：48　现场抢修人员确认 1305#岔 2 根尖轨均受损，附近有备轨。

17：50　车辆起覆设备已到位。COCC 向上级领导汇报信息。

18：22　现场起覆 0504#车完毕，迫停列车慢速运行至折返线停运。

18：33　现场抢修确认 1305#道岔故障未修复，禁止使用，1301#、1303#道岔正常，行调布置所有列车改折 1 线进行折返。COCC 对内对外发布恢复运营信息。

19：00　COCC 取消五级预警及公交应急短驳。

运营调整：

16：21　行调安排文井上行 102302 次 0501#车清客。

16：36　行调确认文井至闵开区域线路中断后，莘庄站至金平路站小交路运行，闵行开发区站至金平路站区段列车单线双向运行。

16：37　行调安排华宁上行 104302 次 0516#车清客。

16：51　行调安排经金平路站 1002#、1004#道岔运行至金平路站下行的上行 108302 次 0512#车清客。

17：00　行调安排经金平路站 1002#、1004#道岔运行至金平路站下行的上行 110302

次 0505#车清客。

16:40—18:33 期间行调共安排莘庄站至金平路站小交路列车运行 8 列次，闵行开发区站至金平路站区段列车单线双向运行 3 列次。

19:10　行调安排库发备车 0511#列车经出入库 A 线运行至北桥下行后投入运营。

最大晚点：闵行开发区站至华宁下行 48 min。

2．原因分析

（1）16:33 闵行开发区站值班员来电确认迫停于 1305#道岔区段的 0504#列车有一节车厢已经脱轨，且 1305#道岔处于四开状态。16:37 行调申请授权同意后，对 5 号线运行交路进行调整（运行交路为莘庄站至金平路站小交路运行，闵行开发区站下行至金平路站下行列车单线双向运行）。运营调度员能够在第一时间对于故障进行确认并且制定相关调整方案。

（2）16:20 行调发布向维保工务、通号发布抢修令；17:48 现场抢修人员确认 1305#岔 2 根尖轨均受损，附近有备轨。17:50，车辆起覆设备已到位。调度能够及时发布抢修命令，并及时与现场沟通，配合现场处置。

（3）18:33 现场抢修确认 1305#道岔故障未修复，禁止使用，1301#、1303#道岔正常，行调布置所有列车改折 1 线进行折返。COCC 对内对外发布恢复运营信息。运营调度在得知现场 1305#道岔故障未修复后，及时改折 1 线折返，确保了正常运营，将道岔故障对运营的影响降到最低程度。

3．防范措施

（1）调度员得到挤岔信息后，第一时间必须确认列车占用情况以及轮轨关系。

（2）对故障区域内的列车，调度员截停必须果断，动车必须慎重（确认线路条件，尤其是是否有侵限现象及列车自身状态）。

（3）当调度员无法与司机取得联系时，应及时采用其他方法，可与邻线列车取得联系，了解现场情况。

（4）故障区段内线路条件未明确前，调度员严禁办理接发车作业，待现场确认具备安全条件后，方可办理接发车作业。

（5）遇突发事件时，在确认启动条件具备后，调度员应严格按照相对应的预案进行调整，调整前必须取得授权同意后方可执行，遇上级领导指示需变更调整方案时，必须确认安全条件完全具备后方可执行。

技能要求

行车应急情况处置——道岔挤岔

操作步骤

步骤1　列车挤岔后，司机未经允许不得擅自动车，立即向行车调度或站场值班员进行汇报。

步骤2　行车调度应封锁事发点接近区段，防止其他列车进入该事发点。

步骤3　车站派工作人员到现场确认道岔现状，并将现场情况汇报运营调度，同时做好现场监护工作，在岔区入口设置应急抢修点提示牌，等待专业单位到现场指挥处置。

步骤4　现场指挥者应为工务抢修组负责人，司机听从抢修负责人指挥进行列车移动。

步骤5　值班员根据调度命令对现有的行车组织进行调整。

步骤6　值班员加强车站各类广播，做好车站客流组织，有必要的情况下实施限流工作。

步骤7　故障排除后，值班员应做好后续设备检测及恢复作业。

行车应急情况处置——信号失电

操作步骤

步骤1　立即将现象汇报运营调度、段调、通号公司、供电公司、站长及相邻车站，并且对相关现象加以确认，同时加强信息传递及各类信息收集工作。

步骤2　故障区段列车严禁动车，在确认当前列车位置后，站台列车清客待命，区间列车以 RMF 方式手动运行到前方站清客待命。

步骤3　对各类设施设备进行监控，并及时做好广播及运营调整。

步骤4　对既有屏蔽门控制模式进行调整，将屏蔽门全部打开或处于站台手动控制模式。

步骤5　有岔折返车站的工作人员应及时做好手摇道岔准备工作。

步骤6　安排工作人员在出入口、楼梯口等易造成拥堵的关键点加强客流疏导。

步骤7　通知客服中心人员做好退票及出售应急票准备。

步骤8　根据行调指令，调整本站行车组织工作。

步骤9　配合值班站长做好车站客运组织工作，必要时采取限流工作。

步骤10　故障排除后，做好后续恢复作业。

行车应急情况处置——道床伤亡

操作步骤

步骤1　将信息立即上报运营调度、段调、120、110、车站站长、相邻车站等。

步骤2　做好信息续报工作，及时进行车站广播及站台PIS信息发布。

步骤3　根据实际情况封锁相应区段，由事发车站现场指挥处置，并保持沟通，调整列车运营。

步骤4　负责组织人员抢救伤者，广播疏散围观乘客，组织车站协助地铁公安保护现场和维持现场秩序，协调相关部门工作，并组织人员做好客运组织工作。

步骤5　通知下行站务员划分警戒线，寻找目击证人。

步骤6　确认伤（亡）者抬离线路（遗留物收集完毕），线路空闲后，迅速出清现场，汇报OCC请求恢复运营。

步骤7　安排专人到指定出入口等待救援人员到来。

步骤8　OCC同意恢复运营后，值班员通过LATS恢复相应设备正常运行，并且完成现场人员上线确认、ATC系统复位确认、现场设施设备人清料清确认、其他安全确认。

步骤9　加强车站各类广播，做好客流组织或是限流工作。

步骤10　故障排除后，做好后续恢复作业。

行车应急情况处置——终端站道岔故障

操作步骤

步骤1　将信息立即上报运营调度、段调、120、110、车站站长、相邻车站等。

步骤2　做好信息续报工作，及时进行车站广播及站台PIS信息发布。

步骤3　根据实际情况封锁相应区段，由事发车站现场指挥处置，并保持沟通，调整列车运营。

步骤 4　负责组织人员抢救伤者，广播疏散围观乘客，组织车站协助地铁公安保护现场和维持现场秩序，协调相关部门工作，并组织人员做好客运组织工作。

步骤 5　通知下行站务员划分警戒线，寻找目击证人。

步骤 6　确认伤（亡）者抬离线路（遗留物收集完毕），线路空闲后，迅速出清现场，汇报 OCC 请求恢复运营。

步骤 7　安排专人到指定出入口等待救援人员到来。

步骤 8　OCC 同意恢复运营后，值班员通过 LATS 恢复相应设备正常运行，并且完成现场人员上线确认、ATC 系统复位确认、现场设施设备人清料清确认、其他安全确认。

步骤 9　值班员加强车站各类广播，做好客流组织或是限流工作。

步骤 10　故障排除后，做好后续恢复作业。

行车应急情况处置——车站失电

操作步骤

步骤 1　接到故障后，确认应急照明是否正常开启，AFC/信号等是否正常，并及时向调度进行汇报。

步骤 2　派人到现场对相关设备及现场客流进行确认，并做好信息续报工作。

步骤 3　将情况汇报给段调、供电、110、站长、邻站等部门及人员。

步骤 4　将所有应急照明提供给当班站长使用。

步骤 5　加强车站现场的安全广播提示及客流组织引导。

步骤 6　如地面/高架车站能见度足以保证乘客进出站安全，所有列车正常在该车站停车进行上下客作业；地面/高架车站能见度不足以保证乘客进出站安全，应当视同地下车站处置。

步骤 7　地下车站如无应急照明，应立即启动车站紧急疏散程序；如有应急照明，在启用后的 15 min 内维持车站只出不进、列车到达后开门下客，如 15 min 后仍不能恢复照明，则应启动车站紧急疏散程序。启动车站紧急疏散程序，调度员应下令关闭该站，同时保持屏蔽门关闭，后续列车在本站通过，及时通知全线该车站关闭并报 COCC。

步骤8 如停电车站为终端站，除车站关闭外，所有列车终点站分别改为原终端站前一车站，列车在此两站清客完毕后，继续运行至终端站进行折返作业，出发列车始发站分别调整为始发站后一车站。

步骤9 在接到OCC关闭车站命令时，调度员还应及时通知公安协助维护车站秩序。

步骤10 在恢复供电后，与车站确认信号、AFC等设备是否有影响；确认设备均正常后，方可开启该站。

行车应急情况处置——列车故障救援

操作步骤

步骤1 及时将情况汇报站长及驻站民警，同时加强信息传递，及时收集各类信息。

步骤2 对各类设施设备进行监控、广播及运营调整。

步骤3 通知站长到车控室做好盯控作业。

步骤4 组织人员配合救援列车司机进行清客工作。

步骤5 通知相关人员进行列车登乘作业准备工作，并报行调。

步骤6 安排工作人员在出入口、楼梯口等易造成拥堵的关键点加强客流疏导。

步骤7 必要时通知站务员协助列车司机做好手动控制开启屏蔽门的准备。

步骤8 及时记录故障列车及救援列车的到发点时间，并适时向行调及邻站汇报。

步骤9 通知客服中心人员做好退票及保护票款准备。

步骤10 根据行调指令，调整本站行车组织工作。

步骤11 配合值班站长做好车站客运组织工作，必要时采取限流工作。

步骤12 故障排除后，做好后续恢复作业。

理论知识复习题

一、判断题（将判断结果填入括号中，正确的填"√"，错误的填"×"）

1. 大客流是指车站在某一时段集中到达，客流量超过车站正常客运设施或客运组

织措施所能承担的流量时的客流。（ ）

2. 路外伤亡事故的处置必须遵循"优先抢救伤员、尽快恢复运营、力争减少损失、防止事故扩大、将影响降低到最低限度"的原则。（ ）

3. 路外伤亡事故的现场处置原则上以车站为主，警务站警员作为现场指挥人及时予以处置。（ ）

4. 城市轨道交通发生火灾、爆炸、投毒时，组织、指挥现场初期抢险救援工作是行车值班员的职责。（ ）

5. 列车脱轨时，值班站长应准备救护设备，等待专业人员来抢救伤员。（ ）

二、单项选择题（选择一个正确的答案，将相应的字母填入题内的括号中）

1. 城市轨道交通发生火灾、爆炸、投毒时，（ ）立即向轨道交通警方及消防部门报警。

    A. 值班站长　　　　B. 行车值班员　　　　C. 扳道员　　　　D. 站务员

2. 电动客车、轨道车、平板车的车轮落下（ ）轨面称为脱轨。

    A. 基本轨　　　　B. 尖轨　　　　C. 翼轨　　　　D. 钢轨

3. 路外伤亡事故发生时，上报事发时间的格式为（ ）。

    A. 月、日、时、分
    B. 月、时、分
    C. 月、日、时
    D. 日、时、分

4. 列车脱轨时，值班站长根据（ ）指令的运行方案，停止售检票。

    A. 行车调度员
    B. 生产调度
    C. 主管经理
    D. 值班站长

5. 车站大客流爆满时，（ ）不是处置措施。

    A. 增加列车运能
    B. 增加售检票能力
    C. 关闭车站照明
    D. 关闭出入口

理论知识复习题答案

一、判断题

1. √　　2. √　　3. ×　　4. ×　　5. ×

二、单项选择题

1. B　　2. D　　3. A　　4. A　　5. C

操作技能复习题

【应急处置】

道床伤亡(试题代码:2.1.3;考核时间:15 min)

甲站上行进站列车司机报在甲站上行进站时发现车站股道内有人,采取紧急制动措施后,仍撞到该人,现该人的情况不明,如图4—4所示。

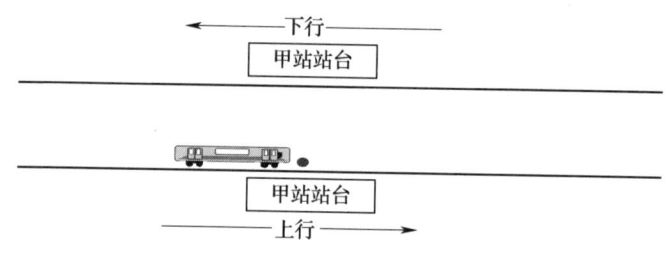

图4—4 道床伤亡题图

(1)操作条件。ATC面板处于日常运营状态。

(2)操作内容

1)请回答道床伤亡处置时间要求。

2)请回答道床伤亡处置规定中,对外信息发布原则。

3)请回答道床伤亡对应红黄牌类型及等级。

4)请回答该道床伤亡事故中的行车组织要求。

5)请回答值班站长在拍照取证中,必须要包括的内容有哪些。

6)请回答动车前,值班站长要确认的内容。

(3)操作要求

1)严格按照实际操作步骤进行。

2)操作中遵守相关操作注意事项。

3)按相关应急预案的要求确保车站相关工作有序开展。

理论知识考试模拟试卷及答案

城轨行车值班员（四级）理论知识试卷

注 意 事 项

1. 考试时间：90 min。
2. 请首先按要求在试卷的标封处填写您的姓名、准考证号和所在单位的名称。
3. 请仔细阅读各种题目的回答要求，在规定的位置填写您的答案。
4. 不要在试卷上乱写乱画，不要在标封区填写无关的内容。

	一	二	三	总 分
得 分				

得 分	
评分人	

一、判断题（第1题~第45题，将判断结果填入括号中，正确的填"√"，错误的填"×"；每题1分，共45分）

1. 使一条线路通向两条线路的道岔叫单式道岔。（ ）
2. 车场的主要任务是车辆的运用、保养和修理，使运行车辆保持良好的技术状态，确保行车安全。（ ）
3. 停车库和清扫库与运行正线的轨道设有通畅的进出连接线。（ ）
4. 在一条运营线路上运行多种车型情况下，为了保证连挂运行功能的正常，要求全自动车钩的机械车钩型号和尺寸相同，电气车钩的一些电气触头设置相匹配。（ ）
5. 城市轨道交通中拖车是带有动力、起驾驶和拖动其他车辆作用的车辆。（ ）
6. 电动列车速度码根据信号闭塞设计分为七级速度显示。（ ）
7. 发车表示器一直显示白色稳定灯光。（ ）

8. 防护信号机的一个红色灯光及一个月白色闪光表示不准列车越过该信号机。
（ ）
9. 阻挡信号机一般设在尽头线，指示列车停车位置。（ ）
10. 听觉信号中的鸣笛方式，通知注意信号为一长声。（ ）
11. 基于无线通信的移动闭塞系统中车载控制器可以在安全速度限制范围内调整列车速度。（ ）
12. 区域控制器（ZC）接收其控制范围内列车通过无线通道发出的所有位置信息。
（ ）
13. 柔性接触网地面架空式由接触悬挂、支持装置、定位装置、支柱与基础等组成。（ ）
14. 汇流排是刚性悬挂的关键部件，一般由铝合金材料制成。（ ）
15. 接触轨的优点是隧道净空高度低、结构简单、造价低。（ ）
16. 列车到站后，行车值班员转动扣车钥匙。（ ）
17. 列车到站停稳，行车值班员立即按压扣车按钮。
18. 催发车作业时，行车值班员按压相应的中断站停按钮后，列车可凭收到的速度码发车。（ ）
19. 按进路选动道岔比单操道岔具有优先权。（ ）
20. 道岔正常情况下的操作是遥控操纵、人工锁闭。（ ）
21. 中央无法设置自动信号。（ ）
22. 当某一信号机需作为始端使用时，应确认该信号机未设置自动信号。（ ）
23. 取消自动信号后，已排列进路的信号将不关闭。（ ）
24. 终端模式与自动信号无关。（ ）
25. 当已开放的信号因故关闭后，行车值班员确认进路仍处于锁闭状态后，按压终端按钮，则信号再次开放。（ ）
26. 调车信号发出后即可收回。（ ）
27. 设备出现挤岔表示，到现场确认道岔无不良病害，行车值班员即可单操道岔检测。（ ）
28. 行车过程中的挤岔事故易造成车辆脱轨、损坏道岔设备，影响行车。（ ）
29. 调度命令可以一事一令，先拟后发。（ ）
30. 行车值班员必须服从分公司生产调度下达的调度命令。（ ）
31. 在运营期间，车站内的动火作业施工，车站用安全绳划定施工区域做好监护

即可。 （ ）

32. 车站影响行车的施工，施工方到车控室向行车值班员要点，行车值班员在核对当日《施工检修通告》后，向行车调度员要点，取得命令号后，同意施工方在车站《设备故障检修（施工）登记簿》上进行登记。 （ ）

33. 列车出场原则上经由出场线出场。 （ ）

34. 调车作业时，调车人员必须正确及时地显示信号。 （ ）

35. 参加调车的有关人员在接受调车作业计划时必须复诵。 （ ）

36. 车站大客流爆满时，行车值班员组织人员控制乘客进站，并及时引导、疏散乘客。 （ ）

37. 车站停电时，行车值班员应做到加强监控，利用电喇叭宣传组织、疏导乘客。 （ ）

38. 车站停电时，车站允许停止售票。 （ ）

39. 城市轨道交通发生火灾、爆炸、投毒时，具有"疏散救援困难，乘客伤亡较大，线路运营中断，影响地面交通"的特点。 （ ）

40. 城市轨道交通发生火灾、爆炸、投毒时，立即向抢险救灾小组汇报是生产调度的职责。 （ ）

41. 列车脱轨时，行车值班员应及时汇报行车调度员、值班站长即可。 （ ）

42. 对于地铁通风，一般有自然通风和机械通风两种。 （ ）

43. AFC系统基本构架可分解为四个部分：中央结算系统、车站监控系统、售检票设备、车票。 （ ）

44. 车站站台一般设置广播系统。 （ ）

45. 火灾防护系统不是轨道交通车站必不可少的设施。 （ ）

得　分	
评分人	

二、单项选择题（第1题～第45题，选择一个正确的答案，将相应的字母填入题内的括号中；每题1分，共45分）

1. 以下属于线路标志的是（　　）。

A. 公里标　　　B. 警冲标　　　C. 站界标　　　D. 停车位置标

2. 线路标志和信号标志一般都设在距钢轨头部外侧不少于（　　）m 处。

   A. 1　　　　　B. 2　　　　　C. 3　　　　　D. 4

3. （　　）是用以表示线路状态、道岔位置、站界、运行环境等的器具。

   A. 线路标志　　B. 信号标志　　C. 线路设备　　D. 信号设备

4. 以下不属于信号标志的是（　　）。

   A. 公里标　　　B. 警冲标　　　C. 站界标　　　D. 停车位置标

5. 列车进路上的道岔与（　　）起联锁作用。

   A. 相应的道岔防护信号机　　　　B. 阻挡信号机

   C. 发车表示器　　　　　　　　　D. 其他的道岔防护信号机

6. 不属于地铁通信传输内容的是（　　）。

   A. 语言　　　　B. 路票　　　　C. 图像　　　　D. 数据

7. 数字程控电话交换网不提供的使用功能是（　　）。

   A. 一般自动电话　　　　　　　　B. 三方会议

   C. 重呼功能　　　　　　　　　　D. 电视电话会议

8. 中央要求车站站控，站控（　　）闪烁，白灯稳定。

   A. 绿灯　　　　B. 白灯　　　　C. 黄灯　　　　D. 红灯

9. 当（　　）时，行车值班员可以采用非常站控方式强行站控。

   A. 中央无法排列进路　　　　　　B. 危急人身安全

   C. 控制面板停电　　　　　　　　D. 出现红光带

10. 当岛式站台上的一侧紧急关闭按钮被按下后，另一侧站台的进站列车将（　　）。

    A. 紧急迫停　　B. 正常进站　　C. 跳停　　　　D. 以上均不是

11. 当站台上的紧急关闭按钮被按下后，该站台（　　）变为红灯。

    A. 进站信号机　B. 出站信号机　C. A 和 B 都对　D. A 和 B 都不对

12. 控制台停电恢复后，（　　）进路光带点亮。

    A. 所有　　　　B. 上行　　　　C. 下行　　　　D. 相应方向

13. 6502 设备停电恢复后，行车值班员如发现接地检测表示灯点亮红灯，应通知（　　）。

    A. 工务人员　　B. 信号人员　　C. 供电人员　　D. 机电人员

14. 在确认相关条件满足后，排列反向发车进路，（　　）s 后，反向进路办理完成。

A. 1 B. 2 C. 3 D. 4

15. 当出现方向电路故障时，由（　　）车站转动区间闭塞故障钥匙进行处理。

A. 接车 B. 发车 C. 故障 D. 正常

16. 排列进路最后按压该进路的（　　）按钮。

A. 终端 B. 始端 C. 排列进路 D. 总取消

17. 始端按钮按下后，可通过（　　）表示灯确认设备是否收到排列进路信息。

A. 始端 B. 终端 C. 排列进路 D. 无车号

18. 正常取消进路时，行车值班员应先按压（　　）按钮。

A. 始端 B. 终端 C. 总取消 D. 单锁

19. 行车值班员进行（　　）作业后，信号关闭。

A. 排列进路 B. 取消进路 C. 区段解锁 D. 紧急关闭复原

20. 以下选项中，（　　）情况不需要采用一分钟人工解锁取消进路。

A. 反向进路 B. 列车在接近区段
C. 引导锁闭进路 D. 正常关闭信号

21. 行车值班员需进行一分钟人工解锁的操作时，确认进路处于空闲状态，转动（　　）钥匙。

A. 总取消 B. 区段解锁 C. 方向电路 D. 总人工解锁

22. 行车值班员设置自动进路前，应（　　）。

A. 取消进路 B. 排列进路 C. 单操道岔 D. 单锁道岔

23. 由于设备停电引起的（　　），行车值班员应采用区段解锁。

A. 进路锁闭 B. 紧急关闭 C. 道岔失去表示 D. 红光带

24. 行车值班员进行区段解锁操作时，条件之一是要确认列车已进入本区段并（　　）。

A. 出清 B. 停稳 C. 空驶 D. 满载

25. 引导信号开放后，现场上相应信号机的显示为（　　）。

A. 红灯 B. 黄灯 C. 绿灯 D. 红灯加月白色闪光

26. 采用引导进路锁闭方式开放引导信号时，行车值班员应确认该信号机内方第（　　）轨道区段的情况。

A. 四 B. 三 C. 二 D. 一

27. 采用引导总锁闭方式开放引导信号，列车越过信号机后，行车值班员转动（　　）钥匙复位。

A. 引导信号　　B. 区段解锁　　C. 引导总锁闭　　D. 一分钟人工解锁

28. 采用引导总锁闭方式开放引导信号，复示信号显示为（　　）色。

A. 红　　　　　B. 黄　　　　　C. 绿　　　　　D. 月白

29. 道岔区段出现红光带造成进路排不出必须手摇道岔时，扳道员与行车值班员互控确认（　　）正确后，接行车值班员命令显示相应手信号接发车。

A. 信号　　　　B. 进路　　　　C. 道岔　　　　D. 轨道区段

30. 电话闭塞法行车中，发车手信号的显示方式为（　　）。

A. 右手持绿色信号灯或展开的绿色信号旗面对司机作顺时针圆形转动
B. 右手持绿色信号灯或展开的绿色信号旗面对司机作逆时针圆形转动
C. 左手持绿色信号灯或展开的绿色信号旗面对司机作顺时针圆形转动
D. 左手持绿色信号灯或展开的绿色信号旗面对司机作逆时针圆形转动

31. 列车出发后，发车站向接车站通报发车车次、时分，并向（　　）报点。

A. 分公司生产调度　　　　　　B. 行车调度员
C. 值班站长　　　　　　　　　D. 站长

32. 列车由站间的途中退回发车站时，由（　　）发出电话闭塞号码作为取消闭塞的依据。

A. 接车站　　　B. 发车站　　　C. 折返站　　　D. 中间站

33. 列车到达车站后，行车值班员应及时收回路票，并（　　）以示注销，整理后保存。

A. 划"×"并撕口　　　　　　　B. 划"×"
C. 撕口　　　　　　　　　　　D. 撕毁

34. 显示停车手信号，待（　　）方可收回。

A. 看见列车头部灯光时　　　　B. 在确认列车启动后
C. 列车头部越过显示地点后　　D. 列车停稳后

35. 在施工作业中，施工方如需延长施工时间，应在原施工结束前（　　）min 进入车控室与行车值班员联系。

A. 5　　　　　　B. 10　　　　　C. 15　　　　　D. 20

36. 在运营时间内进行行车设备的抢修时，作业负责人在规定时刻终了前恢复正常行车条件，办理（　　）手续。

A. 注销　　　　B. 登记　　　　C. 抢修　　　　D. 申请

37. 以下选项中，（　　）不是列车运行图的时间要素。

A. 区间时分　　　B. 停站时分　　　C. 折返作业时分　　D. 首末班车时分

38. 路外伤亡事故发生时，上报地点不含（　　）。

A. 车站　　　　　B. 上行或下行　　C. 列车迫停位置　　D. 所在区、县

39. 路外伤亡事故发生时，站务员主动、迅速寻找（　　）。

A. 罪犯　　　　　B. 医务人员　　　C. 目击证人　　　　D. 警方

40. 列入"三不伤害原则"的是：（　　）。

A. 他人不伤害自己　　　　　　　　B. 自己不伤害自己

C. 自己不伤害他人　　　　　　　　D. 以上均是

41. 车站级 FAS 系统设备用电的备用电源能保证控制器维持监视状态 24 h 加正常工作状态（　　）min。

A. 10　　　　　　B. 20　　　　　　C. 30　　　　　　　D. 40

42. 安全生产的方针是（　　）。

A. 安全是命、服务为本　　　　　　B. 安全、便捷、快速

C. 安全第一、预防为主　　　　　　D. 平平安安上班、高高兴兴回家

43. 手写发票发放到站后，由（　　）保管、填写。

A. 行车值班员　　B. 值班站长　　　C. 售票员　　　　　D. 扳道员

44. 车站采用降级模式应征得（　　）的同意。

A. 值班站长　　　B. 生产调度　　　C. 行车调度员　　　D. 值班室

45. 以下选项中，（　　）不属于行车报表。

A. 《车站生产日志》　　　　　　　　B. 《值班站长日志》

C. 《设备故障检修施工登记簿》　　　D. 《调度命令登记簿》

得　分	
评分人	

三、多项选择题（第 1 题~第 5 题，选择正确的答案，将相应的字母填入题内的括号中；每题 2 分，共 10 分，漏选或错选均不得分）

1. 地铁车站由（　　）组成。

A. 站厅　　　　　B. 站台　　　　　C. 出入口　　　　　D. 生产用房

E. 隧道

2. 以下选项中，（　　）属于"三不交"的内容。

A. 一班行车作业不完成不交　　B. 备品备件不齐不交

C. 车控室卫生不清不交　　D. 清洁用具不齐不交

E. 车控室人数不对不交

3. 以下选项中，（　　）符合列车投入运行的必备要求。

A. 车辆设备良好　　B. 列车无线电话功能良好

C. 车厢广播功能良好　　D. 车辆外表清洁

E. 广告完整

4. 载客列车发生冲突、脱轨、火灾、爆炸，造成（　　）属于行车重大事故。

A. 人员死亡3人　　B. 死亡、重伤共5人以上

C. 双线中断行车150 min以上　　D. 调车作业冒进信号

E. 列车脱轨

5. 以下选项中，（　　）是列车运行图的时间要素。

A. 区间时分　　B. 停站时分

C. 折返作业时分　　D. 首末班车时分

E. 回库时分

城轨行车值班员（四级）理论知识试卷答案

一、判断题（第1题～第45题，将判断结果填入括号中，正确的填"√"，错误的填"×"；每题1分，共45分）

1. √ 2. √ 3. √ 4. √ 5. × 6. × 7. × 8. ×
9. √ 10. √ 11. √ 12. √ 13. √ 14. √ 15. √ 16. ×
17. × 18. × 19. × 20. × 21. × 22. √ 23. √ 24. ×
25. × 26. × 27. × 28. √ 29. √ 30. × 31. × 32. ×
33. √ 34. √ 35. × 36. × 37. × 38. √ 39. √ 40. √
41. × 42. √ 43. √ 44. √ 45. ×

二、单项选择题（第1题～第45题，选择一个正确的答案，将相应的字母填入题内的括号中；每题1分，共45分）

1. A 2. B 3. B 4. A 5. A 6. B 7. D 8. C
9. B 10. C 11. D 12. A 13. B 14. C 15. C 16. A
17. C 18. C 19. B 20. D 21. D 22. B 23. A 24. A
25. D 26. D 27. C 28. D 29. B 30. A 31. B 32. B
33. A 34. D 35. D 36. A 37. D 38. D 39. C 40. D
41. C 42. C 43. B 44. C 45. B

三、多项选择题（第1题～第5题，选择正确的答案，将相应的字母填入题内的括号中；每题2分，共10分，漏选或错选均不得分）

1. ABCD 2. ABC 3. ABC 4. ABC 5. ABC

操作技能考核模拟试卷

注 意 事 项

1. 考生根据操作技能考核通知单中所列的试题做好考核准备。
2. 请考生仔细阅读试题单中具体考核内容和要求，并按要求完成操作或进行笔答或口答，若有笔答请考生在答题卷上完成。
3. 操作技能考核时要遵守考场纪律，服从考场管理人员指挥，以保证考核安全顺利进行。

注：操作技能鉴定试题评分表及参考答案是考评员对考生考核过程及考核结果的评分记录表，也是评分依据。

国家职业资格鉴定
城轨行车值班员（四级）操作技能考核通知单

姓名：

准考证号：

考核日期：

试题1

试题代码：1.1.1。

试题名称：单列车的旅行时间的计算。

考核时间：15 min。

配分：20分。

试题2

试题代码：1.2.1。

试题名称：中心故障的处理。

考核时间：15 min。

配分：20 分。

试题 3

试题代码：1.3.1。

试题名称：手摇道岔的操作过程。

考核时间：10 min。

配分：20 分。

试题 4

试题代码：1.4.1。

试题名称：延时施工纠错。

考核时间：15 min。

配分：20 分。

试题 5

试题代码：2.1.1。

试题名称：车站挤岔事故处置（全站各岗位）。

考核时间：15 min。

配分：20 分。

城轨行车值班员（四级）操作技能鉴定试题单（实操类）

试题代码：1.1.1。

试题名称：单列车的旅行时间的计算。

考核时间：15 min。

1. 操作条件

某条线路 12:00—16:00 的列车运行图，如图卷—1 所示。

2. 操作内容

（1）计算 12:10 从港城路上行发车的 021 次列车的上行旅行时间。

（2）写出在 13:00—14:00 时间段中，从港城路发车的大交路列车的车次号。

（3）写出列车旅行时间的公式。

（4）指出该图中大交路列车的起点站和终点站。

（5）指出该图中小交路列车的起点站和终点站。

3. 操作要求

（1）计算旅行时间及技术时间所用公式及要素正确。

（2）大小路列车能清楚辨别。

（3）掌握列车运行图要素。

操作技能考核模拟试卷

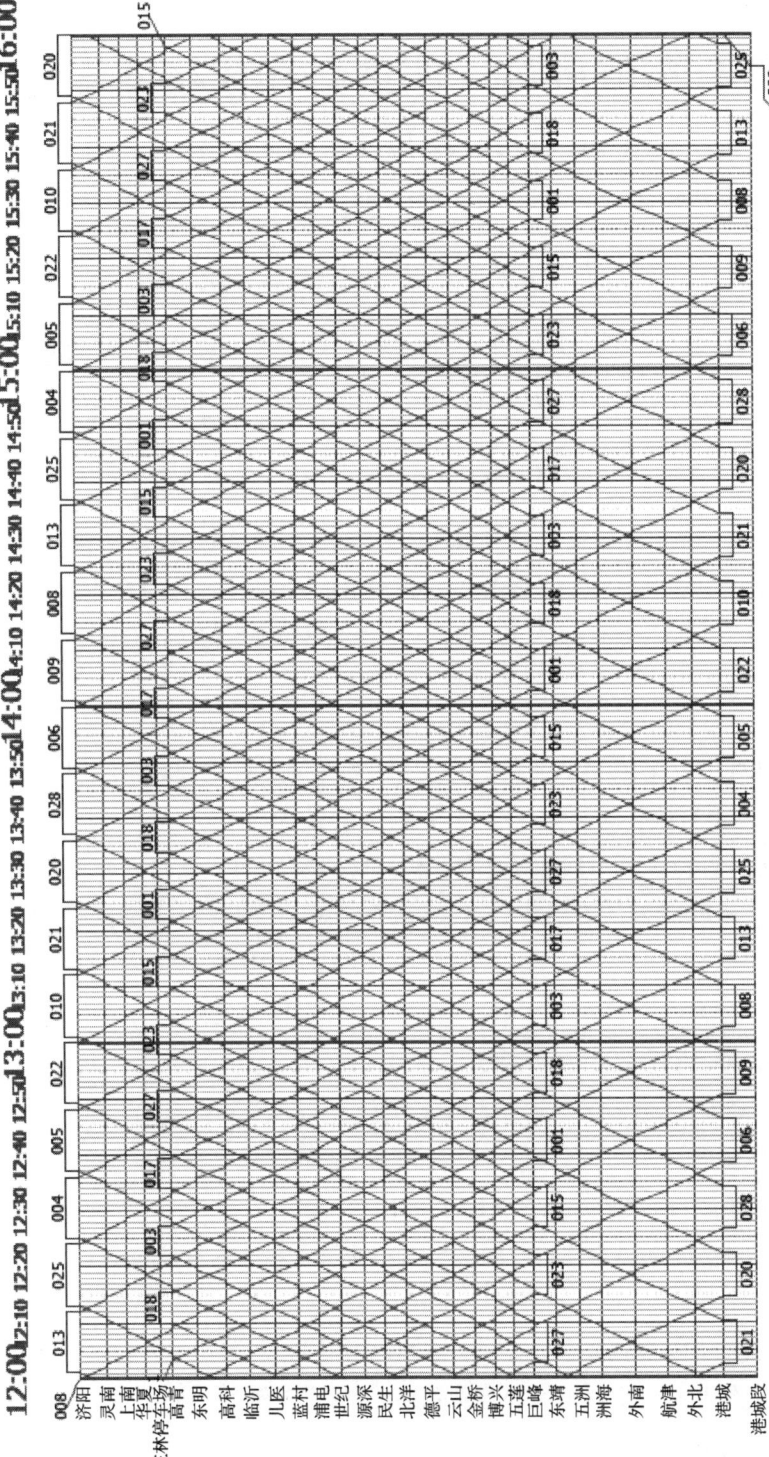

图卷—1 某条线路 12:00—16:00 的列车运行图

城轨行车值班员（四级）操作技能鉴定试题评分表及参考答案

考生姓名：　　　　　　　　　　　准考证号：

1. 试题评分表

评价要素	配分	得分
1	3	
2	5	
3	6	
4	3	
5	3	
合计	20	

考评员（签名）：

2. 参考答案

（1）计算12:10从港城路上行发车的021次列车的上行旅行时间。（3分）

021次列车的上行旅行时间为63 min左右。（3分）

（2）写出在13:00—14:00时间段中，从港城路发车的大交路列车的车次号。（5分）

1）008。（1分）

2）013。（1分）

3）025。（1分）

4）004。（1分）

5）005。（1分）

（3）写出列车旅行时间的公式。（6分）

列车旅行时间 = 终点站的到达时间 − 出发站的发车时间。（6分）

或者

列车旅行时间 = $\sum$（中途停站时间 + 区间运行时间）。（6分）

（4）指出该图中大交路列车的起点站和终点站。（3分）

1）起点站为港城路。（2分）

2)终点站为济阳路。(1分)

或者

1)起点站济阳路。(2分)

2)终点站港城路。(1分)

(5) 指出该图中小交路列车的起点站和终点站。(3分)

1)起点站为巨峰路。(2分)

2)终点站为高青路。(1分)

或者

1)起点站为高青路。(2分)

2)终点站为巨峰路。(1分)

城轨行车值班员（四级）操作技能鉴定试题单（实操类）

试题代码：1.2.1。

试题名称：中心故障的处理。

考核时间：15 min。

1. 操作条件

（1）在 ATC 面板（6502 仿真软件）上进行操作。

（2）ATC 面板处于日常运营状态，如图卷—2 所示，其中红光带（加框）为列车。

（3）ATC 面板的其他操作由考评员配合。

2. 操作内容

（1）利用徐家汇集中站 ATC 设备进行接发车作业。

（2）故障排除后，进行 ATC 设备的恢复操作。

3. 操作要求

（1）严格按照实际操作步骤进行。

（2）操作中要注意各种面板现象。

（3）操作中遵守相关操作注意事项。

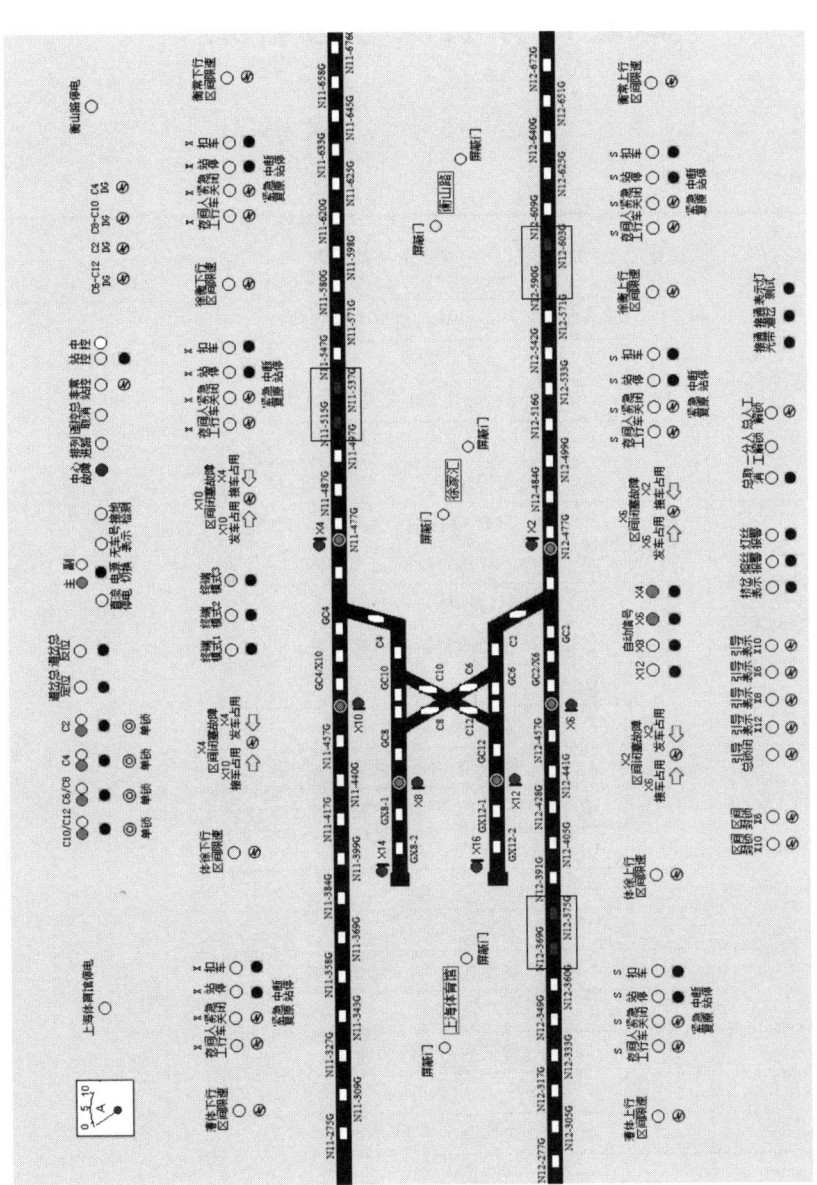

图卷—2 ATC 面板

城轨行车值班员（四级）操作技能鉴定试题评分表及参考答案

考生姓名： 准考证号：

试题评分表

评价要素		配分	等级	评分细则	评定等级				得分
					A	B	C	D	
1	中心故障灯的现象	3	A	中心故障灯红灯 + 鸣铃声					
			B	—					
			C	鸣铃声					
			D	—					
			E	未答题					
2	接发列车准备工作 1（非常站控的操作机现象）	3	A	非常站控灯红稳、站控黄稳、中心故障灯红稳					
			B	鸣铃声停止					
			C	转动非常站控钥匙开关					
			D	—					
			E	未答题					
3	接发列车准备工作 2（取消自动信号）	3	A	总取消 + X6，总取消 + X4					
			B	—					
			C	总取消 + X6					
			D	—					
			E	未答题					
4	手动排列上行接车进路 X6/X2	3	A	始端按钮 X6 + 终端按钮 X2					
			B	—					
			C	排列进路条件的确认					
			D	—					
			E	未答题					
5	手动排列下行发车进路 X4/X10	3	A	终端按钮 X10 + 始端按钮 X4					
			B	—					
			C	排列进路条件的确认					
			D	—					
			E	未答题					

续表

评价要素	配分	等级	评 分 细 则	评定等级 A	B	C	D	得分
6 中心故障排除后的现象	2	A	中心故障灯红灯灭					
		B	—					
		C	再次鸣铃					
		D	—					
		E	未答题					
7 中央故障排除后操作（非常站控的复位操作及现象）	3	A	非常站控红灯灭，站控黄灯稳定，遥控白灯闪烁，根据需要确认控制状态					
		B	鸣铃停止					
		C	复位非常站控钥匙开关					
		D	—					
		E	未答题					
合计配分	20		合计得分					

考评员（签名）：

等级	A（优）	B（良）	C（尚可）	D（较差）	E（未答题）
比值	1.0	0.8	0.6	0.2	0

"评价要素"得分＝配分×等级比值。

城轨行车值班员（四级）操作技能鉴定试题单（实操类）

试题代码：1.3.1。

试题名称：手摇道岔的操作过程。

考核时间：10 min。

1. 操作条件

车站道岔失表情况下，手摇道岔，进行信息汇报。

2. 操作内容

（1）手摇道岔一次作业流程。

（2）掌握调车手信号显示时机和显示地点。

3. 操作要求

（1）严格按照实际操作步骤进行。

（2）操作中遵守相关操作注意事项。

城轨行车值班员（四级）操作技能鉴定试题评分表及参考答案

考生姓名：　　　　　　　　　　　　准考证号：

试题评分表

	评价要素	配分	等级	评 分 细 则	评定等级				得分
					A	B	C	D	
1	掌握手摇道岔作业的四个步骤（看、扳、确认、显示）	3	A	掌握					
			B	—					
			C	—					
			D	—					
			E	未答题					
2	第1个步骤：看现场道岔情况、位置、尖轨与基本轨有无异物	3	A	掌握					
			B	—					
			C	—					
			D	—					
			E	未答题					
3	第2个步骤：根据值班员布置将道岔操到所需位置	2	A	掌握					
			B	—					
			C	—					
			D	—					
			E	未答题					
4	第3个步骤：确认道岔操作到位并锁闭，尖轨、基本轨头部4 cm处，间隙2 mm以下	3	A	掌握					
			B	—					
			C	—					
			D	—					
			E	未答题					
5	第4个步骤：根据值班员命令向司机显示信号	2	A	掌握					
			B	—					
			C	—					
			D	—					
			E	未答题					

续表

评价要素		配分	等级	评分细则	评定等级			得分
					A	B	C	D	
6	调车手信号显示时机：确认全进路办理完毕，动车条件具备	4	A	掌握					
			B	—					
			C	—					
			D	—					
			E	未答题					
7	调车手信号显示地点：调车进路首架信号机处安全位置	3	A	掌握					
			B	—					
			C	—					
			D	—					
			E	未答题					
合计配分		20		合计得分					

考评员（签名）：

等级	A（优）	B（良）	C（尚可）	D（较差）	E（未答题）
比值	1.0	0.8	0.6	0.2	0

"评价要素"得分 = 配分 × 等级比值。

城轨行车值班员（四级）操作技能鉴定试题单（实操类）

试题代码：1.4.1。

试题名称：延时施工纠错。

考核时间：15 min。

1. 操作条件

(1) ATC 面板处于日常运营状态。

(2) 车站值班员在车控室正常工作。

(3) 2012 年 9 月 21 日通号公司负责人张三到 M 站，需要对 2#道岔进行检修作业，施工时间 23:15—次日 3:00，由于施工无法按时完成，故申请延时到 3:30，行车值班员李四同意，并填记相关台账，李四填记的延时施工的台账见表卷—1。

表卷—1　　　　　　　　　　延时施工台账

年/月/日	施工单位	施工负责人	施工内容（故障内容）	到达时间	施工地点 起	施工地点 止	施工时间 起	施工时间 止	停电范围 起	停电范围 止	异地注销车站	同意施工令号	车站值班员签认	注销修复时间	注销人签名	施工（故障修复）结果	注销施工令号	车站值班员签认	备注
2012年9月21日	通号公司	张三	2#道岔检修	23:00	M上行	M上行	23:15	次日3:00				001	李四	次日2:50	张三	工完场清	002	李四	
2012年9月22日	通号公司	张三	2#道岔检修	2:55	M上行	M上行	2:55	3:30				002	李四	3:30	张三	工完场清	004	李四	

2. 操作内容

(1) 请确认该项施工的性质。

(2) 请判断表格中的延时施工办理和填写是否有不正确的地方，如有请指出并说明理由，并纠正。

（3）掌握延时施工的办理规定。

3．操作要求

（1）严格按照实际操作步骤进行。

（2）操作中遵守相关操作注意事项。

城轨行车值班员（四级）操作技能鉴定试题评分表及参考答案

考生姓名： 准考证号：

1. 试题评分表

	评价要素	配分	等级	评 分 细 则	评定等级				得分
					A	B	C	D	
1	确认施工性质（影响行车的施工）	2	A	掌握施工性质					
			B	—					
			C	—					
			D	—					
			E	未答题					
2	错误1：未得到行调允许擅自同意延长施工	3	A	纠正					
			B	掌握					
			C	—					
			D	—					
			E	未答题					
3	错误2：延长施工时，没有在计划销点时间前20 min申请	3	A	纠正					
			B	掌握					
			C	—					
			D	—					
			E	未答题					
4	错误3：延时施工登记号号码不一致	2	A	纠正					
			B	掌握					
			C	—					
			D	—					
			E	未答题					
5	错误4：延时施工注销号码不一致	3	A	纠正					
			B	掌握					
			C	—					
			D	—					
			E	未答题					

续表

评价要素		配分	等级	评分细则	评定等级				得分
					A	B	C	D	
6	错误5：申请延时施工的时间和延时施工开始时间不连贯	3	A	纠正					
			B	掌握					
			C	—					
			D	—					
			E	未答题					
7	延时施工的办理规定	4	A	掌握4点					
			B	—					
			C	掌握3点					
			D	—					
			E	未答题					
合计配分		20		合计得分					

考评员（签名）：

等级	A（优）	B（良）	C（尚可）	D（较差）	E（未答题）
比值	1.0	0.8	0.6	0.2	0

"评价要素"得分＝配分×等级比值。

2. 参考答案

（1）因特殊情况不能按时完工时，施工负责人应在原定施工截止时间前 20 min 与调度员联系。

（2）得到批准后方可延长作业时间，值班员及调度员应做好施工延长的标注。

（3）施工的延长不能影响其他施工的进行以及当日的正常运营。

（4）若可能导致当日运营受到影响的，施工负责人应向调度员申请原施工注销，并同步提出抢修申请，调度员应及时发布抢修令。

城轨行车值班员（四级）操作技能鉴定试题单（实操类）

试题代码：2.1.1。

试题名称：车站挤岔事故处置（全站各岗位）。

考核时间：15 min。

1. 操作条件

（1）ATC 面板处于日常运营状态。

（2）列车由中间折返站乙站折 3 线运行至下行股道过程中，在 1 号道岔处发生挤岔，如图卷—3 所示。

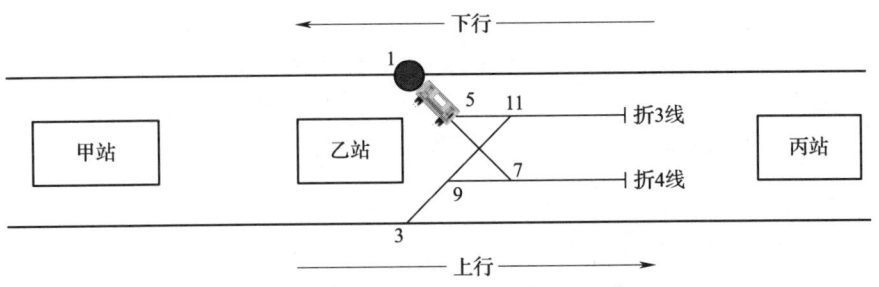

图卷—3　列车挤岔事故示意图

2. 操作内容

（1）说明挤岔的定义。

（2）说明挤岔的处置要点。

（3）说明挤岔的信息汇报内容。

（4）说明挤岔后，红黄牌的发布类型及等级。

（5）说明挤岔处置过程中，列车动车指挥人。

（6）说明挤岔后，车站退票广播词和停运广播词。

3. 操作要求

（1）严格按照实际操作步骤进行。

（2）操作中遵守相关操作注意事项。

（3）按相关应急预案的要求确保车站相关工作有序开展。

城轨行车值班员（四级）操作技能鉴定试题评分表及参考答案

考生姓名： 准考证号：

1. 试题评分表

评价要素		配分	等级	评分细则	评定等级				得分
					A	B	C	D	
1	挤岔事故的定义	2	A	掌握					
			B	—					
			C	—					
			D	—					
			E	未答题					
2	四点处置要点	3	A	掌握挤岔事故的四点处置要点					
			B	掌握挤岔事故的三点处置要点					
			C	掌握挤岔事故的二点处置要点					
			D	—					
			E	未答题					
3	汇报内容	2	A	掌握7点以上					
			B	掌握6点					
			C	掌握5点					
			D	掌握5点以下					
			E	未答题					
4	红黄牌的发布类型及等级	6	A	掌握事故类型及红黄牌等级					
			B	—					
			C	事故类型或红黄牌等级					
			D	—					
			E	未答题					
5	动车确认（工务抢修工长确认）	3	A	掌握动车确认					
			B	—					
			C	—					
			D	—					
			E	未答题					

续表

评价要素		配分	等级	评分细则	评定等级				得分
					A	B	C	D	
6	退票广播词	2	A	掌握					
			B	—					
			C	—					
			D	—					
			E	未答题					
7	停运广播词	2	A	掌握					
			B	—					
			C	—					
			D	—					
			E	未答题					
合计配分		20		合计得分					

考评员（签名）：

等级	A（优）	B（良）	C（尚可）	D（较差）	E（未答题）
比值	1.0	0.8	0.6	0.2	0

"评价要素"得分 = 配分 × 等级比值。

2. 参考答案

（1）挤岔的定义。列车直向通过道岔时，由于道岔位置不正确，尖轨未能与基本轨密贴，车轮碾压时，将尖轨与基本轨挤开的过程，称为列车挤岔。此时道岔既不在正位，也不在反位，呈四开状态，极易导致列车出轨和倾覆。

（2）岗位处置要点

1）列车挤岔后，车站应提醒司机未经允许不得擅自动车，并立即向行车调度或站场值班员汇报。

2）车站应派人到现场确认道岔现状，并将现场情况报行车调度，做好现场监护工作，待专业单位到现场指挥处置。

3）现场指挥者应为工务抢修组负责人，司机听从抢修负责人指挥移动列车。

4）行车调度应封锁事发点接近区段，防止其他列车进入该事发点。

（3）汇报内容

1）呈报人的姓名、职位。

2）事件发生日期（月、日）、时间（时、分）。

3）事件发生地点（车站、上、下行线、几号岔等）、列车车次、车次号、现在位置。

4）事件概况，包括现象及发展态势、可能影响运营程度及伤亡人数、影响范围。

5）事故（件）的起因或故障症状。

6）现场情况。

7）已采取的行动和请求支援事项。

（4）红黄牌的发布类型及等级。信号设备故障，黄牌4、红牌1。

（5）动车确认。由工务抢修工长指挥现场动车。

（6）退票广播。"乘客们请注意：本站正在办理退票，您可至服务中心办理退票，或在7个工作日内至轨道交通各车站办理退票。"

（7）停运广播。"乘客们请注意：因信号设备故障，开往×号线××方向的列车已停运，请往××方向的乘客配合工作人员的安排从×号口有序出站，改乘××方向的公交车，谢谢配合。"